Eike von Savigny:
Grundkurs im logischen Schließen
Übungen zum Selbststudium

Deutscher
Taschenbuch
Verlag

Originalausgabe
Februar 1976
© Deutscher Taschenbuch Verlag GmbH & Co. KG,
München
Umschlaggestaltung: Celestino Piatti
Gesamtherstellung: C. H. Beck'sche Buchdruckerei,
Nördlingen
Printed in Germany · ISBN 3-423-04173-0

Das Buch

Dieses Buch ist in erster Linie auf das völlig eigenständige Selbststudium zugeschnitten. Wer, ohne die geringsten Kenntnisse in Logik zu haben, diesen Grundkurs durcharbeitet, soll sich von seiner Arbeit versprechen dürfen: Nachher zu wissen, wozu ein deduktiver Schluß gut und wann er gültig ist; deduktive Schlüsse auf ihre Gültigkeit hin prüfen, Fehler kennzeichnen und die Gültigkeit nachweisen zu können; zu wissen und sagen zu können, auf welche Punkte es dabei ankommt und auf welche nicht. Er soll erwarten dürfen, das fundamentale logische Handwerkszeug zu beherrschen und seine Zuverlässigkeit eingesehen zu haben. Er soll in der Lage sein, weiterführende Lehrbücher selbständig zu studieren; und er soll in der Lage sein, erste Anwendungen z. B. auf methodologische Fragen von Fachdisziplinen zu machen.

Der Autor

Dr. phil. Eike von Savigny, geboren 1941 in Berlin, studierte Germanistik, Geschichte und Philosophie, habilitierte sich mit einer umfassenden Untersuchung der Oxforder »Ordinary Language School« und ist heute als Universitätsdozent an der Universität München tätig.
Buchveröffentlichungen: ›Grundkurs im wissenschaftlichen Definieren‹ (dtv 4062); ›Die Überprüfbarkeit der Strafrechtssätze‹ (1967); ›Philosophie und normale Sprache‹ (Hrsg., 1969); ›Die Philosophie der normalen Sprache‹ (1969); ›Analytische Philosophie‹ (1970); ›Zur Theorie der Sprechakte‹ (Bearbeitung von John L. Austins ›How to do things with words‹) (2. völlig umgearb. Ausg. 1974); ›Fachsprache – Umgangssprache (Mithrsg. 1795); ›Argumentation in der Literaturwissenschaft‹ (1976); ›Jurisprudenz und Wissenschaftstheorie‹ (Mitverf. 1976).

Inhalt

Einleitung 7

1 Begründen und Schlußfolgern 9
1.1 Begründungen 9
1.2 Begründungen von Annahmen und Erklärungen von Tatsachen 13
1.3 Prämisse und Konklusion 15
1.4 Inhaltliche und formale Beurteilung von Begründungen . 19
1.5 Prämissen mit unterschiedlichem Gewicht 23
1.6 Praktisch zwingende Begründungen 25
1.7 Analytische Schlüsse 27
1.8 Analytischer Schluß und praktisch zwingende Begründung 29
1.9 Deduktive Schlüsse 33
1.10 Strukturen deduktiver Schlüsse 37
1.11 Wahr und falsch in deduktiven Schlüssen 41
1.12 Warum sind Schlüsse deduktiv zwingend? 43
1.13 Warum sind Schlüsse nicht deduktiv zwingend? 45
1.14 Strukturgleichheit, Prämissenreihenfolge, Prämissenanzahl 47
1.15 Praktisch zwingende Begründung, analytischer Schluß, deduktiv zwingender Schluß 48
1.16 Strukturen von Schlüssen und die natürliche Sprache . . 53
1.17 Normierte Sprachen 57

2 Atomare Prädikate und Quantoren 59
2.1 Individuennamen und Prädikate 59
2.2 Sorten von Individuennamen 63
2.3 Scheinbare Individuennamen 67
2.4 Prädikate und Sätze 69
2.5 Quantoren 73
2.6 Sätze aus mehrstelligen Prädikaten 77
2.7 Abkürzungen für Prädikatsnamen 79
2.8 All-Beseitigung und Existenz-Einführung 81
2.9 Freie und gebundene Individuenvariable 85
2.10 Mehrere Quantoren 89
2.11 Regel der Existenz-Beseitigung 93
2.12 Regel der All-Einführung 95
2.13 Schlußketten mit den vier quantorenlogischen Regeln . . 97
2.14 Vorsicht bei der Existenz-Beseitigung und All-Einführung! 99

2.15	Existenz-Beseitigung und All-Einführung: Endgültige Formulierung.	103
2.16	Interpretationen und die Gültigkeit von Schlüssen	109
3	Verknüpfungen	113
3.1	Wahrheitsfunktionale Verknüpfungen	113
3.2	Konjunktion zweier Sätze	117
3.3	Schlußregeln für die Konjunktion	119
3.4	Konjunktion zweier Prädikate	121
3.5	Schlußketten mit Quantoren und Konjunktion	123
3.6	Negation	127
3.7	Konjunktion und Negation; komplexere Sätze	128
3.8	Schlußregeln für die Negation	131
3.9	Einbau früherer Schlußketten in neue Schlußketten	137
3.10	Adjunktion	139
3.11	Schlußregeln für die Adjunktion	141
3.12	Verschachtelte Beweise durch Fallunterscheidung	147
3.13	Merkzeichen für Prämissen	149
3.14	Implikation	156
3.15	Schlußregeln für die Implikation	159
3.16	Äquivalenz und ihre Schlußregeln	167
3.17	Gewissenhafter Nachtrag: Gültigkeit und Interpretation	171
4	Erleichterungen	177
4.1	Logisch wahre Sätze	177
4.2	Lehrsätze und logisch wahre Implikationen	179
4.3	Aussagenlogische Wahrheiten aus Wahrheitstafeln	181
4.4	Logisch wahre Sätze als kostenlose Prämissen	183
4.5	Allschließungen logisch gültiger Prädikate	184
4.6	Logische Äquivalenz	187
4.7	Austauschbarkeit logisch äquivalenter Schlußzeilen	188
4.8	Austauschbarkeit logisch äquivalenter Teilformeln	191
4.9	Quantoren schieben	199

Einleitung

Was will der Grundkurs? Wer, ohne die geringsten Kenntnisse in Logik zu haben, diesen Grundkurs durcharbeitet, soll sich von seiner Arbeit versprechen dürfen: Nachher zu wissen, wozu ein deduktiver Schluß gut und wann er gültig ist; deduktive Schlüsse auf ihre Gültigkeit hin prüfen, Fehler kennzeichnen und die Gültigkeit nachweisen zu können; zu wissen und sagen zu können, auf welche Punkte es dabei ankommt und auf welche nicht. Er soll erwarten dürfen, das fundamentale logische Handwerkszeug zu beherrschen und seine Zuverlässigkeit eingesehen zu haben. Er soll in der Lage sein, weiterführende Lehrbücher selbständig zu studieren; und er soll in der Lage sein, erste Anwendungen z. B. auf methodologische Fragen von Fachdisziplinen zu machen.

Den Inhalt des Buches bildet die engere Quantorenlogik ohne Identität; eingeübt wird der Kalkül des natürlichen Schließens. Der Benutzer darf nicht erwarten, nachher über eine Theorie dieses Gebietes der Logik oder über eine Theorie dieses Kalküls zu verfügen. Metatheoretische Fragen bleiben, vom praktisch unmittelbar Nützlichen abgesehen, unbehandelt.

Wie arbeitet man mit dem Grundkurs? Die praktische Arbeit mit dem Buch ist in zwei Formen möglich. In erster Linie ist es auf das völlig eigenständige Selbststudium zugeschnitten. Nach jedem neuen Schritt sind Übungen eingeschaltet; der Benutzer kann seine Lösungen jeweils mit den Lösungen auf der nächsten Seite vergleichen und so seinen Erfolg kontrollieren. Die Zusatzübungen (zu denen es keine Lösungen gibt) können beim reinen Selbststudium zur Vertiefung bearbeitet werden; nötig ist das nicht. Die zweite Form der Benutzung ist die Präsenz-Lehrveranstaltung. Dafür bietet sich die Arbeitsweise an, eine kleinere oder größere Anzahl von Abschnitten einschließlich der Übungen für die häusliche Vorbereitung einer Übungsstunde zusammenzufassen, den Inhalt in der Stunde zu besprechen sowie die Zusatzübungen in üblicher Weise zur Kontrolle des Lehr- und Lernerfolgs zu benutzen.

Einige Besonderheiten des Grundkurses erklären sich aus der ins Auge gefaßten Benutzung. Übungen mit Lösungen nach jedem neuen Schritt sind die entscheidende Voraussetzung für das Selbststudium. (Ein Autor, der die Lösungen selbst angibt, zwingt sich übrigens nicht nur zu eindeutiger Aufgabenstellung, sondern auch dazu, nicht zu große Schritte zu machen.) Die technische Maßnahme, die Lösungen jeweils auf der nächsten Seite anzugeben, schließt sich an die bewährte Praxis anderer Lehrprogramme an; daß die Lösungen zum Teil noch erläutert werden, ist ein Versuch, mit den bekannten

Schwächen linearer Lehrprogramme doch noch einigermaßen zurechtzukommen. Das nicht-formale erste Kapitel hat nicht nur das Ziel, die Funktion deduktiven Schließens zu klären und den praktischen Sinn des Arbeitens mit einer normierten Sprache nachzuweisen; es soll auch den Einstieg erleichtern. Daß die quantorenlogischen Regeln im zweiten Kapitel vor den aussagenlogischen im dritten Kapitel kommen, glaube ich mit Erfahrungen in Anfängerübungen rechtfertigen zu können: Die Beispiele machen mehr Spaß als aussagenlogische; die ersten Formeln, auf die der Anfänger stößt, sind einfacher; und im dritten Kapitel kann jede neu eingeführte wahrheitsfunktionale Verknüpfung sofort vielseitiger verwendet werden. Weil es Spaß macht, sofort Schlüsse zu ziehen, werden auch die einzelnen Schlußregeln Hand in Hand mit der Normierung der zugehörigen logischen Zeichen eingeführt.

Der Grundkurs ist kein Logik-Lehrbuch! Die wesentliche Abweichung von einem guten Logiklehrbuch liegt in dem Standard, dem die Darstellung sich verpflichtet fühlt. Es geht nicht um eine ökonomische Darstellung der engeren Quantorenlogik, sondern um eine sinnvolle Folge von Lehr- und Lernschritten. (Der Kalkül des natürlichen Schließens ist alles andere als eine ökonomische Darstellung; aber er läßt sich leicht erarbeiten.) Es geht nicht um die präzise Formulierung von Regeln, sondern darum, daß der Benutzer sie beherrschen lernt. (Der Umgang mit Anführungszeichen ist liberal; metasprachliche Symbole werden zugunsten des Arbeitens mit Beispielsausdrücken nach Möglichkeit vermieden.) Es geht auch z. B. nicht um die vollständige Ausführung induktiver Beweise; wo sie angedeutet sind, genügt es dem Zweck des Buches, daß ihr Witz verstanden wird.

Didaktische Überlegungen haben die sachlichen Abweichungen von der hier benutzten Darstellung des Kalküls in W. K. Esslers ›Einführung in die Logik‹ (Stuttgart ²1969) motiviert. Neben leicht veränderter Terminologie und der Unterschlagung der Annahme-Einführungs-Regel handelt es sich vor allem um die zusätzliche Grundregel der Implikationsbeseitigung in Konsequenz der andersartigen Formulierung der Regel der Adjunktionsbeseitigung. Deren Formulierung verzichtet, wie auch die der Negationseinführung, auf Implikationen als Prämissen, weil die Implikation und die Regel der Implikationseinführung nach meiner Erfahrung erst kommen sollten, wenn der Benutzer bereits eine gewisse Vertrautheit mit anderen Verknüpfungen und mit der Technik von Schlußketten hat. Die Verpflichtung dieses Grundkurses gegenüber Esslers Lehrbuch wird dadurch nicht gemindert.

1 Begründen und Schlußfolgern

1.1 Begründungen

Eine Begründung ist ein gesprochener oder geschriebener Text, der zeigen soll, daß eine Annahme wahrscheinlich, eine Feststellung zutreffend, eine Vermutung begründet, ein Bericht plausibel, eine Voraussage berechtigt, ein Schluß unausweichlich ist und so weiter.

Beispiele:
> Auf dem Messer befindet sich der Fingerabdruck von Mackie Messer; wahrscheinlich hat dann er den Mord begangen.
> dpa hat die Meldung bestätigt. Es trifft also zu, daß Chruschtschow tot ist.
> Da der Kultusminister selbst Ordinarius ist, dürfte er kaum für den Verzicht der Ordinarien auf einige ihrer angestammten Rechte eintreten.
> Es klingt ganz glaubhaft, daß Brandt sich noch nicht entschieden hat; denn das paßt zu ihm.
> Wenn man von der derzeit schlechten Form des FC Bayern ausgeht und den Sieg der Gladbacher in Stuttgart in Betracht zieht, dann sollten die Borussen morgen in Gladbach wohl deutlich gewinnen.
> Wo der verschwundene Malkasten doch mit weggekratztem Namensschild wieder aufgetaucht ist, kann doch einfach keine harmlose Verwechslung vorgelegen haben!

Annahmen, Feststellungen, Vermutungen, Berichte, Voraussagen usw. genießen nach einer weitverbreiteten Anschauung eine Vorzugsstellung; man nennt sie »deskriptiv«, »empirisch«, »konstativ«, »kognitiv« oder so ähnlich. Gemeint ist, daß nur solche Äußerungen Erkenntnisse über die Wirklichkeit aussprechen können. Für die Frage, was eine Begründung ist, spielen solche Überlegungen keine Rolle. In Begründungen kann auch gezeigt werden, daß ein Rat gut, eine Warnung begründet, eine Weigerung gerechtfertigt, eine Empfehlung vernünftig, ein Vorschlag aussichtsreich ist usw.

Beispiele:
> Sein Ratschlag, die Chemie-Aktien zu verkaufen, war angesichts der drohenden Ölkrise wirklich gut.
> Stiere sollte man nicht reizen, da sie sehr gefährlich sind.
> Natürlich brauchst du nicht nachzugeben, wenn er so unverschämt daherredet.
> Da das Benzin jetzt so teuer ist, sollte man sich für ein Auto entscheiden, das weniger verbraucht.
> Man könnte zunächst versuchen, sich außergerichtlich zu einigen, da die Gegner wahrscheinlich das Prozeßrisiko scheuen.

Begründungen sind Versuche, jemanden zu überzeugen; sie müssen von Versuchen, jemanden zu überreden, unter Druck zu setzen oder seine Meinung suggestiv zu ändern, unterschieden werden;

> Meine Prüfungsleistung war sehr gut, Herr Professor. Andernfalls wird mein Stipendium nicht weitergewährt.

Das ist keine Begründung dafür, daß die Prüfung sehr gut war. Zum Vergleich:

> Meine Prüfungsleistung war sehr gut, Herr Professor. Ich habe nur eine Frage nicht beantwortet, und der Stoff war sehr umfangreich.

Das ist eine Begründung dafür, daß die Prüfung sehr gut war. Anders:

> Sie sollten mir ein »sehr gut« geben, Herr Professor. Andernfalls wird mein Stipendium nicht weitergewährt.

Das ist eine Begründung dafür, daß der Professor ein »sehr gut« geben sollte. Ob die Begründung gut ist, steht freilich auf einem anderen Blatt; sie kann, je nach Lage des Falles, gut oder schlecht sein.

Vor der Zusatzübung bitte die Übungen S. 11 machen!

Zusatzübung
Welchen von den beiden Texten kann man jeweils eher als Begründung ansehen?
a. Es ist unnötig, daß der Minister das Disziplinarverfahren einleitet. Schließlich
  – hat er selbst einiges zu verbergen.
  – sind die Verfehlungen völlig unbedeutend.
b. Es ist unrecht vom Minister, das Disziplinarverfahren einzuleiten. Denn
  – er hat selbst einiges zu verbergen.
  – in ähnlichen Fällen hat er es auch nicht getan.
c. Da die Deutschen selbst eine faschistische Vergangenheit haben,
  – ist die Kritik von Günther Grass an den chilenischen Zuständen unhaltbar.
  – sollte Günther Grass lieber vor der eigenen Tür kehren.
d. Da Günther Grass' Behauptungen über Chile aus der Luft gegriffen sind,
  – ist seine Kritik an den dortigen Zuständen völlig unhaltbar.
  – sollte er lieber vor der eigenen Tür kehren.

Übungen

1. Sie haben jeweils zwei Texte zur Auswahl; einen von beiden kann man eher als Begründung ansehen. Kreuzen Sie ihn an!
   a. Finck hat kein Recht, sich zu beklagen, wenn er beraubt wird. Er raubt ja selber. ☒
   Finck geschieht kein Unrecht, wenn er beraubt wird. Er raubt ja selber. ☐
   b. Wilsons Meinung zur EG ist grundfalsch. Schließlich hat er vor zwei Jahren genau das Gegenteil behauptet. ☐
   Wilsons Meinung zur EG ist leichtfertig. Schließlich hat er vor zwei Jahren genau das Gegenteil behauptet. ☒
   c. Die Sache mit den Wahlspenden ist für die Öffentlichkeit uninteressant, Herr Chefredakteur. Bedenken Sie, wie gern mein Ministerium Sie immer informiert hat! ☐
   Die Sache mit den Wahlspenden bringen Sie besser nicht, Herr Chefredakteur. Bedenken Sie, wie gern mein Ministerium Sie bisher immer informiert hat! ☒

2. Kreuzen Sie jeweils den Satz an, den man in der angegebenen Weise zu begründen versuchen kann!
   a. Schopenhauer hatte selbst große Angst vor dem Tode. Deshalb
   – ist seine Verherrlichung des Freitodes unhaltbar. ☐
   – wirkt seine Verherrlichung des Freitodes nicht sehr ehrlich. ☒
   b. Der Selbstmörder kann seine Schuld nicht mehr sühnen. Deshalb
   – ist Schopenhauers Verherrlichung des Freitodes unhaltbar. ☒
   – wirkt Schopenhauers Verherrlichung des Freitodes nicht sehr ehrlich. ☐

3. Kreuzen Sie jeweils den Satz an, mit dessen Hilfe man am besten die jeweilige Behauptung begründen kann!
   a. Schwarzfahren ist Unrecht. Denn
   – wer das tut, fährt auf Kosten anderer. ☒
   – wer erwischt wird, muß Strafe zahlen. ☐
   – das Fahrgeld fließt den Stadtwerken zu. ☐
   b. Schwarzfahren kann teuer kommen. Denn
   – wer das tut, fährt auf Kosten anderer. ☐
   – wer erwischt wird, muß Strafe zahlen. ☒
   – das Fahrgeld fließt den Stadtwerken zu. ☐
   c. Schwarzfahren vergrößert das Defizit der Stadtwerke. Denn
   – wer das tut, fährt auf Kosten anderer. ☐
   – wer erwischt wird, muß Strafe zahlen. ☐
   – das Fahrgeld fließt den Stadtwerken zu. ☒

Lösungen

1.

a. [×] Damit, daß jemand selbst raubt, also selbst Unrecht tut, kann man nicht so gut begründen, daß ihm kein Unrecht geschieht, wenn man ihm Unrecht tut, sondern eher, daß er kein Recht hat, sich zu beklagen, wenn ihm Unrecht geschieht.

b. [×] Ob jemand seine Meinungen schnell ändert, ist irrelevant dafür, ob diese Meinungen zutreffen oder nicht; es spielt aber eine große Rolle dafür, ob seine Meinungen leichtfertig sind.

c. [×] Mit Rücksichtnahme auf Informanten kann man – mehr oder weniger gut – begründen, daß man Skandale, in welche sie verwickelt sind, nicht an die Öffentlichkeit bringt, nicht aber, daß diese Skandale für die Öffentlichkeit uninteressant wären.

2.

a. Zieht jemand keine Konsequenzen aus seinen Meinungen, so ist das ein Grund, an seiner Ehrlichkeit zu zweifeln, aber kein Grund zum Zweifel daran, daß seine Meinungen zutreffen.

b. [×] Eine derartige moraltheologische Betrachtung kann man als Argument gegen die Entscheidung zum Freitod in Erwägung ziehen, nicht aber als Argument gegen jemandes Ehrlichkeit, der für die Entscheidung zum Freitod plädiert.

3.

a. [×] Wer meint, der Schwarzfahrer fahre auf Kosten anderer, kann ihn aus diesem Grunde für unfair halten und deshalb Schwarzfahren für Unrecht.

b. [×] Da der Schwarzfahrer Geld spart, kann ihn das Schwarzfahren überhaupt nur deshalb teuer zu stehen kommen, weil er möglicherweise erwischt wird.

c. [×] Wenn die Alternative zum Schwarzfahren nicht darin besteht, zu Hause zu bleiben, sondern darin, zu bezahlen, dann entsteht den Stadtwerken durch das Schwarzfahren ein Verlust.

1.2 Begründungen von Annahmen und Erklärungen von Tatsachen

Begründungen für Annahmen über Tatsachen müssen von Erklärungen für das Aussehen der Tatsachen unterschieden werden. In Begründungen wird gesagt, warum man etwas glauben soll; in Erklärungen wird gesagt, warum etwas so und nicht anders ist. Eine Erklärung für Napoleons Niederlage bei Waterloo:

> Napoleon hat bei Waterloo verloren, weil die Preußen gerade noch rechtzeitig kamen.

Hier erfahren wir, warum es so und nicht anders gekommen ist. Eine Begründung für die Annahme, daß Napoleon bei Waterloo verloren hat:

> Napoleon muß bei Waterloo verloren haben, da sämtliche zeitgenössischen Zeitungen darüber berichtet haben.

Die Zeitungsberichte sind natürlich keine Erklärung für Napoleons Niederlage; sie berechtigen uns aber dazu, an seine Niederlage zu glauben.

Daß eine vermutete Tatsache erklärbar wäre, kann ein Grund dafür sein, an sie zu glauben; deshalb ist die Unterscheidung zwischen Erklärungen von Tatsachen und Begründungen von Annahmen nicht immer problemlos:

> Die Tote könnte durchaus Selbstmord begangen haben, auch wenn die Waffe nicht bei der Leiche lag, da ein Passant sie an sich genommen haben kann.

Die Unwahrscheinlichkeit der Annahme eines Selbstmordes bei Fehlen der Waffe wird gemildert durch den Hinweis, daß die angenommene Tatsache durchaus erklärbar wäre.

Übung

Jeweils eine Alternative ist eine Begründung für eine Annahme, die andere eine Erklärung dafür, daß etwas der Fall ist. Kreuzen Sie die Begründung für eine Annahme an!
a. Das Laub muß heute Nacht gefallen sein,
   – weil der Frost eingesetzt hat.
   – weil es gestern noch oben war.
b. Es ist ganz klar, daß Strauß jedenfalls einmal gelogen hat,
   – weil er beim ersten Mal das Gegenteil behauptet hat.
   – weil er sich schützen wollte.
c. Ihre Heiratswünsche überraschen mich keineswegs, junger Mann. Schließlich
   – erbt meine Tochter mal eine ganze Menge!
   – hat meine Tochter mir es selbst schon gesagt.

Zusatzübungen

1. Durch welche beiden von den Sätzen b.–e. wird die Annahme des Satzes a. begründet, durch welche beiden von ihnen wird die in ihm mitgeteilte Tatsache erklärt?
   a. Der VW-Vorstand hat beschlossen, die Dividende zu senken.
   b. Die Zeitungen haben es geschrieben.
   c. Der VW-Export nach den USA hat sich dieses Jahr halbiert.
   d. Das VW-Werk ist dieses Jahr in den roten Zahlen.
   e. Die VW-Aktie ist am Morgen nach der Vorstandssitzung in den Keller gefallen.

2. Welche beiden von den Sätzen b.–e. sprechen Annahmen aus, die der Satz a. wahrscheinlich macht, welche beiden anderen von den Sätzen b.–e. teilen Tatsachen mit, für die Satz a. eine Erklärung liefert?
   a. Die Ölscheichs haben den Ölpreis erhöht.
   b. Die Ölscheichs wollen die USA zwingen, Israel zum Nachgeben zu zwingen.
   c. Frankreich muß Öl sparen.
   d. Die Ölscheichs brauchen Geld.
   e. Die Industrieländer und die Entwicklungsländer haben erstmals gemeinsame Interessen.

Lösung

☐
☒ Das Laub *ist abgefallen*, *weil* der Frost eingesetzt hat; wir *wissen*, daß es heute Nacht abgefallen ist, weil es gestern noch oben war.

☐
☒ Strauß *hat gelogen*, *weil* er sich schützen wollte; wir *wissen*, daß er einmal gelogen haben muß, weil er beim ersten Mal das Gegenteil behauptet hat.

☐
☒ Der junge Mann *will* die Tochter *heiraten*, *weil* sie eine ganze Menge erbt; der zukünftige Schwiegervater *weiß* von den Heiratswünschen, weil seine Tochter es ihm gesagt hat.

1.3 Prämisse und Konklusion

In jeder Begründung einer Annahme, Behauptung, Vermutung usw. gibt es etwas, was begründet wird, nämlich die betreffende Annahme, Behauptung, Vermutung usw., und etwas, womit sie begründet wird, nämlich die Argumente, auf die man sich stützt. Was begründet wird, nennt man in der Logik »Konklusion«; und ein Satz, mit dessen Hilfe man die Konklusion begründet, heißt »Prämisse«:

Ein Beispiel:
Prämisse: Die Ostverträge dienen dem Frieden.
Konklusion: Die Ostverträge müssen ratifiziert werden.

Umgangssprachlich würde das z. B. so aussehen:

Die Ostverträge müssen ratifiziert werden, weil sie dem Frieden dienen.

Begründungen können eine oder mehrere Prämissen haben, aber nur eine Konklusion; bei mehreren Konklusionen spricht man von mehreren Begründungen (weil mehrere Annahmen begründet werden). Prämisse(n) und Konklusion sind in der sprachlichen Formulierung nicht immer leicht zu trennen; oft geht das nur durch Umformulierung:

Als Händler waren die Karthager vermutlich am Frieden interessiert.

Umformuliert:

Die Karthager waren Händler, und Händler sind am Frieden interessiert; daher waren die Karthager vermutlich am Frieden interessiert.

Die Umgangssprache kennt eine große Zahl von syntaktisch sehr unterschiedlichen Ausdrücken und Konstruktionen, mit deren Hilfe der Sprecher explizit machen kann, welche Behauptung oder Annahme er begründen will (was also die Konklusion ist) und mit welchen Argumenten er sie begründen will (was also die Prämisse[n] ist [sind]). Die Begründung

Mein Wagen steht seit einer Stunde im Parkverbot.
Also ist anzunehmen, daß ich eine Verwarnung habe.

kann z. B. mit den folgenden Formulierungen ausgedrückt werden:

Im Hinblick darauf, daß mein Wagen seit einer Stunde im Parkverbot steht, dürfte ich eine Verwarnung haben.
Wenn man danach geht, daß mein Wagen seit einer Stunde im Parkverbot steht, habe ich sicher eine Verwarnung.
Da mein Wagen seit einer Stunde im Parkverbot steht, habe ich eine Verwarnung.

Mein Wagen steht seit einer Stunde im Parkverbot – ich habe eine Verwarnung.
Ich habe eine Verwarnung; schließlich steht mein Wagen seit einer Stunde im Parkverbot.

Vor den Zusatzübungen bitte die Übungen Seite 17 machen!

Zusatzübungen

1. Was sind die Prämissen, was ist die Konklusion?
   a. Geisteskranke sind keine Menschen: der Mensch ist ein vernünftiges Lebewesen!
   b. Schmidt war bei dem Unfall gar nicht zugegen und befindet sich mit seinem Bericht vermutlich im Irrtum.
   c. Schmidt befindet sich mit seinem Bericht im Irrtum; vermutlich war er bei dem Unfall gar nicht zugegen.
   d. Wo er doch so mit der Antwort gezögert hat, hat er sicher gelogen.
   e. Wunder gibt es nicht; schließlich verstoßen sie gegen Naturgesetze.

2. Das Fieber, die Schwellung und die Schluckbeschwerden weisen darauf hin, daß er eine Mandelentzündung hat.
   Der Satz wird dreimal paraphrasiert. Welche von den Paraphrasen a.–c. ist die beste?
   a. Er hat eine Mandelentzündung; das erklärt, warum er Fieber, Schwellung und Schluckbeschwerden hat.
   b. Er hat Fieber, eine Schwellung und Schluckbeschwerden; daher ist anzunehmen, daß er eine Mandelentzündung hat.
   c. Er hat Fieber, eine Schwellung und Schluckbeschwerden; davon hat er eine Mandelentzündung bekommen.

3. Suchen Sie jeweils eine umgangssprachliche Begründung einer Annahme, in der die Unterscheidung zwischen Prämisse(n) und Konklusion mit Hilfe der folgenden Ausdrücke gemacht wird:

   unter dem Aspekt von ... betrachtet, ...
   nach ... zu urteilen, ...
   ..., so daß ...
   ...; infolgedessen ...
   ...; immerhin ...

(Achten Sie darauf, daß Sie Begründungen von Annahmen und nicht Erklärungen von Tatsachen finden!)

Übungen

1. Welche der Umformulierungen trennt jeweils Prämisse(n) und Konklusion in a.–c. am deutlichsten?
   a. Bei ihrem typischen Neid können Egoisten nicht glücklich sein.
      - Egoisten sind unglücklich; deshalb sind sie typisch neidisch.
      - Egoisten sind typischerweise neidisch; daher können sie nicht glücklich sein.
      - Typischer Neid macht egoistisch, und Egoismus verursacht Unglück.
   b. Das ist zu schön, um wahr zu sein.
      - Das ist zu schön; daher kann es nicht wahr sein.
      - Das ist zu schön, damit es wahr ist.
      - Das ist nicht wahr; daher ist es schön.
   c. Angesichts der Allmacht Gottes müssen Wunder möglich sein.
      - Da Wunder im Angesichte des allmächtigen Gottes geschehen, sind sie möglich.
      - Gottes Allmacht ist wirklich, und was wirklich ist, ist möglich; daher sind Wunder möglich.
      - Gott ist allmächtig; daher sind Wunder möglich.

2. Welche der Formulierungen gibt jeweils die in Prämisse(n) und Konklusion getrennten Begründungen a. und b. am besten wieder?
   a. Sie hat ihn sitzen lassen; daher ist anzunehmen, daß sie ihn nicht mehr ausstehen kann.
      - Sie hat ihn sitzen lassen, weil sie ihn vermutlich nicht mehr ausstehen kann.
      - Vermutlich hat sie ihn sitzen lassen, da sie ihn ja nicht mehr ausstehen kann.
      - Wo sie ihn hat sitzen lassen, muß sie ihn wohl nicht mehr ausstehen können.
   b. Er ist eifersüchtig. Daher ist anzunehmen, daß er aus Wut auf den Nebenbuhler so gehandelt hat.
      - Im Lichte seiner Eifersucht betrachtet, geschah seine Tat aus Wut auf den Nebenbuhler.
      - Auf Grund seiner Eifersucht hat er eine Wut auf seinen Nebenbuhler.
      - Er nimmt an, daß sein Nebenbuhler aus Eifersucht so wütend auf ihn ist.

Lösungen

1.

a.

☒ Typischer Neid von Egoisten wird als Grund für die Annahme gebracht, daß sie nicht glücklich seien. Das wird in der zweiten Umformulierung klargemacht.

b.

☒ Der Satz drückt pessimistisch aus, daß wirklich schöne Sachen gar nicht passieren; das wird in der ersten Umformulierung klargemacht.

c. Der Satz versucht, Zweifel an der Möglichkeit von Wundern durch Hinweis auf die Allmacht Gottes zu zerstreuen; die dritte Umformulierung macht das klar. Die erste geht statt dessen schon von der Voraussetzung aus, daß Wunder tatsächlich geschehen; und die zweite klingt zwar sehr philosophisch, ☒ hat aber mit dem ursprünglichen Satz nicht viel zu tun.

2.

a.

In der ersten Formulierung wird nicht die Annahme begründet, daß sie ihn nicht mehr ausstehen kann; in der zweiten wird diese Annahme geradezu vorausgesetzt. Die dritte stellt dagegen eine häufige umgangssprachliche Fassung für den ☒ Satz a. dar.

b.

☒ Daß er aus Wut gehandelt habe, wird in der ersten Formulierung durch Hinweis auf seine Eifersucht begründet. Die zweite und die dritte Formulierung haben mit Satz b. nichts zu tun.

1.4 Inhaltliche und formale Beurteilung von Begründungen

Begründungen kann man als überzeugend, stringent, direkt usw. loben oder als schwach, lückenhaft, hergeholt usw. tadeln. Solche Beurteilungen unterscheiden wir danach, ob sie formal oder inhaltlich sind. Die Beurteilung einer Begründung ist inhaltlich, wenn in ihr zum sachlichen Zutreffen einer, mehrerer oder aller Prämissen oder zum sachlichen Zutreffen der Konklusion Stellung genommen wird. Die Beurteilung einer Begründung ist formal, wenn in ihr nicht zum sachlichen Zutreffen von Prämissen oder Konklusion Stellung genommen wird, sondern wenn man in ihr erstens von der Annahme ausgeht, die Prämissen träfen zu, zweitens offenläßt, ob die Konklusion zutrifft, und drittens lediglich fragt, wieviel die Prämissen, wenn sie zuträfen, für die Konklusion hergeben würden.

> Die Untersuchungen der Polizei haben kein belastendes Indiz ergeben. Der Angeschuldigte hat also die Tat nicht begangen.

Inhaltlich sind die folgenden Beurteilungen dieser Begründung:

> Es ist aber anzunehmen, daß die Polizei belastendes Material unterdrückt hat. (Die Prämisse wird angezweifelt!)
> Wir haben Beweise dafür, daß er die Tat begangen hat. (Die Konklusion wird angezweifelt.)
> Das stimmt und wird durch das Alibi des Angeklagten glänzend bestätigt. (Die Konklusion wird unabhängig von den Prämissen für sachlich zutreffend erklärt.)

Formal sind die folgenden Beurteilungen der Begründung:

> Man müßte noch positives Entlastungsmaterial beibringen. (Zu Prämisse und Konklusion wird nicht Stellung genommen; es wird bezweifelt, ob die Prämisse als Begründung ausreicht.)
> Es kommt aber darauf an, wie sorgfältig die Untersuchungen der Polizei waren. (Daß sie nichts gefunden hat, wird nicht bezweifelt; bezweifelt wird, daß man daraus ohne weiteres schließen könne, es gebe nichts Belastendes.)
> Ob die Polizei etwas herausbekommt oder nicht, ist ziemlich irrelevant. (Prämisse und Konklusion werden weder bezweifelt noch bekräftigt; bestritten wird, daß die Prämisse, wenn sie wahr wäre, die Glaubhaftigkeit der Konklusion in irgendeiner Weise beträfe.)

Der Logik geht es ausschließlich um formale Beurteilungen von Begründungen; d. h. sie nimmt an, daß die Prämissen wahr sind, und fragt, ob dieser Umstand die Glaubhaftigkeit der Konklusion erhöhen würde. Die formale Beurteilung nimmt also Stellung zur Relevanz und zum Gewicht der Prämisse(n) für die Konklusion.

Die Beurteilung einer Begründung kann beide Beurteilungsweisen miteinander kombinieren. Das ist der Fall, wenn zu der Begründung

Als Händler waren die Karthager vermutlich am Frieden interessiert

gesagt wird:

Ach wo – die Karthager haben, genau wie andere Handelsvölker auch, viele Raubkriege geführt.

Hier wird erstens die Konklusion bestritten (wer viele Raubkriege führt, ist nicht am Frieden interessiert); zweitens wird gesagt, daß die Prämisse, obgleich sie als wahr unterstellt wird, für die Konklusion keine Rolle spielt: daß die Karthager Händler waren, spricht gar nicht für ihr Interesse am Frieden.

Vor der Zusatzübung bitte die Übungen auf Seite 21 machen!

Zusatzübung

Welche Beurteilungen sind inhaltlich, welche formal? Begründen Sie Ihre Kennzeichnung!

Es gibt kaum Menschen, die hundert Jahre alt werden. Vermutlich ist daher auch Bertrand Russell nicht so alt geworden.

– Das ist sehr überzeugend, da Russell tatsächlich mit 98 Jahren gestorben ist.
– Absolut zwingend ist das nicht – Russell könnte eine der wenigen Ausnahmen gewesen sein.
– Durchaus nicht – fünf Prozent aller Menschen werden so alt!
– Das kann schon deshalb kein überzeugender Beweis sein, weil Russell 102 Jahre alt geworden ist.
– Die Begründung wäre noch überzeugender, wenn man außerdem noch wüßte, daß Russell keine sehr gute Konstitution hatte.
– Wenn das mit der Seltenheit der Hundertjährigen stimmt, ist die Begründung allerdings zwingend.

Übungen

1. Eine Begründung wird mehrfach beurteilt, manchmal formal, manchmal inhaltlich. Kreuzen Sie die formalen Beurteilungen der Begründung an!
   Bielefeld ist größer als Köln; denn Köln kommt fast auf 900 000 Einwohner, während Bielefeld ca. 200 000 hat.
   – Was größer ist, weiß ich nicht; aber wenn die Zahlen stimmen, dann gilt genau das Gegenteil.
   – Köln ist höchstens halb so groß, wie hier behauptet wird.
   – Man braucht bloß den 1. FC Köln und Arminia Bielefeld zu vergleichen, um zu sehen, daß Köln größer ist.
   – Das ist zweifelhaft; Bielefeld kann doch durch die Universitätsgründung nicht derart stark gewachsen sein.
   – Wenn dem so ist, dann muß das überraschende Ergebnis zutreffen.

2. Eine Begründung wird mehrfach beurteilt:
   Da Menschen vernünftige Lebewesen sind, sind Geisteskranke keine Menschen.
   a. Die Begründung ist schon deshalb falsch, weil man ein solches Ergebnis einfach nicht akzeptieren kann.
   b. Vernünftig oder nicht spielt keine Rolle, weil sowieso nicht alle Menschen vernünftig sind.
   Die Beurteilung a. nimmt Stellung
   – zur Prämisse
   – zur Konklusion
   – weder zur Prämisse noch zur Konklusion
   Kreuzen Sie alle richtigen Beschreibungen der Begründung an!
   Die Beurteilung b. nimmt Stellung
   – zur Prämisse
   – zur Konklusion
   – zur Relevanz der Prämisse
   Kreuzen Sie alle richtigen Beschreibungen der Begründung an!

3. Eine Begründung wird mehrfach beurteilt:
   Hans lügt bestimmt; gestern hat er ja auch gelogen!
   a. Wie kann man das sagen, nur weil Hans einmal gelogen hat!
   b. Es stimmt einfach nicht, daß Hans gestern gelogen hat.
   Die Beurteilung a. ist formal, weil sie
   – einer rein formalistischen Betrachtungsweise folgt.
   – der Prämisse das Gewicht für die Konklusion abstreitet.
   Die Beurteilung b. ist inhaltlich, weil sie
   – die Prämisse bezweifelt.
   – die Konklusion bezweifelt.
   – die Prämisse für irrelevant erklärt.

Lösungen

1.

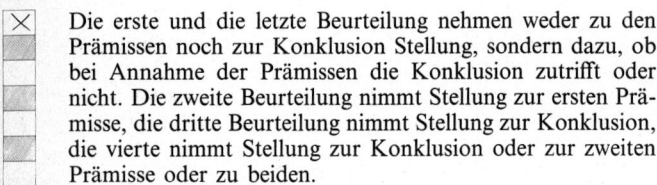

Die erste und die letzte Beurteilung nehmen weder zu den Prämissen noch zur Konklusion Stellung, sondern dazu, ob bei Annahme der Prämissen die Konklusion zutrifft oder nicht. Die zweite Beurteilung nimmt Stellung zur ersten Prämisse, die dritte Beurteilung nimmt Stellung zur Konklusion, die vierte nimmt Stellung zur Konklusion oder zur zweiten Prämisse oder zu beiden.

2.

a.
Daß man ein solches Ergebnis einfach nicht akzeptieren könne, ist eine Stellungnahme zur Konklusion. Zur Prämisse, also dazu, ob Menschen vernünftig sind, wird nicht Stellung genommen.

b.
Die Beurteilung nimmt erstens Stellung zur Relevanz der Prämisse, da sie sagt, daß die Prämisse keine Rolle spiele, und zweitens zur Prämisse selbst, da sie sagt, daß diese falsch sei.

3.

a.
Die Beurteilung drückt aus, daß eine Lüge allein nicht genügt, um auf eine Lüge auch im nächsten Fall zu schließen; sie sagt also, daß die Prämisse für die Konklusion nicht hinreichend viel hergibt.

b.
Die Prämisse der beurteilten Begründung ist, daß Hans gestern gelogen habe; genau das wird in dieser Beurteilung bezweifelt.

1.5 Prämissen mit unterschiedlichem Gewicht

Geht man in der formalen Beurteilung einer Begründung davon aus, daß die Prämissen wahr sind, dann können sie die Konklusion mehr oder weniger plausibel machen. Machen sie sie sehr plausibel, dann sind sie Prämissen, die für die Konklusion sehr gewichtig sind.

Die meisten US-Amerikaner sprechen Englisch; denn
- wenn man in den USA auf der Straße angeredet wird, dann fast immer auf Englisch.
- die einzige in den USA erscheinende Zeitung, die der Kiosk im Bahnhof Bonn führt, ist auf Englisch.
- viele von den Geschichten in unserem Englisch-Lehrbuch spielen in den USA.

Die erste von den drei zur Auswahl gestellten Prämissen ist die gewichtigste; denn es wäre äußerst erstaunlich, wenn einen die Leute in den USA tatsächlich so anredeten, wenn nicht auch die meisten von ihnen Englisch sprächen. Die zweite ist ebenfalls gewichtig, aber nicht ganz so wie die erste; unser Kioskinhaber könnte aus eigenem Sprachinteresse oder zugunsten der Bonner Englischkundigen eine der seltenen, in den nicht-englischsprechenden USA erscheinenden, englischsprachigen Zeitungen führen. Die dritte Prämisse macht die Konklusion auch noch ziemlich plausibel (Sprachlehrbuch-Geschichten spielen meistens in Ländern, wo die betreffende Sprache Hauptsprache ist), aber nicht so wie die beiden anderen.

Übungen

1. Welche Prämisse ist gewichtiger? Kreuzen Sie sie an!
   a. Napoleon hat die Schlacht von Waterloo verloren; denn
      - nach der Schlacht wurde er auf St. Helena interniert.
      - nach der Schlacht stiegen die englischen Zuckeraktien.
   b. Napoleon hat die Schlacht von Waterloo verloren; denn
      - nachher stiegen die englischen Zuckeraktien.
      - Josua hat die Schlacht von Jericho gewonnen.

2. Welche Prämisse ist gewichtiger? Kreuzen Sie sie an.
   a. Heute ist Dienstag, denn
      - Hans hat gesagt, daß heute Dienstag ist.
      - die heutige Zeitung trägt den Aufdruck »Dienstag«.
   b. Unser kleiner Hans kennt schon ein paar Wochentage; denn
      - Hans hat gesagt, daß heute Dienstag ist.
      - die heutige Zeitung trägt den Aufdruck »Dienstag«.

Zusatzübungen

1. Suchen Sie zu den folgenden Konklusionen je drei Prämissen mit unterschiedlichem Gewicht und ordnen Sie sie nach ihrem Gewicht:

   a. Kaninchen vermehren sich schneller als Eichhörnchen.
   b. Eines Tages wird die Erde unbewohnbar sein.
   c. Bei Gott ist kein Ding unmöglich.
   d. §218 gehört abgeschafft.

2. Ordnen Sie die Prämissen nach ihrer Stärke und begründen Sie Ihre Anordnung!

   Pinguine können sicher nicht fliegen; denn
   – sie schwimmen ausgezeichnet, und Schwimmvögel können im allgemeinen nicht fliegen.
   – sie schwimmen besser als Menschen, und Menschen können auch nicht fliegen.
   – wenn man Pinguine erschreckt, fliegen sie nie auf.
   – noch nie hat jemand einen Pinguin fliegen sehen.
   – wenn Pinguine von großer Höhe herabstürzen, fallen sie wie ein Stein zu Boden.

Lösungen

1.
a. ☒ Beide Prämissen sprechen dafür, daß Napoleon die Schlacht von Waterloo verloren hat; aber die erste dürfte ein größeres Gewicht haben (es kommt sehr selten vor, daß ein siegreicher Feldherr im Anschluß an die gewonnene Schlacht von seinen Gegnern interniert werden kann).
b. ☒ Daß Josua die Schlacht von Jericho gewonnen hat, trägt zur Glaubwürdigkeit von Napoleons Niederlage bei Waterloo höchstens insofern bei, als die Schlacht von Jericho zeigt, daß nicht alle Schlachten unentschieden ausgehen.

2.
a. Hans könnte sich irren, während es äußerst unwahrscheinlich ist, daß eine Zeitung mit einem falschen Wochentag auf dem Titelblatt herauskommt.
b. ☒

☒ Hier liegt der Fall natürlich umgekehrt.

1.6 Praktisch zwingende Begründungen

Im täglichen Leben muß man sich häufig auf bestimmte Sachen einfach verlassen können, auch wenn man sie nicht mit eigenen Augen gesehen hat. Manchmal handelt es sich um Selbstverständlichkeiten, etwa daß am nächsten Tag die Sonne aufgeht; manchmal aber auch nicht – dann braucht man praktisch zwingende Begründungen. Das ist ein im Prinzipiellen unklarer, aber im Einzelfall häufig sehr klarer Begriff; er bezeichnet Begründungen, die von den gewichtigsten Prämissen ausgehen, welche man sich in der betreffenden Situation vernünftigerweise wünschen kann. Etwa:

> Das Telefon funktioniert; denn ich habe heute fünf Orts- und vier Ferngespräche geführt und bin selbst sechsmal angerufen worden, ohne daß eine Störung aufgetreten wäre.

Praktisch zwingende Begründungen schließen nicht völlig aus, daß irgendein außergewöhnlicher Umstand trotz Wahrheit der Prämissen dafür sorgt, daß die Konklusion doch falsch ist; zum Beispiel kann die Telefonschnur einen Wackelkontakt haben, der – unwahrscheinlich, aber möglich – ausgerechnet während meiner fünfzehn Gespräche nicht aufgetreten ist, sondern nur bei dem einen Gespräch meiner Sekretärin.

Die Beurteilung als »zwingend« ist formal; die Prämissen werden als wahr unterstellt!

Übung

Welche Begründungen sind praktisch zwingend? Kreuzen Sie jeweils eine an!

a. Das ist ein Telefon; denn
  – ich habe es als Telefon gekauft.
  – es sieht aus wie ein Telefon.
  – ich habe jemanden angerufen, und er hat zurückgerufen.

b. Hans ist betrunken; denn
  – er lallt und stottert, was er sonst nicht tut.
  – er hat vor zwei Stunden 11 Whisky getrunken.
  – er hat der Hausfrau in den Ausschnitt gegriffen.

c. Meine Briefwaage ist genau; denn
  – es ist noch kein Auslandsbrief wegen falschen Frankierens zurückgekommen.
  – sie hat einen Satz von Apothekergewichten richtig gewogen.
  – noch nie hat sich ein Adressat wegen Strafportos beschwert.

Zusatzübungen

1. Finden Sie Umstände, die die folgenden, normalerweise zwingenden Begründungen entkräften würden:
   a. Adorno war ein Dummkopf, denn er hat ausdrücklich gesagt, er wolle den Unterschied zwischen These und Argument abschaffen, und sich nicht entblödet, das auch noch zu publizieren.
   b. Wittgenstein war kein systematischer Kopf, denn in seinen »Philosophischen Untersuchungen« muß man ständig rätseln, um welches Problem es gerade geht, und, wo man es weiß, wie er sich dazu stellt.

2. Begründungen können praktisch zwingend sein oder nicht, Angriffe gegen Begründungen hergeholt oder nicht.
   Formulieren Sie einen Zusammenhang!

3. Sind die beiden folgenden Begründungen in unterschiedlichem Maße zwingend? Begründen Sie Ihr Urteil!
   a. Gisela liebt Peter; also liebt sie Hans-Friedrich nicht.
   b. Dietmar liebt Melisande; also liebt er Ulrike nicht.

Lösungen

a. Was aussieht, wie ein Telefon, kann ein Spielzeugtelefon sein (und solche Dinger gibt es ziemlich häufig); was man als Telefon kauft, wird fast immer auch ein Telefon sein; fast ausgeschlossen ist es jedoch, daß ein Apparat, von dem aus man anruft und angerufen wird, kein Telefon wäre (es könnte ein raffiniertes Tonband darin versteckt sein).

b. Das seltsame Verhalten gegenüber der Hausfrau ist bei Hans vielleicht ganz normal; oder falls es nicht normal ist, dann lallt und stottert er vielleicht gerade deshalb. Fast ausgeschlossen ist es dagegen, daß jemand vor zwei Stunden 11 Whisky getrunken hat, ohne nachher blau zu sein.

c. Die erste und die dritte Begründung sind auch ganz gut, besonders dann, wenn ich meine Briefe regelmäßig auf der Briefwaage wiege, wenn ich viel schreibe und viel ins Ausland schreibe. Die zweite ist aber besser, denn eine Waage, die einen Satz von Apothekergewichten richtig wiegt, kann man geradezu als geeicht betrachten.

1.7 Analytische Schlüsse

Andreas ist Junggeselle; also ist Andreas unverheiratet.
Andreas schreibt an seiner Dissertation; er bereitet sich also auf seine Promotion vor.

Wer die Prämissen als wahr unterstellt, ist unausweichlich auf die Konklusionen festgelegt. Es kann einfach nicht sein, daß Andreas zwar Junggeselle, aber doch verheiratet ist; kein Umstand könnte das möglich machen. Das liegt nicht daran, daß man hier eine besonders schicke Art der zwingenden Begründung gefunden hätte, eine besonders leistungsstarke Prämisse, mit der sich alle Zweifel an der Konklusion aus dem Wege räumen ließen. Es liegt vielmehr daran, daß in der Prämisse (bzw. in den Prämissen) schon behauptet ist, was in der Konklusion gesagt wird. Wer sagt, daß Andreas an seiner Dissertation schreibt, sagt damit (neben anderen Dingen) schon, daß Andreas sich auf seine Promotion vorbereitet.

Texte, in denen von einer oder mehreren Prämissen zu einer Konklusion übergegangen wird, heißen »Schlüsse«. Eine Art von Schlüssen haben wir kennengelernt: die Begründungen. Schlüsse, in deren Prämisse(n) schon behauptet wird, was in der Konklusion gesagt wird, wollen wir nicht »Begründungen« nennen, sondern »analytische Schlüsse« (weil sie aus der Prämisse einen Behauptungsbestandteil heraus»lösen«). Warum analytische Schlüsse nicht als Begründungen, sondern nur als Ableitungen taugen, sehen wir im nächsten Abschnitt.

Übung

Welche von den Schlüssen sind analytische Schlüsse?

1. Eike ist Ur-Urenkel von Friedrich Carl; also
   – ist Friedrich Carl Ur-Urgroßvater von Eike.
   – ist Friedrich Carl Ur-Urenkel von Karl dem Großen.
   – ist Eike ein gemachter Mann.

2. Das Getränk ist ohne Wacholder hergestellt; also
   – schmeckt es nicht.
   – ist es kein Gin.
   – ist es ungesund.

3. Florian schläft tief; also
   – wird er nicht so bald aufwachen.
   – ist ihm nicht kalt.
   – erzählt er Christopher keine Witze mehr.

Zusatzübungen

1. Welche von den Schlüssen sind analytische Schlüsse?
   a. Florian hat sich naß gemacht; er ist also nicht rechtzeitig aufs Klo gegangen.
   b. Christopher ist mit Boris befreundet; also ist Boris mit Christopher befreundet.
   c. Andreas lebt mit Birgit zusammen; also lebt Birgit mit Andreas zusammen.
   d. Uli kann das Zusammenleben von Andreas und Birgit nicht leiden; also fühlen Andreas und Birgit sich in Ulis Anwesenheit unwohl.

2. Nennen Sie Konklusionen, die aus den Prämissen a. bzw. b. analytisch zu schließen, und solche, die mit ihnen praktisch zwingend zu begründen sind!
   a. Hans ist Vater von Peter, und Peter ist Vater von Alwine.
   b. Alwine ist Mutter von Peter, und Peter ist Vater von Hans.

3. Nennen Sie Prämissen, aus denen die Konklusionen a. bzw. b. analytisch zu schließen, und solche, mit denen sie praktisch zwingend zu begründen sind!
   a. Weilheim liegt zwischen Murnau und Tutzing.
   b. Barzel ist öliger als Strauß.

Lösungen

1.
- [x] Richtig! Hier wird nur neu formuliert.
- [ ] So ein Unsinn!
- [ ] Schön wärs!

2.
- [ ] Das ist Geschmackssache.
- [x] Richtig! Zu Gin gehört Wacholder.
- [ ] Das ist Ansichtssache.

3.
- [ ] Das muß nicht sein.
- [ ] Nein – man kann vom Frieren aufwachen!
- [x] Richtig! Wer Witze erzählt, schläft nicht.

1.8 Analytischer Schluß und praktisch zwingende Begründung

Vergleichen Sie die folgenden Schlüsse:

Das Päckchen hier ist leichter als der Brief da; denn
A.1 – das Päckchen wiegt 800 g, der Brief 925 g.
A.2 – der Brief ist schwerer als die Drucksache dort, und die ist schwerer als das Päckchen.
B.1 – unsere Briefwaage zeigt für das Päckchen 800 g, für den Brief 925 g.
B.2 – wenn man das Päckchen in der linken und den Brief gleichzeitig in der rechten Hand wiegt, fühlt sich das Päckchen leichter an, und andersherum auch.

Die Prämissen A.1 und A.2 stehen zur Konklusion in einer anderen Beziehung als die Prämissen B.1 und B.2. Wer behauptet, daß das Päckchen 800 g, der Brief aber 925 g wiege, behauptet damit auch, daß das Päckchen leichter als der Brief sei, denn 925 g sind ein größeres Gewicht als 800 g. Genauso steht es mit A.2; wer sagt, der Brief sei schwerer als die Drucksache und diese schwerer als das Päckchen, hat damit auch gesagt, daß der Brief schwerer als das Päckchen, dieses also leichter als der Brief sei. Die Schlüsse von A.1 auf die Konklusion und von A.2 auf die Konklusion sind also analytische Schlüsse.

Anders B.1 und B.2. Wer sagt, daß unsere Briefwaage für das Päckchen 800 g und für den Brief 925 g anzeige, sagt damit zunächst nur, welches Gewicht unsere Briefwaage anzeigt; er sagt gerade noch nicht, welches Gewicht Päckchen und Brief wirklich haben. Wenn keine besonderen Umstände vorliegen, wird er der Meinung sein, das sei auch das tatsächliche Gewicht; aber er hat die Meinung nicht *ausgedrückt*. Wer sagt, daß, wenn man das Päckchen in der linken und gleichzeitig den Brief in der rechten Hand wiege, das Päckchen sich leichter anfühle, und andersherum sei es genauso, der verzichtet einstweilen darauf, sich zu der Frage zu äußern, welche der beiden Postsachen leichter sei; auch in dieser Prämisse ist also die Konklusion noch nicht enthalten.

Wer sagt, daß das Päckchen nicht leichter als der Brief sei, darf der Prämisse A.1 nicht zustimmen; denn dann würde er sagen, etwas, das 800 g wiegt, sei nicht leichter als etwas, das 925 g wiegt. Genauso würde jemand sich selbst widersprechen, wenn er der Konklusion nicht zustimmte, wohl aber der Prämisse A.2; er würde mit der Prämisse sagen, das Päckchen sei leichter, und mit seinem Abstreiten der Konklusion, es sei nicht leichter als der Brief. Die Prämisse des analytischen Schlusses behauptet die Konklusion implizit mit; der Schluß macht nur explizit, daß die Konklusion in der Prämisse steckt.

Anders bei B.1 und B.2. Wer die Konklusion bestreitet, kann sowohl B.1 als auch B.2 zustimmen, ohne sich zu widersprechen. Man kann sagen, eine Waage zeige ein Gewicht an, aber das sei nicht das richtige Gewicht; man kann sagen, eine Sache fühle sich leichter an als eine andere, aber sie sei nicht leichter. In keinem der beiden Fälle widerspricht man sich. Die Schlüsse von B.1 auf die Konklusion und von B.2 auf die Konklusion sind keine analytischen Schlüsse.

Dafür handelt es sich bei ihnen um praktisch zwingende Begründungen. Wenn die Briefwaage 800 bzw. 925 g anzeigt, dann liegen die richtigen Gewichte sowieso mit ziemlicher Sicherheit nahe an diesen Werten; aber selbst wenn die Waage sehr falsch geht, ist doch praktisch ausgeschlossen, daß sie für zwei gleichschwere Dinge einen so großen Unterschied anzeigt oder gar für eine leichtere Sache ein größeres Gewicht als für eine schwerere. Und wenn das Päckchen sich in der linken Hand leichter anfühlt als der Brief in der rechten, kann es zwar schwerer sein (wenn man z. B. mit der linken Hand gerade einen schweren Koffer getragen hat); aber das ist praktisch ausgeschlossen, wenn es sich auch in der rechten Hand leichter anfühlt als der Brief in der linken. Der Schluß von B.1 auf die Konklusion und der Schluß von B.2 auf die Konklusion sind praktisch zwingende Begründungen.

Nicht so die beiden analytischen Schlüsse – ganz im Gegenteil: sie sind gar keine Begründungen, geschweige denn praktisch zwingende. Eine Begründung dafür, daß die Konklusion plausibel ist, soll geeignet sein, Zweifel an der Konklusion zu zerstreuen. Das kann man nicht mit einer Prämisse, in der eben diese Konklusion implizit enthalten ist. Das wäre genau solch ein Unsinn wie die Begründung:

Der Brief da ist schwerer als das Päckchen hier.
Also ist das Päckchen leichter als der Brief.

Wer Zweifel daran hat, daß das Päckchen leichter ist, hat natürlich auch Zweifel daran, daß der Brief schwerer ist.

Analytische Schlüsse sind zwar (im Unterschied zu praktisch zwingenden Begründungen) absolut zwingend; aber das sind sie nur deshalb, weil in der Konklusion etwas wiederholt wird, was in der Prämisse schon gesagt ist. Was ist dann ihre Funktion? Analytische Schlüsse explizieren. Sie drücken aus, daß in der Prämisse (möglicherweise neben anderem) die Konklusion steckt, und machen insoweit den Inhalt der Prämisse explizit. Diese Explizierungsfunktion wird z. B. ausgenutzt, wenn man beim *Theorienaufbau* zeigt, daß aus wenigen Axiomen alle gültigen Theoreme folgen oder aus wenigen Gesetzen alle Einzelregelungen, die nötig sind; wenn man bei der *experimentellen Nachprüfung* zeigt, daß eine Folgerung der Hypothese der Erfahrung widerspricht; oder wenn man zur *Erklärung* eines bekannten oder zur *Voraussage* eines unbekannten Ereignisses zeigt, daß sein Eintreten unter bestimmten Bedingungen aus einer als zuverlässig angesehenen Theorie folgt.

Übungen

1. Kreuzen Sie den analytischen Schluß an!
   Brünett ist nicht Evis natürliche Haarfarbe; denn
   - Evis natürliche Haarfarbe ist Blond.
   - Evis Haar ist seit sechs Monaten nicht gefärbt und schaut nicht brünett aus.

2. Kreuzen Sie die praktisch zwingende Begründung an!
   Ulrike ist mit Eike verheiratet; denn
   - Eike ist mit Ulrike verheiratet.
   - Ulrike und Eike leben seit zehn Jahren zusammen und haben zwei schulpflichtige Kinder, und alle vier haben denselben Familiennamen.
   - Eike ist Ulrikes Ehemann.

3. Analytische Schlüsse sind zwingend, weil
   - die Prämisse jeden Zweifel an der Konklusion beseitigt.
   - die Konklusion etwas wiederholt, was schon in der Prämisse gesagt ist.

4. Begründungen sind praktisch zwingend, wenn
   - die Prämisse jeden Zweifel an der Konklusion beseitigt.
   - die Konklusion etwas wiederholt, was schon in der Prämisse gesagt ist.

5. Kreuzen Sie alle richtigen Formulierungen an!
   Bei analytischen Schlüssen steckt die Konklusion schon in der Prämisse. Deshalb sind analytische Schlüsse
   - besonders zwingende Begründungen.
   - absolut zwingend.
   - ziemlich zwingend.
   - nicht zwingend.
   - gar keine Begründungen.

6. Kreuzen Sie die beste Formulierung an!
   Wer den Prämissen einer praktisch zwingenden Begründung zustimmt, an der Konklusion aber zweifelt,
   - widerspricht sich selbst.
   - nimmt einen unwahrscheinlichen Ausnahmefall an.
   - benimmt sich unwahrscheinlich blöd.

7. Kreuzen Sie die beste Formulierung an!
   Wer den Prämissen eines analytisch zwingenden Schlusses zustimmt, an der Konklusion aber zweifelt,
   - widerspricht sich selbst.
   - nimmt einen unwahrscheinlichen Ausnahmefall an.
   - muß schleunigst zum Analytiker.

Lösungen

1. [× / ▨] Blond ist nicht Brünett; wenn man sagt, daß Evis natürliche Haarfarbe Blond sei, dann hat man damit schon gesagt, daß Brünett nicht Evis natürliche Haarfarbe ist. (Die zweite Prämisse ist eine praktisch zwingende Begründung.)

2. [▨ / ▨ / ×] Mit der ersten und dritten Prämisse wird schon gesagt, daß Ulrike mit Eike verheiratet ist; hier haben wir also analytische Schlüsse. Die zweite Prämisse ist eine praktisch zwingende Begründung, weil es unter den geschilderten Umständen *fast völlig sicher*, aber noch nicht *gesagt* ist, daß Ulrike mit Eike verheiratet ist.

3. [▨ / ×] Die Konklusion eines analytischen Schlusses expliziert nur, was die Prämisse sagt; die Prämisse kann einen Zweifel an sich selbst nicht beseitigen.

4. [× / ▨] Schlüsse, deren Konklusion etwas wiederholt, was schon in der Prämisse gesagt ist, sind zwar absolut zwingend, aber keine Begründungen.

5. [× / ×] Analytische Schlüsse sind absolut zwingend (nicht nur ziemlich zwingend und auch nicht etwa nicht zwingend), aber sie sind gar keine Begründungen, und deshalb auch keine besonders zwingenden Begründungen. Wer an der Konklusion eines analytischen Schlusses zweifelt, zweifelt damit implizit an der Prämisse und kann seinen Zweifel an der Konklusion deshalb nicht durch Hinweis auf die Prämisse beheben lassen.

6. [/ ×] Es ist charakteristisch für praktisch zwingende Begründungen, daß sie sich in sehr seltenen Ausnahmefällen als irrig erweisen können.

7. [× /] Die Konklusion eines analytischen Schlusses wiederholt etwas, was implizit in der Prämisse schon gesagt ist. Wer der Prämisse zustimmt, stimmt damit also implizit auch der Konklusion zu.

1.9 Deduktive Schlüsse

Deduktive Schlüsse bilden das Gebiet der Logik im engeren Sinne. Sie stellen eine besondere Sorte von analytischen Schlüssen dar – sie sind nämlich leichter auf ihre Korrektheit zu überprüfen. Deduktiv ist zum Beispiel der folgende Schluß:

> Nur Konservative haben in der F.D.P. eine Chance.
> Maihofer ist kein Konservativer.
> Also hat Maihofer in der F.D.P. keine Chance.

Der Schluß ist zwingend; den besonderen Charakter eines Schlusses, der zwingend ist, weil er deduktiv ist macht ein Gegenbeispiel deutlich:

> Alle Reformer werden in der F.D.P. an den Rand gedrängt.
> Friderichs ist kein Reformer.
> Also wird Friderichs in der F.D.P. nicht an den Rand gedrängt.

Dieser Schluß ist alles andere als zwingend. Das kann man sich auf zweierlei Weise klarmachen. Zum einen kann man darauf hinweisen, daß offenbar die erste Prämisse mißverstanden worden ist. Sie schließt ja gar nicht aus, daß auch andere Leute (zu denen Friderichs gehören könnte) in der F.D.P. an den Rand gedrängt werden. Zum anderen kann man sagen: Wenn das ein zwingender Schluß wäre, dann müßte auch der folgende Schluß zwingend sein:

> Alle Fernseher müssen angemeldet werden.
> Mein Radio ist kein Fernseher.
> Also muß mein Radio nicht angemeldet werden.

Der Schluß kann gar nicht zwingend sein; denn die beiden Prämissen sind wahr, und die Konklusion ist falsch. Er hat aber dieselbe Struktur wie der Schluß mit Friderichs; also ist auch der Schluß mit Friderichs nicht zwingend. Der Schluß mit Maihofer ist dagegen zwingend; denn man kann keinen Schluß mit derselben Struktur finden, wo die Prämissen wahr sind, die Konklusion aber falsch ist.

Aus der Methode, Gegenbeispiele zu suchen, machen wir eine Definition:

> Ein Schluß ist deduktiv zwingend, wenn es keinen strukturgleichen Schluß gibt, dessen Prämissen wahr sind und dessen Konklusion falsch ist.
> Ein Schluß ist nicht deduktiv zwingend, wenn es einen strukturgleichen Schluß gibt, dessen Prämissen wahr sind und dessen Konklusion falsch ist.

Nach dieser Definition ist deduktiv zwingend der Schluß:

> Wenn es eben geregnet hat, ist jetzt die Straße naß.
> Es hat eben geregnet.
> Also ist jetzt die Straße naß.

Es ist nämlich nicht möglich, einen strukturgleichen Schluß zu finden, dessen Prämissen wahr sind und dessen Konklusion falsch ist. Nicht deduktiv zwingend ist dagegen der Schluß:

> Wenn es eben geregnet hat, ist jetzt die Straße naß.
> Die Straße ist jetzt naß.
> Also hat es eben geregnet.

Ohne Verwendung unserer Definition können wir sagen: Der Schluß ist nicht zwingend, weil die Straße durch Regen zwar naß geworden wäre, aber auch auf andere Weise hätte naß werden können, z. B. durch einen Straßensprengwagen. Wenn wir unsere Definition anwenden, dann genügt ein Gegenbeispiel:

> Wenn dieser Grundkurs ein Mathematikbuch ist, kommen darin Formeln vor.
> Es kommen Formeln darin vor.
> Also ist dieser Grundkurs ein Mathematikbuch.

Die Prämissen sind offensichtlich wahr, die Konklusion ist falsch; der Schluß hat dieselbe Struktur wie der dubiose Schluß davor. Es gibt also einen Schluß, der dieselbe Struktur hat wie der dubiose Schluß, aber bei wahren Prämissen eine falsche Konklusion; also ist der dubiose Schluß nicht deduktiv zwingend.

Vor den Zusatzübungen bitte die Übungen auf Seite 35 machen!

Zusatzübungen

1. Erläutern Sie ohne Verwendung unserer Definition, warum die nicht deduktiv zwingenden Schlüsse aus Übung 1. nicht deduktiv zwingend sind.

2. Warum kann ein Schluß mit lauter wahren Prämissen und falscher Konklusion nicht analytisch (und daher erst recht nicht deduktiv zwingend) sein?

Übungen

1. Einige von den Schlüssen sind deduktiv zwingend, die anderen sind es nicht. Kreuzen Sie alle deduktiv zwingenden an.
   a. Es gibt Amerikaner, die nicht weiß sind. Also
      - sind nicht alle Amerikaner weiß.
      - sind einige Amerikaner nicht weiß.
      - gibt es weiße Amerikaner.
      - gibt es weiße Amerikaner nicht.
   b. Wenn Hans pünktlich hier ist, hat er die U-Bahn genommen. Nun
      - hat Hans die U-Bahn genommen. Also ist er pünktlich hier.
      - hat Hans die U-Bahn nicht genommen. Also ist er nicht pünktlich hier. ▨
      - ist Hans pünktlich hier. Also hat er die U-Bahn genommen. ▨
      - ist Hans nicht pünktlich hier. Also hat er die U-Bahn nicht genommen. ▨

2. Kreuzen Sie die beste Formulierung an!
   Ein Schluß ist nicht deduktiv zwingend,
   - wenn er unlogisch ist.
   - wenn man mit seiner Hilfe niemanden überzeugen kann.
   - wenn es einen strukturgleichen Schluß mit falscher Konklusion und wahren Prämissen gibt. ▨

3. Schluß a. ist nicht deduktiv zwingend. Einer von den Schlüssen b.–e. zeigt das, weil er dieselbe Struktur und bei wahren Prämissen eine falsche Konklusion hat. Kreuzen Sie diesen Schluß an.
   a. Nur Feiglinge fliehen.
      Sokrates ist ein Feigling.
      Also flieht Sokrates.
   b. Nur Parteimitglieder zahlen Beitrag.
      Helmut Schmidt zahlt Beitrag.
      Also ist Helmut Schmidt Parteimitglied.
   c. Nur Philosophen sind unverheiratet.
      Eike ist Philosoph.
      Also ist Eike unverheiratet.
   d. Nur Unverheiratete sind Junggesellen.
      Ted Heath ist unverheiratet.
      Also ist Ted Heath Junggeselle.
   e. Nur SPD-Mitglieder sind Jungsozialisten.
      Brandt ist SPD-Mitglied.
      Also ist Brandt Jungsozialist.

Lösungen

1. Wenn die erste Konklusion falsch wäre, wären alle Amerikaner weiß, wäre also die Prämisse falsch; wenn die zweite Konklusion falsch wäre, gäbe es keine Amerikaner, die nicht weiß sind.

   a. Die Prämisse sagt aber noch nichts darüber, ob es außer nichtweißen Amerikanern auch weiße Amerikaner gibt oder aber keine weißen Amerikaner; die dritte und die vierte Konklusion sind also keine deduktiv zwingende Konklusionen der Prämisse.

   b. Die erste (allen Alternativen gemeinsame) Prämisse besagt, daß die U-Bahn für Hans die einzige Chance war, pünktlich hier zu sein. Die zweite Alternative sagt, daß Hans diese Chance verpaßt hat; also ist er nicht pünktlich hier. Die dritte Alternative sagt, daß Hans pünktlich hier ist; also muß er seine Chance wahrgenommen haben. Die erste Alternative sagt, daß Hans die Chance wahrgenommen hat; daß diese Chance eine sichere Chance war, ist aber gar nicht gesagt. Die vierte Alternative sagt, daß Hans keinen Erfolg hatte; das ist aber durchaus verträglich damit, daß er die Chance probiert hat.

2. Die dritte Formulierung entspricht unserer Definition und ist daher richtig. Die erste Formulierung ist zwar auch richtig, ist aber völlig uninformativ und daher nicht die beste Formulierung. Die zweite Formulierung ist falsch; die Frage, wie man jemanden überzeugen kann, hat leider nicht sehr viel damit zu tun, ob ein Schluß deduktiv zwingend ist.

3.

   b.

   c. Im Schluß b. ist die erste Prämisse falsch und die Konklusion wahr; er zeigt uns also nicht, was wir zeigen wollen. Im Schluß c. ist zwar die Konklusion (wie aus früheren Übungen bekannt) falsch und die zweite Prämisse wahr, aber die erste Prämisse ist falsch; auch dieser Schluß zeigt also nicht die Ungültigkeit. Genausowenig tut das Schluß d., da hier zwar beide Prämissen, aber auch die Konklusion wahr sind. Nur Schluß e. hat bei wahren Prämissen eine falsche Konklusion; er zeigt also, daß Schlüsse dieser Struktur nicht deduktiv zwingend sind.

   d.

   e.

1.10 Strukturen deduktiver Schlüsse

(1) Es gibt Amerikaner, die nicht weiß sind.
   Also sind nicht alle Amerikaner weiß.

Schluß (1) hat dieselbe Struktur wie Schluß (2):

(2) Es gibt Raucher, die nicht an Lungenkrebs sterben.
   Also sterben nicht alle Raucher an Lungenkrebs.

Man kann die Struktur mit Buchstaben hinschreiben:

   Es gibt A, die nicht B sind.
   Also sind nicht alle A B.

Im Schluß (1) heißt »A« »Amerikaner« und »B« »weiß«. Im Schluß (2) heißt »A« »Raucher«; bei der Übersetzung von »B« muß man sich etwas anstrengen: »ein an Lungenkrebs Sterbender«. Also:

(2′) Es gibt Raucher, die nicht an Lungenkrebs Sterbende sind.
   Also sind nicht alle Raucher an Lungenkrebs Sterbende.

(2′) ist eine gewaltsame Formulierung für (2); aber beide können als inhaltsgleich angesehen werden. (Die Gewaltsamkeit kommt von unserer Art, die Struktur hinzuschreiben.)

(3) Wer jemanden belügt, ist unehrlich.
   Hans belügt Peter.
   Also ist Hans unehrlich.

Schluß (3) hat dieselbe Struktur wie Schluß (4):

(4) Wer mit jemandem spazierengeht, schöpft frische Luft.
   Ulrike geht mit Dietmar spazieren.
   Also schöpft Ulrike frische Luft.

Hier ist es mit den Buchstaben etwas komplizierter:

   Wer zu jemanden in Beziehung A steht, ist B.
   C steht zu D in Beziehung A.
   Also ist C B.

Im Schluß (3) heißt »zu ... in Beziehung A stehen« » ... belügen«, in Schluß (4) »mit ... spazierengehen«; »ist B« ist in Schluß (3) »ist unehrlich«, in Schluß (4) »schöpft frische Luft«.

Wenn wir die Strukturen in dieser Weise aufschreiben, erreichen wir zweierlei. Erstens können wir gegen nicht deduktiv zwingende Schlüsse leichter Gegenbeispiele finden. Zweitens können wir uns bei deduktiv zwingenden Schlüssen leichter überzeugen, daß es keine Gegenbeispiele geben kann.

(5) Alle Menschen sind Säugetiere.
   Alle Menschen haben Vater und Mutter.
   Also haben alle Säugetiere Vater und Mutter.

Die Struktur ist:

>Alle A sind B.
>Alle A sind C.
>Also sind alle B C.

(»ist C« heißt »hat Vater und Mutter«.) Jetzt brauchen wir nur eine falsche Konklusion dieser Struktur, etwa:

>Alle Männer sind unverheiratet.

Und dazu zwei wahre Prämissen mit der fraglichen Struktur:

>Alle Junggesellen sind Männer.
>Alle Junggesellen sind unverheiratet.

Damit haben wir gezeigt, daß Schluß 5 nicht deduktiv zwingend ist. Die Schlüsse 1 und 2 sind deduktiv zwingend; das zeigen wir, indem wir uns überlegen, wie ein Schluß mit ihrer Struktur

>Es gibt A, die nicht B sind.
>Also sind nicht alle A B.

aussehen müßte, wenn die Prämisse wahr und die Konklusion falsch wäre. Wenn die Konklusion falsch wäre, dann wäre es also falsch, daß nicht alle A B sind; dann wären alle A B. Dann kann aber die Prämisse nicht wahr sein, denn nach ihr gibt es A, die nicht B sind. Es kann also nicht sein, daß die Konklusion eines Schlusses mit dieser Struktur falsch und die Prämisse wahr ist. Er ist also deduktiv zwingend.

Vor der Zusatzübung bitte die Übungen S. 39 machen!

Zusatzübung

Der Schluß
>Wer eingeladen wird, ärgert sich.
>Wer nicht eingeladen wird, ärgert sich auch.
>Also ärgern sich alle

ist deduktiv zwingend. Welche von den Begründungen a. und b. zeigt das?

a. Wenn die Konklusion falsch ist, sind nicht alle B; dann ist mindestens einer kein B. Wenn die Prämissen wahr sind, kann dieser eine, der nicht B ist, wegen der ersten Prämisse auch kein A sein, aber wegen der zweiten Prämisse muß er ein A sein. Das geht nicht; es kann also nicht sein, daß die Konklusion falsch ist, wenn die Prämissen wahr sind.

b. Wenn die Konklusion falsch ist, sind nicht alle C; es gibt also einen, der nicht C ist. Dieser eine ist bei Wahrheit der ersten Prämisse B, wenn er A ist, und bei Wahrheit der zweiten Prämisse ist er B, wenn er nicht A ist; da er jedenfalls A ist oder nicht, ist er jedenfalls B. Er ist also sowohl B als auch C; da das nicht geht, kann die Konklusion bei wahren Prämissen nicht falsch sein.

Übungen

1. Hier sind drei Strukturen von Schlüssen:

   (1) A ist B.   (2) Alle A sind B.   (3) Wenn A, dann B
       Alle B sind C.   Alle B sind C.   Nicht B.
       Also ist A C.   Also sind alle A C.   Also nicht A.

   Von den folgenden Schlüssen haben einige eine von den drei Strukturen. Tragen Sie die Nummer der Struktur in den Kasten ein. Einige Schlüsse haben keine von den drei Strukturen; lassen Sie dann den Kasten leer.

   a. Wenn er kommt, freß ich einen Besen.
      Er kommt nicht.
      Also freß ich keinen Besen. ☐
   b. Alle Teufel sind böse.
      Alle Bösen sündigen.
      Also sündigen alle Teufel. ☐
   c. Alle Katzen fangen Mäuse.
      Alle Mäuse fressen Speck.
      Also fangen alle Katzen Speck. ☐
   d. Anton ißt Kraut.
      Alle, die Kraut essen, bleiben hungrig.
      Also ißt Anton weiter Kraut. ☐
   e. Wenn er die Straßenbahn genommen hat, hat er sich verspätet.
      Er hat sich nicht verspätet.
      Also hat er nicht die Straßenbahn genommen. ☐
   f. Anton schläft.
      Alle, die schlafen, sind ruhig.
      Also ist Anton ruhig. ☐

2. Der Schluß
      Alle Raben sind Vögel.
      Nicht alle Tiere sind Vögel.
      Also ist kein Tier ein Vogel.
   hat wahre Prämissen und eine falsche Konklusion; für Schlüsse mit welcher Struktur zeigt er, daß sie nicht gültig sind?
   a. Alle A sind B.
      Nicht alle C sind B.
      Also ist kein C B. ☐
   b. Alle A sind B.
      Nicht alle B sind C.
      Also sind C nicht B. ☐
   c. Alle A stehen zu B in Beziehung C.
      Nicht alle D sind C.
      Also steht kein D zu einem C in dieser Beziehung. ☐

Lösungen

1.

a. ☐
b. [2]
c. ☐
d. ☐
e. [3]
f. [1]

b. Schluß a. hat nicht etwa die Struktur (3), sondern die Struktur »Wenn A, dann B; nicht A; also nicht B.« Im Schluß b. sind die Teufel die A, die Bösen die B und die Sündigen die C;
c. die Konklusion ist inhaltsgleich mit der näher an der Struktur (2) stehenden Formulierung »Also sind alle Teufel Sündigende«. Der Schluß c. hat nicht etwa die Struktur (2); die
d. Konklusion ist nur insoweit begründet, als die Mäuse, die gefangen werden, den Speck, den sie gefressen haben, noch unverdaut im Magen haben. Der Schluß d. hat nicht etwa die
e. Struktur von (1); wenn man die Prämissen nach der Struktur (1) formuliert »Anton ist ein Kraut Essender; alle Kraut Essenden bleiben hungrig«, dann müßte die Konklusion lauten: »Also bleibt Anton hungrig.« Im Schluß e. ist A »Er hat
f. die Straßenbahn genommen«, B ist »Er hat sich verspätet«. Im Schluß f. ist A »Anton«, B »ein Schlafender« und C »ruhig«.

2.

a. ☒
b. ☐
c. ☐

b. In der Struktur a. ist A »Rabe«, B »Vogel« und C »Tier«. Für die Struktur b. müßte die zweite Prämisse lauten: »Nicht alle Vögel sind Tiere«. In die Struktur c. läßt sich überhaupt
c. nur die zweite Prämisse übersetzen; D stünde für »Tier«, C für »Vogel«; mit den beiden anderen Sätzen hapert es völlig.

40

1.11 Wahr und Falsch in deduktiven Schlüssen

Ein Schluß ist deduktiv zwingend, wenn es keinen strukturgleichen Schluß mit lauter wahren Prämissen und falscher Konklusion gibt. Ob er selbst falsche oder wahre Prämissen und eine falsche oder wahre Konklusion hat, sagt nur in einem Fall etwas darüber, ob er deduktiv zwingend ist: wenn er selbst lauter wahre Prämissen und eine falsche Konklusion hat. Dann ist er nicht deduktiv zwingend. In allen anderen Fällen sieht man es ihm selbst nicht an, ob er deduktiv zwingend ist. In diesen anderen Fällen ist also uninteressant, ob seine Prämissen und seine Konklusion wahr oder falsch sind; um zu entscheiden, ob der Schluß deduktiv zwingend ist oder nicht, muß man in diesen Fällen vielmehr strukturgleiche Schlüsse betrachten. Schlüsse mit falschen Prämissen können genauso zwingend sein wie Schlüsse mit einer falschen Konklusion; und Schlüsse mit lauter wahren Prämissen und wahrer Konklusion brauchen nicht zwingend zu sein.

Übung

Die folgenden fünf Schlüsse haben dieselbe Struktur; sie sind deduktiv zwingend. Schreiben Sie in die Lösungsfelder neben den Zeilen »w« für wahre Sätze (Prämissen oder Konklusionen), »f« für falsche.

a. Strauß ist ein typischer Bayer.
   Die typischen Bayern sprechen bayerische Mundart.
   Also spricht Strauß bayerische Mundart.

b. Strauß ist ein typischer Intellektueller.
   Die typischen Intellektuellen können lesen und schreiben.
   Also kann Strauß lesen und schreiben.

c. Strauß ist ein typischer Intellektueller.
   Die typischen Intellektuellen neigen zu subtiler Argumentation.
   Also neigt Strauß zu subtiler Argumentation.

d. Strauß ist ein typischer Intellektueller.
   Die typischen Intellektuellen stammen aus Bayern.
   Also stammt Strauß aus Bayern.

e. Strauß ist ein typischer Intellektueller.
   Die typischen Intellektuellen sind Sozialisten.
   Also ist Strauß Sozialist.

Zusatzübungen

1. Schreiben Sie die Struktur der Schlüsse aus der Übung hin. Zeigen Sie, daß Schlüsse mit dieser Struktur nicht lauter wahre Prämissen und eine falsche Konklusion haben können.

2. Suchen Sie einen Schluß mit zwei Prämissen, der nicht deduktiv zwingend ist. Zeigen Sie an Beispielen, daß in Schlüssen mit dieser Struktur außer den fünf verschiedenen Verteilungen von »w« und »f« aus der Übung noch eine sechste auftreten kann, die bei deduktiv zwingenden Schlüssen nicht vorkommt.

Lösungen

a.
| w |
| w |
| w |
b.
| f |
| |
| w |
| w |
c.
| f |
| |
| w |
| f |
d.
| f |
| f |
| w |
e.
| f |
| f |
| f |

Es trifft zu, daß Strauß ein typischer Bayer ist, daß die typischen Bayern bayerische Mundart sprechen, daß Strauß bayerische Mundart spricht, daß die typischen Intellektuellen lesen und schreiben können, daß Strauß lesen und schreiben kann, daß die typischen Intellektuellen zu subtiler Argumentation neigen und daß Strauß aus Bayern stammt. Es trifft nicht zu, daß Strauß ein typischer (typischer!) Intellektueller wäre, daß er zu subtiler (subtiler!) Argumentation neigte, daß die typischen Intellektuellen aus Bayern (Bayern!) stammten, daß die typischen Intellektuellen Sozialisten wären oder daß Strauß Sozialist wäre.

Die Konklusion eines deduktiv zwingenden Schlusses mit einer oder mehreren falschen Prämissen kann wahr sein (und sie ist dann selbstverständlich nicht auf Grund der Prämissen wahr); und die Konklusion eines deduktiv zwingenden Schlusses kann falsch sein, wenn nur mindestens eine der Prämissen falsch ist.

1.12 Warum sind Schlüsse deduktiv zwingend?

Übung

Die folgenden Schlüsse sind deduktiv zwingend. Kreuzen Sie jeweils die beste Begründung dafür an, daß sie es sind.

a. Hanseatinnen sind kühl.
   Italienerinnen sind nicht kühl.
   Also sind Italienerinnen keine Hanseatinnen.

Der Schluß ist deduktiv zwingend, weil
- die Prämissen wahr sind.
- die Prämissen und die Konklusion wahr sind.
- man auf den Inhalt gar nicht zu achten braucht, um zu sehen, daß wahre Prämissen dieser Form garantieren, daß eine Konklusion dieser Form wahr ist.

b. Alles fließt.
   Also gibt es nichts, das nicht fließt.

Der Schluß ist deduktiv zwingend, weil
- auch der Schluß »alles ist eitel; also gibt es nichts, das nicht eitel ist« bei wahren Prämissen eine wahre Konklusion hat.
- jeder Schluß der Struktur »alles ist so und so; also gibt es nichts, das nicht so und so ist« bei wahren Prämissen eine wahre Konklusion hat.

c. Wenn Hans kommt, rauscht Luise ab.
   Hans kommt tatsächlich.
   Also rauscht Luise ab.

Der Schluß ist deduktiv zwingend, weil
- er zwingend ist.
- es einen Irrtum bedeuten würde, die Konklusion zu streiten.
- es einen Widerspruch bedeuten würde, die Prämissen anzuerkennen und die Konklusion zu bestreiten.

d. Wenn wir gewinnen, werden sich ein paar Leute ärgern.
   Wenn wir nicht gewinnen, werden sich auch ein paar Leute ärgern.
   Also werden sich auf jeden Fall ein paar Leute ärgern.

Der Schluß ist deduktiv zwingend, weil
- die Prämissen, falls sie wahr sind, nicht mehr die Möglichkeit offenlassen, daß die Konklusion falsch ist.
- die Konklusion falsch ist.
- man im Leben dem Dilemma nicht ausweichen kann.

Lösungen

a. a. Die erste Begründung ist falsch, weil Schlüsse mit wahren Prämissen nicht deduktiv zwingend sein müssen; die zweite Begründung ist falsch, weil Schlüsse auch dann nicht deduktiv zwingend sein müssen, wenn Prämissen und Konklusion wahr sind. (Im übrigen zeigt die Falschheit dieser beiden Begründungen auch die einfache Überlegung, daß selbst wenn der Verfasser von einem derartigen Vorurteil befallen wäre, er sich doch nicht erlauben könnte, es zur Voraussetzung für die richtige Lösung einer Übungsaufgabe zu machen.) Die dritte Begründung ist zwar umständlich ausgedrückt, sie ist aber richtig.

b. b. Die erste Begründung ist gar nicht so schlecht; sie geht den richtigen Weg, nämlich den, strukturgleiche Schlüsse zu suchen und zu untersuchen, ob sie bei wahren Prämissen eine wahre Konklusion haben. Die zweite Begründung ist aber besser, weil es nicht genügt, einen strukturgleichen Schluß zu finden, sondern jeder strukturgleiche Schluß bei wahren Prämissen eine wahre Konklusion haben muß, damit der untersuchte Schluß deduktiv zwingend ist.

c. c. Mit der ersten Begründung ist etwas Richtiges gemeint; aber sie ist uninformativ. Die zweite Begründung ist deshalb falsch, weil ein deduktiv zwingender Schluß durchaus eine falsche Konklusion haben kann (es dürfen dann nur nicht alle Prämissen wahr sein). Zwar nicht unserer Definition genau entsprechend, aber inhaltlich richtig ist die dritte Begründung; mit ihr wird immerhin begründet, daß der Schluß analytisch ist, und deduktiv zwingende Schlüsse haben ja gerade mit den analytischen Schlüssen gemein, daß man nicht allen Prämissen zustimmen und dabei die Konklusion bestreiten darf.

d. d. Die erste Begründung ist richtig; sie drückt inhaltlich aus, was in unserer Definition des deduktiv zwingenden Schlusses präzise gesagt wird. Die zweite Begründung ist falsch, weil es ganz irrelevant ist, ob die Konklusion falsch ist. Die dritte Begründung sagt etwas, was zwar richtig ist, aber nicht in den Zusammenhang gehört.

1.13 Warum sind Schlüsse nicht deduktiv zwingend?

Übung

Die folgenden Schlüsse sind nicht deduktiv zwingend. Kreuzen Sie jeweils die beste Begründung dafür an.

a. Alle Raben sind schwarz.
   Nun sind nicht alle Dinge schwarz.
   Also ist kein Ding ein Rabe.

Der Schluß ist nicht deduktiv zwingend, weil
– er unlogisch ist.
– die Prämissen wahr sind, die Konklusion aber nicht.
– man so nicht argumentieren kann.

b. Manche Tische sind ganz und gar grün.
   Manche Tische sind ganz und gar rot.
   Also sind manche Tische ganz und gar grün und rot.

Der Schluß ist nicht deduktiv zwingend, weil
– die Konklusion falsch ist.
– die Konklusion falsch ist, die Prämissen aber wahr sind.
– man ein offensichtlich falsches Ergebnis einfach nicht beweisen kann.

c. Jeder Minister in der 1973 amtierenden Bundesregierung war in der SPD oder der F.D.P.
   Die Minister der SPD in der damals amtierenden Bundesregierung waren alle unter fünfzig.
   Also waren die Minister in der damals amtierenden Bundesregierung alle unter fünfzig.

Der Schluß ist nicht deduktiv zwingend, weil
– das Ergebnis offensichtlich falsch ist.
– eine Voraussetzung und die Konklusion falsch sind.
– es durchaus der Fall sein könnte, daß die Prämissen wahr wären, die Konklusion aber nicht.

d. Wenn Napoleon die Schlacht bei Waterloo verloren hätte, hätte Wellington sich bestimmt gefreut.
   Wellington hat sich gefreut.
   Also hat Napoleon die Schlacht bei Waterloo tatsächlich verloren.

Der Schluß ist nicht deduktiv zwingend, weil
– sonst auch der Schluß »Wenn Heinemann Bundeskanzler wäre, wäre die SPD an der Regierung; die SPD ist an der Regierung; also ist Heinemann Bundeskanzler« deduktiv zwingend wäre.
– weil man so niemanden überzeugen kann.

Lösungen

a.

a. Die zweite Begründung ist richtig; denn wenn der Schluß selbst schon wahre Prämissen und eine falsche Konklusion hat, dann brauchen wir nicht länger nach einem strukturgleichen Schluß mit wahren Prämissen und falscher Konklusion zu suchen. Die erste Begründung ist in gewissem Sinne richtig, aber trivial, weil sie uns keine Informationen gibt. Mit der dritten Begründung hat man natürlich recht, man begründet aber nicht, daß der Schluß nicht deduktiv zwingend ist; denn deduktive Schlüsse sind keineswegs in jeder Situation das richtige Mittel der Argumentation. (Wir erinnern uns daran, daß deduktive Schlüsse z. B. keine Begründungen sein können, welche Zweifel zerstreuen.)

b.

b. Die zweite Begründung ist richtig; Schlüsse mit wahren Prämissen und falscher Konklusion sind nicht deduktiv zwingend. Die erste Begründung ist nicht richtig; zwar ist die Konklusion falsch, aber damit kann man nicht zeigen, daß der Schluß nicht deduktiv zwingend ist. Die dritte Begründung trifft nicht zu, gerade weil deduktiv zwingende Schlüsse falsche Konklusionen haben können; deduktiv zwingende Schlüsse sind eben nicht unbedingt Beweise. (Sie sind es höchstens dann, wenn sie wahre Prämissen haben.)

c.

c. Die dritte Begründung ist richtig; selbst wenn die Konklusion richtig sein sollte, so wäre ihre Falschheit doch mit der Wahrheit beider Prämissen verträglich, so daß der Schluß nicht zwingend ist. Die erste Begründung ist falsch, weil deduktiv zwingende Schlüsse falsche Konklusionen haben können, nämlich dann, wenn mindestens eine Prämisse falsch ist; und da die zweite Begründung geradezu das sagt, ist sie natürlich auch falsch.

d.

d. Die erste Begründung ist richtig, weil sie einen strukturgleichen Schluß angibt, dessen beide Prämissen richtig sind (jedenfalls zur Zeit der Niederschrift dieses Manuskripts), dessen Konklusion aber falsch ist. Die zweite Begründung ist deshalb falsch, weil deduktiv zwingende Schlüsse nicht dazu geeignet sein müssen, jemanden von der Wahrheit der Konklusion zu überzeugen.

1.14 Strukturgleichheit, Prämissenreihenfolge, Prämissenanzahl

Vergleichen Sie die beiden Schlüsse:

Wenn es blitzt, donnert es.   Es blitzt.
Es blitzt.   Wenn es blitzt, donnert es.
Also donnert es.   Also donnert es.

Beide Schlüsse sind deduktiv zwingend. Und im Grunde haben sie auch dieselbe Struktur. Zwar ist die Reihenfolge der Prämissen vertauscht; aber das kann dafür, ob sie deduktiv zwingend sind, nichts ausmachen. Denn ein Schluß ist deduktiv zwingend, wenn es keinen strukturgleichen Schluß gibt, dessen sämtliche Prämissen wahr sind und dessen Konklusion falsch ist. Dafür, ob sämtliche Prämissen wahr sind, macht es nichts aus, in welcher Reihenfolge sie stehen. Wenn es also ein Gegenbeispiel (alle Prämissen sind wahr, die Konklusion ist falsch) gegen die linke Struktur gibt, dann auch gegen die rechte und umgekehrt; und wenn es gegen die linke kein Gegenbeispiel gibt, dann auch nicht gegen die rechte:

Erste Prämisse   Zweite Prämisse
Zweite Prämisse   Erste Prämisse
Konklusion   Konklusion

Wir werden deshalb Schlüsse, die sich nur durch die Reihenfolge der Prämissen unterscheiden, als strukturgleich ansehen. Nicht so die folgenden Schlüsse:

Wenn es blitzt, donnert es.
Es blitzt.
Also donnert es.

Wenn es blitzt, donnert es; und es blitzt.
Also donnert es.

Inhaltlich unterscheiden die beiden Schlüsse sich nicht; bloß hat der zweite die beiden Prämissen des ersten zu einer einzigen Prämisse zusammengefaßt, indem er sie durch »und« verknüpft. Solche Schlüsse behandeln wir nicht als strukturgleich, weil wir die Prämissen weiter so einfach erkennen können wollen wie bisher: was in einer neuen Zeile anfängt, ist eine neue Prämisse. Wir sehen also unterschiedliche Strukturen in den beiden folgenden Schlüssen:

Prämisse: A   Prämisse: A und B
Prämisse: B   Konklusion: C
Konklusion: C

Natürlich sind der linke und der rechte Schluß entweder beide deduktiv zwingend oder beide nicht deduktiv zwingend. Ob sie das eine oder das andere sind, hängt davon ab, wie A, B und C im einzelnen aussehen.

1.15 Praktisch zwingende Begründung, analytischer Schluß, deduktiv zwingender Schluß

Vergleichen Sie die drei Schlüsse:

(1) Die Bürgersteige sind belebt, alle Leute haben nasse Regenschirme in der Hand.
Also hat es geregnet.

(2) Es hat einen ordentlichen Guß gegeben.
Also hat es geregnet.

(3) Es hat geregnet oder geschneit, aber geschneit hat es nicht.
Also hat es geregnet.

Schluß (1) ist eine praktisch zwingende Begründung. Wer zweifelt, ob es geregnet hat, wird sich durch den Hinweis überzeugen lassen, daß eine ganze Menge Leute nasse Regenschirme in der Hand haben. Schluß (2) ist keine Begründung; denn wer zweifelt, ob es geregnet hat, zweifelt an Regen in allen Formen, also auch daran, daß es einen ordentlichen Guß gegeben hat. Die Konklusion wiederholt nur etwas, was in der Prämisse schon behauptet wird – Schluß (2) ist also ein analytischer Schluß. Auch Schluß (3) ist keine Begründung; wer sagt, daß es geregnet oder geschneit, aber nicht geschneit habe, hat damit bereits gesagt, daß es geregnet hat. Der Schluß ist also ebenfalls analytisch. Er gehört sogar zu den deduktiv zwingenden Schlüssen; denn kein Schluß mit seiner Struktur (A oder B; nicht B; also A) kann bei lauter wahren Prämissen eine falsche Konklusion haben.

Was muß man wissen, um Schluß (1) als praktisch zwingende Begründung zu erkennen? Man muß wissen, daß die nassen Regenschirme in den Händen vieler Leute auf den Bürgersteigen sich praktisch nicht anders erklären lassen als dadurch, daß es geregnet hat. (Natürlich kann es Ausnahmen geben; etwa eine Straßenschlacht mit Wasserwerfern, wobei alle Nicht-Polizisten Regenschirme hatten und keiner seinen Schirm verloren hat.) Um eine Begründung als praktisch zwingend zu erkennen, muß man also von Tatsachenwissen Gebrauch machen.

Um Schluß (2) als zwingend zu erkennen, braucht man kein Tatsachenwissen. Man muß nur wissen, daß ein Guß eine Form ist, in der Regen fallen kann. Das ist kein Tatsachenwissen, sondern Vertrautheit mit der deutschen Sprache: eine bestimmte Form, in der Regen fällt, wird im Deutschen als Guß bezeichnet. Um also analytische Schlüsse als zwingend zu erkennen, braucht man nur die Sprache zu beherrschen, in der sie formuliert sind.

Was muß man wissen, um Schluß (3) als zwingend zu erkennen? Man muß nicht wissen, was »schneien« und »regnen« heißt! Denn der Schluß ist deduktiv zwingend, weil es keinen strukturgleichen Schluß mit wahren Prämissen und falscher Konklusion gibt; worauf es ankommt, ist nur die Struktur: A oder B; nicht B; also A. Man braucht nur zu wissen, was »oder« und »nicht« heißt. Das gehört natürlich auch zur Vertrautheit mit der deutschen Sprache; auch deduktiv zwingende Schlüsse beurteilt man auf Grund seiner Sprachbeherrschung. Es ist aber nur ein ganz kleiner Teil der Sprache, den man beherrschen muß, nämlich diejenigen Wörter, welche die Struktur eines Schlusses bestimmen: »oder«, »nicht«, »und«, »wenn..., dann...«, »alle«, »einige« und andere Wörter mit ähnlichen Funktionen. (Welche Wörter es sind, die die Struktur eines Schlusses bestimmen, ist Sache logischer Forschung.)

Das Tatsachenwissen, von dem man mit einer praktisch zwingenden Begründung, und die Sprachbeherrschung, von der man mit einem analytischen Schluß Gebrauch macht, kann man explizit machen:

Die Bürgersteige sind belebt, und alle Leute haben nasse Regenschirme in der Hand.
* Nur wenn es geregnet hat, sind die Bürgersteige belebt und haben alle Leute nasse Regenschirme in der Hand.
Also hat es geregnet.

Der neu eingefügte Satz stellt das in der praktisch zwingenden Begründung (1) benutzte Tatsachenwissen dar. (Je mehr Ausnahmen von diesem Satz es gibt, desto schwächer ist die Begründung.) Der so vervollständigte Schluß ist deduktiv zwingend; er hat die Struktur:

A und B.
Nur wenn C, A und B.
Also C.

(Der vervollständigte Schluß ist deshalb auch keine Begründung mehr: wer beide Prämissen als wahr annimmt, hat die Konklusion damit bereits als wahr angenommen.) Das zweite Beispiel:

Es hat einen ordentlichen Guß gegeben.
* Wenn es einen ordentlichen Guß gegeben hat, hat es geregnet.
Also hat es geregnet.

Der neu eingefügte Satz drückt das im analytischen Schluß (2) benutzte Bedeutungswissen aus. Wer Deutsch kann, weiß damit, daß der Satz stimmt. Der Schluß wird damit deduktiv zwingend:

A.
Wenn A, dann B.
Also B.

Vor den Zusatzübungen bitte die Übungen auf Seite 51 machen!

Zusatzübungen

1. Welche Strukturen haben die deduktiv zwingenden Schlüsse aus den Übungen?

2. Das in praktisch zwingenden Begründungen und in analytischen Schlüssen benutzte Tatsachen- und Bedeutungswissen kann man explizit machen und so die Schlüsse deduktiv zwingend machen. Wie läßt sich diese Explizierung benutzen, um nachzuweisen, daß eine Begründung nicht praktisch zwingend oder ein Schluß nicht analytisch ist? (Überlegen Sie, was zutreffen muß, damit die Begründung praktisch zwingend bzw. der Schluß ánalytisch ist.)

Übungen

1. Tragen Sie für eine praktisch zwingende Begründung im Lösungsfeld ein »B« ein, für einen analytischen Schluß ein »A« und für einen deduktiv zwingenden ein »D«. Wenn für einen Schluß nichts davon zutrifft, lassen Sie das Lösungsfeld leer.
   a. Es sind schon Amerikaner auf dem Mond gewesen;
   – denn es sind schon Amerikaner auf dem größten Satelliten der Erde gewesen, und der größte Satellit der Erde ist der Mond.
   – denn man hat im Fernsehen die Mondfähre und das Herumgehupfe usw. beobachten können.
   – denn es sind schon Amerikaner auf dem Mond gelandet.
   b. Es ist bisher niemand auf dem Mond gewesen;
   – denn der bisher einzige Bericht über eine Mondlandung stand am 1. April im Lokalteil der ›Süddeutschen Zeitung‹.
   – denn der Mond ist ein Trabant der Erde, und auf keinem Trabanten der Erde hat sich bisher jemand aufgehalten.
   – denn der Mond ist ein Trabant der Erde, und auf keinem Trabanten der Erde ist bisher jemand gewesen.

2. Die Begründung ist praktisch zwingend; welche Zusatzprämisse macht das benutzte Tatsachenwissen explizit und aus der praktisch zwingenden Begründung einen deduktiv zwingenden Schluß? Kreuzen Sie sie an.
   Alwine hat jetzt von Peter ein Kind bekommen.
   Also kennen Alwine und Peter sich schon länger als fünf Monate.
* Eine Schwangerschaft dauert gewöhnlich neun Monate.
* Wenn A von B ein Kind bekommt, kennen A und B sich schon länger als fünf Monate.
* Was sich liebt, das neckt sich.

3. Der Schluß ist analytisch, aber nicht deduktiv zwingend. Welche Zusatzprämisse macht das benutzte Bedeutungswissen explizit und aus dem analytischen einen deduktiv zwingenden Schluß? Kreuzen Sie sie an.
   Es gibt einen Menschen, der allen Menschen aufs Haar gleicht.
   Also gleichen alle Menschen einander aufs Haar.
* Gleich und gleich gesellt sich gern.
* Wenn A B aufs Haar gleicht, gleicht B A aufs Haar.
* Wenn A sowohl B als auch C aufs Haar gleicht, gleichen B und C einander aufs Haar.

Lösungen

1. a. Die ersten Prämissen ergeben einen deduktiv zwingenden Schluß; man braucht nur die Syntax von Prämissen und Konklusion zu durchschauen, um zu sehen, daß der Schluß zwingend ist. Die zweite Prämisse ergibt eine praktisch zwingende Begründung; sie gibt tatsächlich die Tatsachen wieder, auf die wir uns stützen, wenn wir behaupten, daß schon Amerikaner auf dem Mond gewesen sind. Die dritte Prämisse ergibt einen analytischen Schluß, denn um zu sehen, daß die Konklusion aus ihr folgt, muß man nur wissen, daß jemand, der irgendwo *gelandet* ist, damit dort *gewesen* ist. Das weiß man auf Grund von Sprachbeherrschung.

   b. Die erste Prämisse ergibt eine praktisch zwingende Begründung, weil eine Mondlandung vermutlich nicht verborgen bliebe bei dem Prestige, das sie dem betreffenden Staat einbringt. Die zweite Prämisse ergibt einen analytischen Schluß, da man zusätzlich zur Syntax nur noch die Sprachkompetenz haben muß zu wissen, daß jemand sich an einem Ort, wo er sich *aufgehalten* hat, *gewesen* ist. Für den mit der dritten Prämisse resultierenden Schluß brauchen wir schließlich nur noch die Syntax von Prämissen und Konklusion zu durchschauen; er ist also deduktiv zwingend.

2. Die zweite Zusatzprämisse mit der Struktur »Wenn C, dann D« ergibt einen Schluß mit C für die erste Prämisse und D für die Konklusion. Während die dritte Zusatzprämisse nicht sehr hilfreich ist, macht die erste Prämisse zwar ungefähr klar, auf welches Tatsachenwissen die praktisch zwingende Begründung sich stützt, ohne aber aus der praktisch zwingenden Begründung einen deduktiv zwingenden Schluß zu machen.

3. Während die erste Zusatzprämisse nicht sehr hilfreich ist, könnte man mit der zweiten Zusatzprämisse aus der ersten Prämisse immerhin schließen, daß alle Menschen dem einen Menschen aufs Haar gleichen. Daß auch alle anderen Menschen einander aufs Haar gleichen, wird aus der Prämisse deduktiv zwingend mit der dritten Zusatzprämisse zusammen erschlossen. Danach gleichen dann nämlich je zwei beliebige Menschen einander aufs Haar, wenn sie beide einem dritten Menschen gleichen.

1.16 Strukturen von Schlüssen und die natürliche Sprache

Offenbar ist der folgende Schluß deduktiv zwingend:

(1) Wolfgang und Ingwelde freuen sich.
   Also: Wolfgang freut sich und Ingwelde freut sich.

Nach unserer Definition für »deduktiv zwingend« dürfte es also keinen strukturgleichen Schluß mit wahrer Prämisse und falscher Konklusion geben. Wie steht es aber mit den folgenden, allem Anschein nach strukturgleichen Schlüssen?

(2) Wolfgang und Ingwelde beschimpfen sich.
   Also: Wolfgang beschimpft sich, und Ingwelde beschimpft sich.

Wenn die Prämisse wahr ist, wird die Konklusion vermutlich falsch sein. (Es passiert selten, daß jemand, der einen anderen beschimpft, sich selbst auch beschimpft.) Jedenfalls *kann* trotz wahrer Prämisse die Konklusion falsch sein; das genügt.

(3) Wolfgang und Ingwelde besuchen sich.
   Also: Wolfgang besucht sich, und Ingwelde besucht sich.

Das ist völlig daneben; die Konklusion ist nicht falsch, sondern schlicht sprachwidrig.

(4) Wolfgang und Ingwelde waschen sich.
   Also: Wolfgang wäscht sich, und Ingwelde wäscht sich.

Hier kann man nicht entscheiden. Die Prämisse kann heißen, daß Wolfgang und auch Ingwelde sich waschen; dann ist die Konklusion bei wahrer Prämisse wahr. Die Prämisse kann auch heißen, daß Wolfgang Ingwelde wäscht und Ingwelde Wolfgang wäscht; dann kann trotz wahrer Prämisse die Konklusion falsch sein. – Wenn die vier Schlüsse dieselbe Struktur haben, gibt es also mindestens einen mit (1) strukturgleichen Schluß, der bei wahren Prämissen eine falsche Konklusion hat, nämlich (2); demnach wäre (1) nicht deduktiv zwingend. Dieses Ergebnis ist aber nicht akzeptabel; denn (1) ist einfach deduktiv zwingend - der Schluß gleicht in dieser Beziehung unseren bisher angeführten deduktiv zwingenden Schlüssen aufs i-Tüpfelchen. Es bleibt uns also nur übrig, unsere Definition aufzugeben oder in den Schlüssen verschiedene Strukturen zu sehen. Der zweite Ausweg scheint plausibel; tatsächlich gibt die Schulgrammatik Hinweise auf unterschiedliche Strukturen: Im Schluß (1) ist »freuen« ein reflexives Verb, welches nur das Reflexivpronomen als Objekt haben kann; die Prämisse kann also nicht besagen, daß Wolfgang und Ingwelde einander erfreuen. In (2) ist »beschimpfen« ein transitives Verb, welches nur unter Mühen das Reflexivpronomen als Objekt haben kann; in der Prämisse ist »sich« daher mit ziemlicher Sicherheit als »einander« zu lesen. In (3) ist »besuchen« ein transitives Verb, welches das Reflexivpronomen nicht als Objekt haben kann; in der Prämisse muß

»einander« gelesen werden, und die Konklusion verstößt gegen Regeln der Syntax. In (4) kann »waschen« sowohl die eine als auch die andere Funktion haben; daher die Zweideutigkeit der Prämisse. Allerdings ist das eine ziemlich langwierige Überlegung gewesen. Wenn wir über Strukturgleichheit nur entscheiden können, nachdem wir umständliche grammatische Untersuchungen angestellt haben, dann kann es im Einzelfall ziemlich lange dauern, bis wir wissen, ob zwei Schlüsse strukturgleich sind, ob also der eine z. B. zeigt, daß der andere nicht deduktiv zwingend ist.

Das kann man zwar nicht ändern; Philologen, Linguisten und Logiker haben die mühsame Aufgabe, argumentationsrelevante Strukturen der Sprache aufzudecken und so die Beurteilung von mehr und mehr Schlüssen zu ermöglichen. Aber wir können unsere Aufgabe, uns mit der Beurteilung von Schlüssen vertraut zu machen, nicht aufschieben, bis die Philologen, Linguisten und Logiker fertig sind. Wir brauchen schon vorher eine hinreichende Menge von eindeutigen Beispielen; ohne Beispiele kann man nicht trainieren.

Glücklicherweise gibt es ein Mittel, die Schwierigkeit einfach zu umgehen, solange wir nur durch Training unsere Fähigkeit verbessern wollen, Schlüsse als deduktiv zwingend oder als nicht deduktiv zwingend zu beurteilen, und die Gesichtspunkte kennenlernen wollen, auf die es dabei ankommt: Wir gehen von der Struktur aus wie von einem Gestell und polstern sie mit Wörtern und Sätzen, bis ein Beispiel daraus geworden ist. Die Struktur des Beispiels ist dann natürlich bekannt; denn wir wollen es ja so verstehen, daß es die Struktur hat, von der wir ausgegangen sind.

Wir sagen also nicht:

Der Schluß
Wenn es blitzt, donnert es. Es blitzt. Also donnert es.
hat die Struktur
Wenn A, dann B; B; also B
sondern wir sagen:

Wir suchen einen Schluß mit der Struktur
Wenn A, dann B; B; also B.
Für A setzen wir »es blitzt«, für B »es donnert«; heraus kommt der Schluß
Wenn es blitzt, donnert es. Es blitzt. Also donnert es.

Mit solchen Beispielen können wir arbeiten, und was wir an ihnen lernen, können wir dann auf Beispiele aus der natürlichen Sprache anwenden.

Übung

Tragen Sie in die Lösungsfelder jeweils die Nummern aller Schlüsse ein, mit denen der Schluß strukturgleich ist. Wenn es keinen strukturgleichen Schluß gibt, bleibt der Kasten leer.

a. 1. Der Eiffelturm ist ein stählerner Turm.
   Also: Der Eiffelturm ist stählern, und er ist ein Turm.
 2. Das Empire State Building ist ein kleiner Wolkenkratzer.
   Also: Das Empire State Building ist klein, und es ist ein Wolkenkratzer.
 3. Jumbo ist ein großer Elefant.
   Also: Jumbo ist groß, und er ist ein Elefant.
 4. Das Matterhorn ist ein weißer Berg.
   Also: Das Matterhorn ist weiß, und es ist ein Berg.

b. 1. Rex Harrison singt angeblich.
   Also singt Rex Harrison.
 2. Mick Jagger singt laut.
   Also singt Mick Jagger.
 3. Tina Turner singt wahrscheinlich.
   Also singt Tina Turner.
 4. Bob Dylan singt schön.
   Also singt Bob Dylan.

c. 1. Nichts ist rund und viereckig.
   Also: Nichts ist rund und nichts ist viereckig.
 2. Strauß ist dick und laut.
   Also: Strauß ist dick und Strauß ist laut.
 3. Niemand ist katholisch und evangelisch.
   Also: Niemand ist katholisch und niemand ist evangelisch.
 4. Deutschland blüht und gedeiht.
   Also: Deutschland blüht und Deutschland gedeiht.

d. 1. Kupfer ist rot.
   Rot ist eine Farbe.
   Also: Kupfer ist eine Farbe.
 2. Margarine ist Fett.
   Fett ist ein Nahrungsmittel.
   Also: Margarine ist ein Nahrungsmittel.
 3. Der Hahn ist ein Vogel.
   Der Vogel ist ein Wirbeltier.
   Also: Der Hahn ist ein Wirbeltier.

Lösungen

a.

a. Die Schlüsse 1. und 4. haben dieselbe Struktur; die Prämisse drückt jeweils aus, daß ein bestimmtes Ding zwei Eigenschaften hat, und da die beiden Eigenschaften unabhängig voneinander zugesprochen werden können, kann die Konklusion sie getrennt behaupten. Die Schlüsse 2. und 3. haben ebenfalls dieselbe Struktur; die Prämisse drückt jeweils aus, daß ein bestimmtes Ding zwei Eigenschaften hat, welche man nicht unabhängig voneinander zusprechen kann. Wenn die Konklusion das in beiden Fällen trotzdem tut, dann zeigt das, daß die Schlüsse nicht gültig sind. (Eine Sache ist nicht einfach klein oder einfach groß, sondern klein und groß innerhalb einer bestimmten Vergleichsmenge.)

b.

b. Die Schlüsse 2. und 4. haben dieselbe Struktur; die Prämisse sagt jeweils, daß etwas *in einer bestimmten Weise* getan wird, und die Konklusion schließt daraus, *daß* diese Sache getan wird. (Die Schlüsse sind gültig.) Die Schlüsse 1. und 3. haben dieselbe Struktur; die Prämisse drückt jeweils aus, daß es durchaus nicht sicher ist, ob etwas Bestimmtes getan wird, während die Konklusion schlankweg behauptet, daß es getan wird. (Die Schlüsse sind natürlich nicht gültig.)

c.

c. Die Schlüsse 1. und 3. sind beide offensichtlich ungültig und haben auch dieselbe Struktur; sie behandeln nämlich beide das Wort »nicht« bzw. das Wort »niemand« wie einen Individuennamen und ziehen Schlüsse nach der Struktur 2. und 4. Diese beiden Schlüsse haben ihrerseits dieselbe Struktur; die Prämisse schreibt einem Individuum zwei Eigenschaften zu, welche voneinander unabhängig nachprüfbar sind, so daß die Konklusion sie unabhängig voneinander zusprechen kann.

d.

d. 1. kann schon deshalb nicht dieselbe Struktur wie 2. oder 3. haben, weil die beiden Prämissen von 1. wahr sind, während die Konklusion falsch oder sogar unsinnig ist; 1. ist also ungültig, 2. und 3. dagegen sind offenbar gültig. Sie haben auch dieselbe Struktur, nämlich »Alle A sind B, alle B sind C; also sind alle A C«. 2. liest sich so: »Was aus Margarine ist, ist aus Fett; was aus Fett ist, ist ein Nahrungsmittel; was aus Margarine ist, ist also ein Nahrungsmittel. 3. liest sich »Alle Hähne sind Vögel; alle Vögel sind Wirbeltiere; alle Hähne sind also Wirbeltiere.«

1.17 Normierte Sprachen

Wenn wir die Struktur der Beispiele festlegen und sie nachträglich mit Wörtern auspolstern, normieren wir die Sprache unserer Beispiele. Eine normierte oder formale Sprache liegt dann vor, wenn die Struktur ihrer Sätze eindeutig festgelegt ist. Insofern sind formale Sprachen also präzise – aber auch nur insofern: der Satz »das Wetter ist schön« hat eine eindeutige Struktur, ist aber unpräzise.

Diese Struktur braucht dann nicht mühsam ermittelt zu werden, sondern ist bekannt, weil sie festgelegt ist. Man kann deshalb für Schlüsse aus normierten Sprachen sehr viel leichter entscheiden, ob

Bitte lesen Sie auf S. 58 weiter.

Übungen

Kreuzen Sie die beste Antwort an.
a. Von einer normierten oder formalen Sprache spricht man,
   – wenn sie Normatives ausdrückt.
   – wenn sie symbolische Abkürzungen benutzt.
   – wenn die Struktur der Sprache festgelegt ist.

b.
   Die Struktur formaler Sprachen wird normiert,
   – weil es sonst keine guten Strukturen gibt.
   – damit sie bekannt ist.
   – weil es so üblich ist.

c.
   Die Struktur formaler Sprachen ist bekannt,
   – weil sie normiert ist.
   – weil alles Formale durchsichtig ist.
   – weil alle formalen Sprachen dieselbe Struktur haben.

d. Formale Sprachen erleichtern die Beurteilung der in ihnen ausgedrückten Schlüsse,
   – weil sie leistungsfähiger sind.
   – weil ihre Struktur bekannt ist.
   – weil sie präzise sind.

e. In den folgenden Kapiteln arbeitet dieser Grundkurs mit einer normierten Sprache
   – weil der Verfasser den Leser ärgern will
   – weil man mit klaren Beispielen besser trainieren kann.
   – weil das wissenschaftlicher ist.

sie deduktiv zwingende Schlüsse darstellen oder nicht, und kann die Regeln, nach denen man das beurteilt, für solche Beispiele eindeutig formulieren; man trainiert an normierten Beispielen für nicht normierte Beispiele.

Formale Sprachen brauchen nicht unbedingt formale Symbole zu benutzen. Formale Symbole haben allerdings Vorzüge: Sie erinnern an die Normierung und befreien so von irreführenden Assoziationen mit der natürlichen Sprache. Und man kann sich mit ihrer Hilfe Schreibarbeit sparen – Symbole kürzen ab.

Lösungen

a. Normatives ausdrückende Sprachen sind meistens nicht normiert; und symbolische Abkürzungen werden leider Gottes häufig benutzt, ohne daß sie normiert würden. (Ohne Rücksicht auf den Leser.)

b. Zwar scheinen Logiker manchmal von dem Vorurteil auszugehen, nicht normierte Strukturen seien nichts wert; und zwar ist es richtig, daß es üblich ist, Logiksprachen zu normieren; aber der Grund für die Normierung ist, daß die Struktur bekannt sein soll.

c. Die Normierung der formalen Sprache kann man irgendwo nachschlagen, und deshalb ist die Struktur bekannt. Dabei brauchen formale Sprachen durchaus nicht durchsichtig zu sein, und natürlich gibt es formale Sprachen unterschiedlichster Struktur.

d. Um einen Schluß zu beurteilen, muß man seine Struktur kennen, und die Struktur formaler Sprachen ist bekannt. Leistungsfähiger sind formale Sprachen als formale Sprachen ausschließlich in dieser Hinsicht, und präziser als andere Sprachen ist nur ihre Syntax.

e.

2 Atomare Prädikate und Quantoren

2.1 Individuennamen und Prädikate

Evi liebt Rainer.	Evi liebt Rainer.
Manfred liebt Jutta.	Evi verwöhnt Rainer.
Ulrike liebt Eike..	Evi umgarnt Rainer.
Fiete liebt Gudula.	Evi ist Rainer treu.

Was in der linken Gruppe gleich geblieben ist und in der rechten Gruppe fortlaufend geändert wird, nennen wir »Prädikate«: »... liebt ...«, »... verwöhnt ...«, »... umgarnt«, »... ist ... treu«. Was in der linken Gruppe fortlaufend geändert wird und in der rechten gleich geblieben ist, nennen wir »Individuennamen«: »Evi«, »Rainer«, »Manfred«, »Jutta«, »Ulrike«, »Eike«, »Fiete«, »Gudula«. Individuen sind das, worüber gesprochen wird; sie werden mit Individuennamen bezeichnet. Gesprochen wird über sie mit Hilfe von Prädikaten.

Wenn man an den Leerstellen von Prädikaten Individuennamen einsetzt, entstehen Sätze.

Prädikat: .... folgte auf ....
Eingesetzte Individuennamen: Schmidt   Brandt
Es entsteht der Satz: Schmidt folgte auf Brandt

Das ist ein wahrer Satz. Wenn wir die beiden Individuennamen in umgekehrter Reihenfolge einsetzen, entsteht ein falscher Satz:

Brandt folgte auf Schmidt

Um Sätze mit dieser Struktur umgangssprachlich zu formulieren, muß man häufig mit der Grammatik mogeln. Zum Beispiel entstehen durch Einsetzung der Individuennamen »die Regierung« und »die Öffentlichkeit« an den Leerstellen der angegebenen Prädikate nur mit Hilfe syntaktischer Glättung deutsche Sätze:

Die Regierung		die Öffentlichkeit
....	informiert	....
....	achtet auf das Urteil von	....
....	macht Konzessionen an	....

Das ergibt den Bericht: Die Regierung informiert die Öffentlichkeit. Die Regierung achtet auf das Urteil der Öffentlichkeit. Die Regierung macht der Öffentlichkeit Konzessionen.

Um nicht so viele Punkte zu machen, werden wir die Leerstellen durch kleine Buchstaben vom Ende des Alphabets bezeichnen: Statt

... informiert ...

schreiben wir:

x informiert y

Das ist nicht nur wesentlich kürzer; es ist auch wesentlich übersichtlicher. Zum Beispiel sieht man leichter, daß man in

x schenkt y z

an drei Stellen Individuennamen einzusetzen hat, um einen Satz herzustellen – etwa

Eike schenkt Ulrike das Armband –,

als wenn man schriebe:

... schenkt ... .

Auf Grund dieser Vereinbarung sind also »x«, »y« und »z« nichts als kondensierte Leerstellen! Diese kondensierten Leerstellen haben einen Namen – statt »Leerstellen von Prädikaten, an denen man Individuennamen einsetzen kann« heißen sie »Individuenvariable«. Die Individuennamen heißen demgegenüber auch »Individuenkonstante«.

Zusatzübung

Setzen Sie Individuennamen ein.
   1 ... tritt am ... in ... zusammen
   2 ... tagt in ...
   3 ... berichtet über ...
   4 ... ist vorgeschrieben durch ...
   5 ... debattiert über ...
a Berlin, b die SZ, c die Verfassung, d der Bundestag, e das Palais Schaumburg, f die Abstimmung, g die Rheinarmee, h der nächste Donnerstag, i das Kabinett, j das Ergebnis, k die Konferenz.

Übungen

1. A: Ganghofer; B: folgte auf; C: trifft sich mit; D: Saragat; E: Stalin; F: schwätzt mit.

Diese Ausdrücke sollen Sie in den folgenden Zeilen einzusetzen versuchen. Geben Sie für jede Zeile im linken Lösungsfeld die Buchstaben *aller* Ausdrücke an, die man in dieser Zeile einsetzen kann, so daß ein wahrer oder falscher Satz entsteht. Kreuzen Sie das rechte Lösungsfeld dann an, wenn die Zeile (ohne Einsetzungen) ein Prädikat ist.

Kiesinger ... Erhard
Renate ... Ludwig
... ist kein so reifer Mensch wie Goethe
Nenni steht links von ...
Herr Meier ... Frau Schulze
... überlebt Lenin

2. In den folgenden Sätzen werden verschiedene Vorschläge angedeutet, das Prädikat und die Individuennamen herauszuschälen. Dabei werden die vorgeschlagenen Individuennamen kursiv hervorgehoben; der nicht kursive Rest ist das vorgeschlagene Prädikat. Es wird der Deutlichkeit halber jeweils ausdrücklich wiederholt. Kreuzen Sie jeweils den besten Vorschlag an.

a. *Hans* liebt *Alwine* über *alle Maßen*.
   x liebt y über z
   Hans liebt *Alwine* über alle Maßen.
   x liebt y über alle Maßen
   Hans liebt *Alwine* über alle *Maßen*.
   x liebt y über alle z

b. *Hans* benimmt *sich Alwine* gegenüber *schäbig*.
   x benimmt y z gegenüber u
   Hans benimmt *sich Alwine* gegenüber schäbig.
   x benimmt y z gegenüber schäbig
   Hans benimmt sich *Alwine* gegenüber schäbig.
   x benimmt sich y gegenüber schäbig

c. *Alwine* hat von *Hans nichts* mehr gesehen.
   x hat von y z mehr gesehen
   Alwine hat von *Hans nichts mehr* gesehen.
   x hat von y z gesehen
   Alwine hat von *Hans* nichts mehr gesehen.
   x hat von y nichts mehr gesehen

Lösungen

1.

Beispiele

$\mathcal{B}, C, \mathcal{F}$	
$\mathcal{B}, C, \mathcal{F}$	
$\mathcal{A}, \mathcal{D}, \mathcal{E}$	×
$\mathcal{A}, \mathcal{D}, \mathcal{E}$	×
$\mathcal{B}, C, \mathcal{F}$	
$\mathcal{A}, \mathcal{D}, \mathcal{E}$	×

Kiesinger schwätzt mit Erhard.
Renate trifft sich mit Ludwig.
Saragat ist kein so reifer Mensch wie Goethe.
Nenni steht links von Saragat.
Herr Meier folgte auf Frau Schulze.
Goethe überlebt Lenin.

2.

a.

b.

c.

2.2 Sorten von Individuennamen

Daten und andere Zeitangaben sind Individuennamen:

Hans kommt am 12. 5. 65
Hans kommt am 4. 2. 68
Hans kommt am 12. 3. 64

Das Prädikat heißt »... kommt am ...« oder »x kommt am Datum y« oder »x kommt zum Zeitpunkt y«. Daten müssen nicht in Tag, Monat und Jahr ausgedrückt sein: Ostern, Pfingsten, Martini, heute, morgen, nächstes Jahr. Manche Sätze lassen sich am einfachsten mit Hilfe von Zeitpunkten als Individuen darstellen; z.B. »es regnet«, denn »es« ist hier kein Individuenname. Am besten sagt man »es regnet zum Zeitpunkt x« (etwa »jetzt«). Die Sprache, in die wir die Sätze bringen, stellt ihre Forderungen; sie braucht überall Individuennamen und Prädikate.

Auch Ortsnamen sind Individuennamen:

Hans reist nach Berlin.
Ingrid reist nach Paris.
Der Präsident reist nach Moçambique.

Das Prädikat heißt »x reist nach y« oder »x reist an den Ort y«. Orts- und Zeitangaben können mehr oder weniger bestimmt sein; die folgenden Sätze sind mit dem gemeinsamen Prädikat »es regnet zur Zeit x am Ort y« gebildet:

Es regnet	am 12. 12. 1966	an 52° nördlicher Breite
	um 12.31 Uhr	und 9° östlicher Länge
Es regnet	am 12. 12. 1966 mittags	bei Bösingfeld
Es regnet	am 12. 12. 1966	in Norddeutschland

Eine besondere Möglichkeit, von Individuen zu reden, bilden die Indikatoren:

Karl der Große sagt: »Mein Vater war sehr tatkräftig.«
Igor Oistrach sagt: »Mein Vater war ein genialer Geiger.«
Sarah Churchill sagt: »Mein Vater hat Hitler besiegt.«

Mit demselben Ausdruck »mein Vater« werden in den drei Äußerungen drei verschiedene Personen bezeichnet: Pippin der Kleine, David Oistrach und Winston Churchill. Ist also »mein Vater« mehrdeutig? Nein; denn das jeweils gemeinte Individuum ist eindeutig bestimmt. Man muß aber wissen, wer »mein Vater« sagt, um zu wissen, um wen es geht. Man nennt solche Ausdrücke »Indikatoren«. Sie legen genau ein Individuum fest; aber welches es ist, hängt vom Sprecher, vom Kontext und von der Situation ab, in der die Äußerung getan wird.

Die Rolle von Individuennamen spielen im Satz auch sogenannte Kennzeichnungen. »Goethes Sohn« ist solch eine Kennzeichnung; der Ausdruck bezeichnet genau ein Individuum, nämlich Goethes einzigen Sohn. »Goethes Sohn ist jung gestorben« ist deshalb ein erlaubter Satz. »Adenauers Sohn ist jung gestorben« ist dagegen kein erlaubter Satz, denn »Adenauers Sohn« ist keine Kennzeichnung, da Adenauer mehrere Söhne hatte; der Ausdruck darf also nicht wie ein Individuenname verwandt werden. »Der Sohn Kaiser Karls VI.« ist ebenfalls keine Kennzeichnung; denn Kaiser Karl VI. hatte gar keinen Sohn (weshalb Maria Theresia Kaiserin wurde). »Der Sohn Kaiser Karls VI. wurde nicht Kaiser« ist deshalb kein erlaubter Satz.

Zusatzübung

Ein Individuenname ist nicht *entweder* ein Indikator *oder* eine Kennzeichnung; sondern ein Indikator kann eine Kennzeichnung sein, ein Ortsname ein Indikator, der eine Kennzeichnung ist, usw. Geben Sie für jeden der folgenden Individuennamen an, ob er eine Zeit- oder Ortsangabe, ein Indikator, eine Kennzeichnung ist.

Mein Vater; der nächste Donnerstag; morgen; zwei Meter links vom Hydranten; Peters Vater; der Sonntag nach dem ersten Frühlingsvollmond 1975; zwei Meter westlich vom Hydranten.

Übungen

1. Finden Sie Ausdrücke, mit denen man jeweils dasselbe Individuum bezeichnen könnte wie die kursiv gedruckten Indikatoren aus dem folgenden Text aus dem Jahre 1960:

Trotz des lebhaften Aufschwungs, den die Wirtschaft Afrikas während des Zweiten Weltkriegs erfahren hat, ist der Umfang *seiner Erzeugung* und *seines Eigenverbrauchs weiterhin* verhältnismäßig niedrig und eine starke Abhängigkeit von *auswärtigem* Kapital kennzeichnend. Da der innerafrikanische Warenaustausch sehr begrenzt ist, ist Afrika mit *seinen* kolonialen Erzeugnissen vornehmlich auf die Industriegebiete Europas und Amerikas angewiesen. Infolge des *vorerst* noch geringen *Eigenverbrauchs* können nicht weniger als 90–100% *der Erzeugung* von Rohstoffen und Halbprodukten an die Industrieländer geliefert werden. Trotzdem ist Afrika nur mit knapp 9% am Welthandel beteiligt. Den größten Teil *davon* bestreiten die Südafrikanische Union und die französischen bzw. *ehemals* französischen Gebiete.

2. Schreiben Sie neben jeden Satz die Nummern aller Sätze, die dasselbe sagen wie dieser Satz.
   1 Der Präsident der USA 1918 machte einen 14-Punkte-Plan.
   2 Der längste Strom der UdSSR fließt ins Kaspische Meer.
   3 Der Autor von ›Egmont‹ war Geschichtsprofessor.
   4 Der Jenessei fließt ins Kaspische Meer.
   5 Schiller war Geschichtsprofessor.
   6 Goethe war Geschichtsprofessor.
   7 Wilson machte einen 14-Punkte-Plan.
   8 Die Wolga fließt ins Kaspische Meer.
   9 Roosevelt machte einen 14-Punkte-Plan.

3. Die folgenden Sätze sind fehlerhaft, weil die scheinbare Kennzeichnung jeweils auf kein oder auf mehrere Dinge zutrifft. Schreiben Sie in das Lösungsfeld »0«, wenn sie auf kein Ding, und »n«, wenn sie auf mehrere Dinge zutrifft.
   Der heutige König von Frankreich hat eine Glatze.
   Der römische Konsul 68 v. Chr. war sittenlos.
   Der Mond des Jupiter umrundet ihn in 4 Tagen.
   Die größte Primzahl ist noch unbekannt.
   Gestern sahen wir Thomas Manns letzte Komödie.
   Adenauers Enkel ist 12 Jahre alt.

Lösungen

1. In der Reihenfolge des Textes:

   Afrikas Erzeugung
   Afrikas Eigenverbrauch
   vom Ende des Zweiten Weltkriegs bis 1960
   außerafrikanisch
   Afrikas
   1960
   Afrikas Eigenverbrauch
   Afrikas Erzeugung
   Afrikas Anteil am Welthandel
   zu irgendeiner Zeit vor 1960

   Man kann diese Individuennamen nicht an Stelle der Indikatoren in den Text einfügen; der Text würde dann sprachwidrig. Sie bezeichnen aber dieselben Individuen wie die Indikatoren im Text.

2.

7
4
6
2
5
1

Der Präsident der USA 1918 hieß Wilson, nicht Roosevelt; 1 und 7 sind also gleichbedeutend und wahr; 9 ist falsch. Der längste Strom der UdSSR ist der Jenessei, nicht die Wolga; 2 und 4 sind also gleichbedeutend und falsch, während 3 wahr ist. Der Autor des ›Egmont‹ ist Goethe, nicht Schiller; und da Schiller, nicht aber Goethe Geschichtsprofessor war, sind 3 und 6 gleichbedeutend und falsch, während 5 wahr ist.

3.

0
n
n
0
0
n

Einen König hat Frankreich heute nicht; zu jeder Primzahl gibt es eine größere, also keine größte; und Komödien hat Thomas Mann nicht geschrieben, also auch keine letzte. Rom hatte 68 v. Chr. zwei Konsuln, der Jupiter hat mehrere Monde und Adenauer ziemlich viele Enkel.

2.3 Scheinbare Individuennamen

Man kann sagen »jeder ist glücklich«, »jemand ist glücklich«, »niemand ist glücklich«, so wie man sagen kann »Hans ist glücklich«; aber die Personen Jeder, Jemand und Niemand gibt es nicht. Die Wörter bezeichnen keine Individuen. Um ein Individuenname zu sein, muß ein Wort für beliebige Prädikate die drei folgenden Proben bestehen.

Probe 1. Wenn gilt »Hans ist männlich (blond/schwer/...) oder weiblich (brünett/leicht/...)«, dann muß auch gelten: »Hans ist männlich (blond/schwer/...) oder Hans ist weiblich (brünett/leicht/...)«.

Diese Probe ergibt, daß »Jeder« kein Individuenname ist; denn auch wenn jeder männlich oder weiblich ist, stimmt es doch nicht, daß jeder männlich ist oder jeder weiblich ist.

Probe 2. Wenn gilt »Hans ist groß (erwachsen/schlau/...) und Hans ist leicht (katholisch/gutherzig/...)«, dann muß auch gelten »Hans ist groß (erwachsen/schlau/...) und leicht (katholisch/gutherzig/...)«.

Diese Probe ergibt, daß »Jemand« kein Individuenname ist. Denn wenn jemand groß ist und jemand leicht ist, dann muß doch nicht gelten, daß jemand groß und leicht ist.

Probe 3. Wenn gilt »Hans ist gebildet (gut gekleidet/reich/...) und trotzig (sanftmütig/hochmütig/...)«, dann muß auch gelten »Hans ist gebildet (gut gekleidet/reich/...) und Hans ist trotzig (sanftmütig/hochmütig/...)«.

Die Probe ergibt, daß »Niemand« kein Individuenname ist. Wenn niemand gebildet und trotzig ist, muß nicht gelten, daß niemand gebildet ist und niemand trotzig ist.

Übung

Für jedes der folgenden Wörter zeigt eine der drei Proben, daß es kein Individuenname ist.

Immer, manchmal, niemals, jedermann, mancher, etwas, nichts, keiner, nie, alles, alle, nirgendwo, manch einer, mehreres, bisweilen, irgendwo, jedesmal, überall, irgendwann, irgendein.

Zu Probe 1 gehören:

Zu Probe 2 gehören:

Zu Probe 3 gehören:

Zusatzübung

Welcher Fehler wird in den folgenden Texten gemacht?

Insofern Anschauen oder Denken hier erwähnt werden kann, so gilt es als ein Unterschied, ob etwas oder *nichts* angeschaut oder gedacht wird. Nichts Anschauen oder Denken hat also eine Bedeutung; beide werden unterschieden, so *ist* (existiert) Nichts in unserem Anschauen oder Denken.

Worauf der Weltbezug geht, ist das Seiende selbst – und sonst nichts.
 Wovon alle Haltung ihre Führung nimmt, ist das Seiende selbst – und weiter nichts.
 Womit die forschende Auseinandersetzung im Einbruch geschieht, ist das Seiende selbst – und darüber hinaus nichts.
 Aber merkwürdig – gerade in dem, wie der wissenschaftliche Mensch sich seines Eigensten versichert, spricht er von einem Anderen. Erforscht werden soll nur das Seiende und sonst – nichts; das Seiende allein und weiter – nichts; das Seiende einzig und darüber hinaus – nichts.
 Wie steht es um dieses Nichts?

Lösung

Zu Probe 1 gehören: immer, jedermann, alles, alle, jedesmal, überall.

Zu Probe 2 gehören: manchmal, mancher, etwas, manch einer, mehreres, bisweilen, irgendwo, irgendwann, irgendein.
Zu Probe 3 gehören: niemals, nichts, keiner, nie, nirgendwo.

2.4 Prädikate und Sätze

Prädikate sind Ausdrücke, aus denen durch Einsetzen von Individuennamen für Individuenvariable Sätze entstehen. Prädikate sind also:

x liegt zwischen Weilheim und Garmisch

denn durch Einsetzen von »Murnau« für »x« entsteht der (wahre) Satz: »Murnau liegt zwischen Weilheim und Garmisch.« Prädikate sind auch:

x liegt zwischen y und Garmisch

sowie

x liegt zwischen y und z;

denn aus dem zweiten Prädikat entsteht durch Einsetzen von »Berlin« für »x« und »Potsdam« für »y« der (falsche) Satz: »Berlin liegt zwischen Potsdam und Garmisch«; aus dem dritten Prädikat entsteht durch Einsetzen von »Bonn«, »Godesberg«, »Köln« für »x«, »y«, »z« der (wahre) Satz: »Bonn liegt zwischen Godesberg und Köln«. Um aus einem Prädikat einen Satz zu machen, kommt man immer mit einem Individuennamen aus:

x ist hübsch.	Evi ist hübsch.
x liebt y.	Evi liebt Evi.
x identifiziert y als z.	Evi identifiziert Evi als Evi.

Eine ganz andere Frage: Wie viele verschiedene Individuennamen kann man höchstens benutzen, um aus den Prädikaten Sätze zu machen? Fürs erste Prädikat einen: »Evi ist hübsch«. Fürs zweite zwei: »Evi liebt Rainer«. Fürs dritte drei: »Evi identifiziert den Einbrecher als Mackie Messer«. Also:

Um aus einem Prädikat einen Satz zu machen, kommt man immer mit einem Individuennamen aus.
Um aus einem Prädikat einen Satz zu machen, kann man so viele verschiedene Individuennamen benutzen, wie es Individuenvariable hat.

Einem Satz, in dem mehrere Individuennamen vorkommen, sieht man es deshalb nicht an, aus welchem Prädikat er gebildet ist.

Murnau liegt zwischen Weilheim und Garmisch

kann gebildet sein aus:

x   liegt zwischen Weilheim und Garmisch
Murnau liegt zwischen x   und Garmisch
Murnau liegt zwischen Weilheim und x
x   liegt zwischen y   und Garmisch
x   liegt zwischen Weilheim und y

Murnau liegt zwischen x		und y
x liegt zwischen y		und z

Wenn in einem Satz ein Individuenname zweimal vorkommt, wie in

Evi liebt Evi,

dann kann er nicht nur gebildet sein aus

x liebt Evi
Evi liebt x
x liebt y,

sondern auch aus

x liebt x.

Hier kommt also ein und dieselbe Individuenvariable zweimal vor. (Daß so etwas möglich ist, bedeutet einen entscheidenden Vorteil der Schreibweise »x liebt y« bzw. »x liebt x« gegenüber »... liebt ...«.) Das heißt, daß an beiden Stellen derselbe Individuenname eingesetzt werden muß.

Für gleiche Individuenvariable muß man gleiche Individuennamen einsetzen.
Für verschiedene Individuenvariable darf man gleiche oder verschiedene Individuennamen einsetzen.

Möglich sind also:

x liebt y	Evi liebt Rainer, Evi liebt Evi
x liebt x,	Evi liebt Evi

Nicht möglich ist:

x liebt x	Evi liebt Rainer

Sprachlich heißt es statt »Evi liebt Evi« natürlich: »Evi liebt sich«, statt »Eike glaubt, daß Eike nicht so viel kann wie Wolfgang«: »Eike glaubt, daß er nicht so viel kann wie Wolfgang«.

Prädikate mit zwei verschiedenen Individuenvariablen heißen zweistellig, mit drei verschiedenen Individuenvariablen dreistellig und so weiter. »x ist schön« ist einstellig, »x liebt y« zweistellig, »x liebt y mehr als z« dreistellig. »x liebt x« ist einstellig, »x liebt x mehr als y« und »x liebt y mehr, als y x liebt« sind zweistellig. Man kann also auch sagen: Ein Prädikat hat so viele Stellen, wie man verschiedene Individuennamen einsetzen kann.

Übungen

1. Kreuzen Sie die Prädikate an, aus denen der Satz gebildet sein kann.

   Hans glaubt, daß er Alwine mit Peter gesehen hat

   x glaubt, daß y y mit z gesehen hat
   Hans glaubt, daß x z mit y gesehen hat
   x glaubt, daß x Peter mit Alwine gesehen hat
   x glaubt, daß x z mit y gesehen hat
   Hans glaubt, daß x Alwine mit z gesehen hat
   y glaubt, daß z u mit x gesehen hat
   x glaubt, daß Hans z mit z gesehen hat
   x glaubt, daß x y mit Peter gesehen hat
   x glaubt, daß y u mit z gesehen hat
   Hans glaubt, daß Peter x mit y gesehen hat
   x glaubt, daß y y mit y gesehen hat
   x glaubt, daß Hans Alwine mit Peter gesehen hat

2. Kreuzen Sie alle Sätze an, die man aus dem Prädikat bilden kann. (Stören Sie sich nicht daran, wenn der resultierende Satz nicht sinnvoll ist.)

   x beruhigt y über das Verhältnis von x mit z

   Anton beruhigt Berta über ihr Verhältnis mit ihm
   Anton beruhigt Berta über sein Verhältnis mit ihr
   Anton beruhigt sich über sein Verhältnis mit Berta
   Anton beruhigt sich über das Verhältnis von Christoph mit Berta
   Berta beruhigt Anton über das Verhältnis von Christoph mit Dora
   Anton beruhigt Christoph über sein Verhältnis mit Emil
   Christoph beruhigt sich über sein Verhältnis mit sich selbst
   Berta beruhigt Anton über dessen Verhältnis mit Christoph

3. Geben Sie im Lösungsfeld die Stellenzahl der Prädikate an.

   x ist älter als y
   x bezeichnet x als Dummkopf
   x, y und z laufen gleichschnell
   x heiratet y auf Wunsch von y
   x tötet y, weil y mit der Frau von x ertappt wurde
   x vertraut auf y, so wie x auf z vertraut
   x liebt y, obgleich y x haßt
   x verwechselt y mit dem Vater von y

Lösungen

1.

- [ ] Für »y« zweimal »er« oder zweimal »Alwine«!
- [x] Ein ganz anderer Satz würde entstehen.
- [x] »Hans« und »er« sind hier dieselben Individuennamen.
- [x]
- [ ] »Alwine mit Alwine« oder »Peter mit Peter«!
- [x]
- [x] Ein ganz anderer Satz würde entstehen.
- [ ] Das geht nun gar nicht.
- [x]

2.

- [ ] »Anton« fürs erste »x« verbietet »Berta« fürs zweite.
- [x] »Berta« für »y« und für »z«
- [x] »Anton« für beide »x« und für »y«
- [ ] »Anton« fürs erste »x« verlangt »Anton« fürs zweite.
- [ ] »Berta« fürs erste »x« verlangt »Berta« fürs zweite.
- [x] (Wenn »sein Verhältnis« Antons Verhältnis ist.)
- [x] »Berta« fürs erste »x« verlangt »Berta« fürs zweite.

3.

2
1
3
2
2
3
2
2

2.5 Quantoren

Wir wollen uns das Schreiben etwas vereinfachen. In den Beispielsätzen wollen wir künftig nicht mehr von Hans und Alwine reden, sondern als Individuennamen die Buchstaben »a«, »b«, »c« und so weiter benutzen. Statt »Hans liebt Alwine« schreiben wir also »a liebt b«. Zwar kann man das nicht recht verstehen, denn man weiß ja gar nicht, wer a und b sind. Aber darauf kommt es für uns gar nicht an; wir wissen auch nicht, wer Hans und Alwine sind. Es kommt für uns nur darauf an zu wissen, daß Hans und Alwine Individuen sind, und das wissen wir dank unserer neuen Vereinbarung von a und b auch. Buchstaben vom Anfang des Alphabets wählen wir, um Verwechslungen mit den Variablen »x«, »y« usw. zu vermeiden.

Bisher können wir aus »x liebt y« solche Sätze machen wie »a liebt b« oder »b liebt a«. Wir können noch keine Sätze daraus bilden wie »Alle lieben a« oder »a liebt jemanden«. Solche Sätze müssen wir aber bilden können; denn wir können nicht anfangen und für »Alle lieben a« sagen: »a liebt a und b liebt a und c liebt a...« usw. usw. Und wenn wir sagen wollen »a liebt jemanden«, dann können wir nicht anfangen und sagen: »a liebt a oder a liebt b oder a liebt c oder ...« usw. usw. Wir führen deshalb für solche Sätze eigene Zeichen ein:

$\wedge$ x... für alle x gilt: ...
$\vee$ x... für einige x gilt: ...

»Alle lieben a« heißt zum Beispiel:

für alle x gilt: x liebt a
$\wedge$ x (x liebt a)

»Einige lieben a« heißt:

für einige x gilt: x liebt a
$\vee$ x (x liebt a)

»$\wedge$ x« heißt »Allquantor«, »$\vee$ x« »Existenzquantor«. Sie werden so erklärt:

»$\wedge$ x (x liebt a)« heißt, daß man in »x liebt a« für »x« jeden beliebigen Individuennamen einsetzen kann – es stimmt immer. Es stimmt für a, für b, für c usw. Es stimmen also die Sätze »a liebt a«, »b liebt a«, »c liebt a« usw.

»$\vee$ x (x liebt a)« heißt, daß man beim Einsetzen von Individuennamen für »x« in »x liebt a« mindestens ein Individuum erwischen kann, für das es stimmt. Es stimmt also für a oder für b oder für c oder für eine der weiteren Konstanten (oder auch für mehrere oder sogar alle – das bleibt offen). Es stimmt also mindestens einer der Sätze »a liebt a«, »b liebt a«, »c liebt a« usw.

Wir können jetzt also hinschreiben:

(1) Alle Menschen sind sterblich
Für alle x gilt: x ist sterblich
∧x(x ist sterblich)

(2) Einige Menschen haben Haare
Für einige x gilt: x hat Haare
∨x(x hat Haare)

Etwas Wichtiges haben wir noch vergessen. Wenn wir in (1) für »x« die Individuennamen »das Bonner Bundeshaus«, »das Grundgesetz«, »England« oder »die Sonne« einsetzen, dann kommen falsche Sätze heraus, obgleich wir gar nicht behaupten wollten, daß England sterblich sei; und wenn wir in (2) den Namen unseres Pudels einsetzen, dann ist allein schon deshalb der zweite Satz richtig, obgleich wir uns nicht damit zufrieden geben wollten, daß Pudel Haare haben, sondern einen Menschen, der Haare hat, als Beweis für unsere Behauptung brauchen. Wir haben all diese Dinge gar nicht gemeint, sondern nur Menschen; und das können wir ausdrücken, indem wir sagen, daß nur die Namen von Menschen als einzusetzende Individuennamen in Frage kommen. Wir sagen, daß der »Bereich« von »x« von (Namen von) Menschen gebildet wird. »Alle Menschen sind sterblich« heißt dann:

∧x(x ist sterblich)   (Bereich von x: Menschen)

und »Einige Menschen haben Haare«:

∨x(x hat Haare)   (Bereich von x: Menschen)

Zusatzübung

Schreiben Sie die Sätze mit Hilfe des Prädikates »x ist schön« hin. Geben Sie den Bereich der Variablen an.

Alle bayerischen Städte sind schön.
Manche bayerischen Städte sind schön.
Alle französischen Städte sind schön.
Manche französischen Städte sind schön.
Alle Städte sind schön.
Manche Städte sind schön.
Alles ist schön.
Einiges ist schön.

Übungen

1. Den Bereich von »x« bilden in beiden Beispielen alle Menschen. Kreuzen Sie jeweils die einzig richtige Antwort an.

a. ∨x(x ist penibel)
   Wenn man weiß, daß Hans penibel ist,
   – weiß man, daß der Satz wahr ist, weil sein Prädikat dann auf ein Individuum zutrifft.
   – weiß man noch nicht, ob der Satz wahr ist, weil man einstweilen ja nur von einem und nicht von mehreren weiß, daß sie penibel sind.
   – weiß man, daß der Satz wahr ist, weil man dann weiß, daß wirklich einer und nicht mehrere penibel sind.
   – weiß man noch nicht, ob der Satz wahr ist, weil dann noch nicht ausgeschlossen ist, daß alle penibel sind.

b. ∧x(Hans haßt x)
   Wenn man nicht weiß, ob Hans sich selbst haßt,
   – kann man doch wissen, ob der Satz wahr ist, falls man nur weiß, ob Hans alle anderen haßt.
   – kann man nicht wissen, ob der Satz wahr ist, weil man dann von einem Individuum nicht weiß, ob das auf den Quantor folgende Prädikat auf es zutrifft.
   – kann man doch wissen, ob der Satz wahr ist, weil Hans nicht zum Individuenbereich von x gehört.
   – weiß man auch nicht, ob der Satz falsch ist, weil mit ihm nur gemeint ist, daß Hans alle anderen haßt.

2. Kreuzen Sie jeweils die einzig richtige Übersetzung an.

∨x(x verursacht a)	Ein einziges Ding verursacht a
	Etwas verursacht a
	a verursacht etwas
∨x(a verursacht x)	a verursacht mehreres
	a verursacht eine oder mehrere Sachen
	a verursacht allerhand
∧x(x verursacht a)	allerhand verursacht a
	a verursacht alles
	alle Dinge verursachen a
∧x(a verursacht x)	a verursacht alles
	a verursacht so ziemlich alles
	a verursacht alles, ausgenommen sich selbst

Lösungen

1.

a.

☒ Daß das Prädikat auf ein Individuum zutrifft, genügt; deshalb ist die erste Antwort richtig. Mehrere müssen es nicht sein; deshalb ist die zweite falsch; es können aber mehrere sein, deshalb ist die dritte falsch; es können sogar alle sein, deshalb ist die vierte Antwort falsch.

b.

☒ Damit der Satz wahr ist, müssen alle Einsetzungen ohne Ausnahme wahre Sätze ergeben; darum ist die zweite Antwort richtig. »Hans haßt alle« wird umgangssprachlich – von spitzfindigen Ausnahmesituationen abgesehen – natürlich so verstanden, wie die drei anderen Antworten das annehmen; insoweit weicht »Hans haßt alle« von »∧ x (Hans haßt x)« eben ab.

2.

☒ »∨ x« heißt »mindestens ein«; deshalb ist die zweite Antwort richtig. »∨ x« heißt nicht »genau ein«; deshalb ist die erste Antwort falsch. Die dritte liest den Satz verkehrt herum.

☒ Ob eine oder mehrere, läßt »∨ x« offen; darum ist die zweite Antwort richtig und sind die erste und dritte Antwort falsch.

☒ »Allerhand« braucht nicht alles zu sein; darum ist die erste Antwort falsch. Die zweite liest den Satz verkehrt herum.

☒ »∧ x« heißt »ausnahmslos alles«; denn jede Einsetzung muß einen wahren Satz ergeben. Die zweite und dritte Antwort sind also falsch.

76

2.6 Sätze aus mehrstelligen Prädikaten

Aus mehrstelligen Prädikaten können wir Sätze im gemischten Verfahren herstellen (Bereich der Variablen: Menschen):

	x liebt y	
Erster Schritt:	x liebt a	
Zweiter Schritt:	∧x(x liebt a)	∨x(x liebt a)

Der erste Schritt ist die bekannte Einsetzung eines Individuennamens für eine Variable. Den zweiten Schritt nennt man so: Man »bindet« die Variable »x« durch den Quantor »∧x« oder »∨x«. Ob wir die erste Variable ersetzen und die zweite binden oder die erste binden und die zweite ersetzen, steht uns frei. Natürlich kommen verschiedene Sätze heraus:

x liebt y

x liebt a   a liebt y

∧x(x liebt a)   ∨x(x liebt a)   ∧y(a liebt y)   ∨y(a liebt y)

Von links nach rechts gelesen, heißen die Sätze: »alle lieben a«; »jemand liebt a«; »a liebt alle«; »a liebt jemanden«. – Beachten Sie: »x liebt y« ist zweistellig; »x liebt a«, »y liebt a«, »a liebt x« und »a liebt y« sind einstellig!

Übungen

1. Lesen Sie umgangssprachlich.
   ∧x(x betrügt a)
   ∨y(b zeigt y an)
   ∧y(a betrügt y)
   ∨x(x besucht b)

2. Schreiben Sie formal hin.
   Jemand betrügt a.
   a zeigt alle an.
   Alle besuchen b.
   b besucht alle.

3. Geben Sie die umgangssprachliche Bedeutung an.
   ∧x(x betrügt x)
   ∨y(y zeigt y an)

4. Schreiben Sie formal hin.
   Alle lieben sich.
   Jemand haßt sich.

Zusatzübung

Benutzen Sie zur Bildung der Sätze das Prädikat

   x erkennt in y z wieder

Schreiben Sie formal hin (Bereich der Variablen: Menschen):

a erkennt in b jemanden wieder.
jemand erkennt in a b wieder.
a erkennt in allen Menschen b wieder.
Alle erkennen in a b wieder.
a erkennt in einem Menschen b wieder.
a erkennt b in allen Menschen wieder.

Lösungen

1.
Alle betrügen a.
b zeigt jemanden an.
a betrügt alle.
Jemand besucht b.

2.
$\vee x(x$ betrügt a$)$ (Wenn es Ihnen lieber ist, statt »x« gern »y«
$\wedge x(a$ zeigt x an$)$ oder »z«. Die Wahl der Variablen ist belang-
$\wedge x(x$ besucht b$)$ los.)
$\wedge x(b$ besucht x$)$

3.
Alle betrügen sich (selbst); jeder betrügt sich (selbst).
Jemand zeigt sich (selbst) an; mindestens einer zeigt sich an.

4.
$\wedge x(x$ liebt x$)$, $\wedge y(y$ liebt y$)$; aber nicht: $\wedge x(x$ liebt y$)$
$\vee x(x$ haßt x$)$, $\vee y(y$ haßt y$)$; aber nicht: $\vee x(x$ haßt y$)$

2.7 Abkürzungen von Prädikatsnamen

Wir können jetzt bald Strukturen angeben, die Schlüsse deduktiv zwingend machen. Dazu müssen wir uns allerdings das Schreiben nochmals vereinfachen. Wir kürzen ab jetzt Prädikate einfach mit Hilfe großer Buchstaben ab – für »x ist schön« schreiben wir zum Beispiel »Sx«, für »x ist Großvater von y« etwa »Gxy« und für »x liegt zwischen y und z« »Zxyz«. Die großen Buchstaben bleiben für Prädikate reserviert; das hält die Texte übersichtlich. Bei diesen Abkürzungen muß man besonders auf die Reihenfolge der Variablen achten. Mit der Festlegung

»Mxy« heiße »x ist die Mutter von y«

ist automatisch festgelegt

»Myx« heißt »y ist die Mutter von x«
»May« heißt »a ist die Mutter von y«
»Max« heißt »a ist die Mutter von x«

Die ursprüngliche Festlegung bedeutet, daß der an erster Stelle einzusetzende Individuenname die Mutter bezeichnet und der an zweiter Stelle einzusetzende das Individuum, dessen Mutter sie ist.

Übungen

Geben Sie im Lösungsfeld jedes Satzes die Nummern aller Prädikate an, aus denen man ihn bilden kann, indem man in ihnen für Variable Individuennamen einsetzt.

    Zabc
    Zadc
    Zdac
1 Zxyz
2 Zxyc
3 Zaxy

    Nab
    Nac
    Nbc
    Nbb
4 Nxy
5 Nbx
6 Nxb

Zusatzübungen

1. Lesen Sie die Ausdrücke aus der Übung mit den Übersetzungen »x liegt zwischen y und z« für »Zxyz« und »x ist nördlicher als y« für »Nxy«.

2. Aus welchem der angegebenen Prädikate kann man jeweils den Satz bilden?

Weilheim liegt zwischen München und Garmisch
x liegt; x liegt zwischen y und z; x liegt y, z, w
Sie erkennt in dem Toten ihren Mann wieder
x erkennt y wieder; x erkennt y in z
Vati fährt heute um 15.00 Uhr vom Bahnsteig 3 nach Kassel ab.
x fährt zum Zeitpunkt y von z nach w ab; x fährt am Tag y nach z; x fährt mit der Eisenbahn nach y

Kürzen Sie die Prädikate und die Sätze mit selbstgewählten Buchstaben ab; geben Sie in einer Liste an, welche Bedeutungen Ihre Abkürzungen für die Prädikate haben.

Lösungen

		abc	ab	bc		dac
1,2,3		↓↓↓	↓↓	↓↓		↓↓
1,2,3	z.B.:	Zxyz	Zxyc	Zaxy	aber nicht:	Zaxy
1,2		Zabc	Zabc	Zabc	Denn für »a« kann man nichts einsetzen.	

		bb	b	b		ac	ac
4,6		↓↓	↓	↓		↓	↓
4,							
4,5	z.B.:	Nxy	Nbx	Nxb	aber nicht:	Nbx	Nxb
4,5,6		Nbb	Nbb	Nbb	Denn für »b« kann man nichts einsetzen.		

2.8 All-Beseitigung und Existenz-Einführung

Schlüsse mit der folgenden Struktur sind deduktiv zwingend:

$\wedge x Fx$
Fa

Dabei ist »Fx« ein einstelliges Prädikat und »Fa« kann aus »Fx« durch Einsetzen von »a« gebildet werden. »a« ist ein beliebiger Individuenname. – Beispiele (Bereich der Variablen jeweils: Menschen)

Alle sind faul	$\wedge x(x \text{ ist faul})$	$\wedge x Fx$
Hans ist faul	a ist faul	Fa

»x ist faul« bzw. »Fx« ist ein einstelliges Prädikat, und »a ist faul« bzw. »Fa« kann daraus durch Einsetzen von »Hans« gebildet werden.

Alle lieben Rainer	$\wedge x(x \text{ liebt a})$	$\wedge x Fxa$
Evi liebt Rainer	b liebt a	Fba

»x liebt Rainer« bzw. »x liebt a« oder »Fxa« ist ein einstelliges Prädikat, und »Evi liebt Rainer« bzw. »b liebt a« oder »Fba« kann daraus durch Einsetzen von »Evi« bzw. »b« für »x« gebildet werden.

Alle lieben sich	$\wedge x(x \text{ liebt x})$	$\wedge x Fxx$
Evi liebt sich	a liebt a	Faa

»x liebt sich« bzw. »Fxx« ist ein einstelliges Prädikat (es kommt ja nur eine Individuenvariable vor!), und »Evi liebt sich« bzw. »Faa« kann daraus durch Einsetzen von »Evi« bzw. »a« für »x« gebildet werden.

Statt »deduktiv zwingend« werden wir von jetzt an, üblichem Sprachgebrauch folgend, »gültig« sagen. »Gültige Schlüsse« sind deduktiv zwingende Schlüsse.

Daß Schlüsse dieser Struktur gültig sind, kann man als Regel formulieren, welche einem die Erlaubnis gibt, unter eine Prämisse dieser Struktur eine Konklusion dieser Struktur zu schreiben. Unsere Regel heißt »Regel der All-Beseitigung« (abgekürzt $\wedge$B), weil sie einen Allquantor wegzaubert.

Wir dürfen nun nicht einfach Schlußregeln hinschreiben, wie wir wollen. Schlußregeln müssen gültige Schlüsse erzeugen. Wir müssen zeigen, daß unsere Regel der All-Beseitigung eine korrekte Regel ist. (Korrekte Regeln sind Regeln, die erlauben, gültige Schlüsse zu ziehen. Nicht korrekt wären Regeln, die uns erlauben würden, Schlüsse zu ziehen, die nicht gültig, also nicht deduktiv zwingend wären.)

Glücklicherweise können wir das zeigen. Wir greifen auf unsere Definition des gültigen Schlusses zurück. Ein Schluß ist gültig, wenn es keinen strukturgleichen Schluß mit lauter wahren Prämissen und falscher Konklusion gibt. Die Struktur unseres Schlusses kennen wir:

$\wedge x Fx$
Fa

Kann die Prämisse eines Schlusses mit dieser Struktur wahr sein und die Konklusion falsch? Nein; denn der Ausdruck »∧xFx« ist ja von uns so definiert worden, daß er nur dann wahr ist, wenn jede Einsetzung eines Individuennamens in »Fx« einen wahren Satz ergibt. Der Schluß ist also gültig, die Regel der All-Beseitigung korrekt.

Genauso korrekt ist auch die »Regel der Existenz-Einführung« (abgekürzt ∨E); sie zaubert einen Existenzquantor in die Konklusion:

 Fa
∨xFx

Dabei ist »Fx« ein einstelliges Prädikat, und »Fa« kann aus »Fx« durch Einsetzen von »a« gebildet werden. »a« ist ein beliebiger Individuenname.

Beispiele:

| Andreas ist faul. | Fa |
| Jemand ist faul. | ∨xFx |

»x ist faul« bzw. »Fx« ist ein einstelliges Prädikat, und »Andreas ist faul« bzw. »Fa« kann daraus durch Einsetzen von »Andreas« bzw. »a« gebildet werden.

| Birgit liebt Andreas | Fba |
| Jemand liebt Andreas | ∨xFxa |

»x liebt Andreas« bzw. »Fxa« ist ein einstelliges Prädikat, und »Birgit liebt Andreas« bzw. »Fba« kann daraus durch Einsetzen von »Birgit« bzw. »b« gebildet werden.

| Nixon liebt sich | Faa |
| Jemand liebt Nixon | ∨xFxa |

Und genauso:

| Nixon liebt sich | Faa | Nixon liebt sich | Faa |
| Nixon liebt jemanden | ∨xFax | Jemand liebt sich | ∨xFxx |

Dagegen kann aus »Fab« *nicht* geschlossen werden »∨xFxx«; denn aus »Fxx« kann »Fab« nicht gebildet werden. Für gleiche Individuenvariable müssen gleiche Individuennamen eingesetzt werden! Aus demselben Grunde kann auch aus »∧xFxx« nicht geschlossen werden »Fab«.

Wie wird die Regel der Existenzeinführung als korrekt erwiesen? Wieder greifen wir auf die Definition von »∨xFx« zurück: dieser Satz ist wahr, wenn mindestens ein Satz der Art »Fa« wahr ist. Wenn also die Prämisse »Fa« wahr ist, kann die Konklusion »∨xFx« nicht falsch sein. Der Schluß ist gültig; die Regel, die ihn erlaubt, ist korrekt.

Übungen

1. Benutzen Sie »Fxy« für »x besiegt y« und »a« für »Fisher«, »b« für »Petrosjan«. (Bereich der Variablen: Schachspieler). Schreiben Sie die folgenden Schlüsse formal hin; ergänzen Sie außerdem in (i), (j), (m) die fehlenden Zeilen.

  a. Fischer besiegt alle.
     Also besiegt Fischer Petrosjan.
  b. Petrosjan besiegt alle.
     Also besiegt Petrosjan Fischer.
  c. Alle besiegen Fischer.
     Also besiegt Petrosjan Fischer.
  d. Alle besiegen Petrosjan.
     Also besiegt Fischer Petrosjan.
  e. Fischer besiegt Petrosjan.
     Also besiegt Fischer jemanden.
  f. Fischer besiegt Petrosjan.
     Also besiegt jemand Petrosjan.
  g. Petrosjan besiegt Fischer.
     Also besiegt Petrosjan jemanden.
  h. Petrosjan besiegt Fischer.
     Also besiegt jemand Fischer.
  i. Alle besiegen Petrosjan.

     Also besiegt jemand Petrosjan.
  j. Fischer besiegt alle.

     Also besiegt jemand Petrosjan.
  k. Petrosjan besiegt alle.
     Also besiegt Petrosjan sich.
  l. Alle besiegen Petrosjan.
     Also besiegt Petrosjan sich.
  m. Alle besiegen Fischer.

     Also besiegt Fischer jemanden.

2. Kreuzen Sie von den folgenden Beweisschritten die korrekten an.

$\wedge$x Fxax $\wedge$x Fxax $\wedge$x Fxax   Fbbb   Fcbc
$\wedge$x Fxaa ☐   Faaa ☐   Fbab ☐ $\vee$x Fxbx ☐ $\vee$x Fxxx ☐

3. Ergänzen Sie die jeweils fehlende Zeile.
$\wedge$x Fax $\wedge$x Fax $\wedge$x Fax $\wedge$x Fxx

$\vee$x Fxx $\vee$y Fay $\vee$y Fya $\vee$y Fay

Lösungen

1.

a. ∧xFax, ∧yFay, ∧zFaz   [was Ihnen lieber ist]
   Fab
b. ∧xFbx, ∧yFby, ∧zFbz
   Fba
c. ∧xFxa, ∧yFya, ∧zFza
   Fba
d. ∧xFxb, ∧yFyb, ∧zFzb
   Fab
e. Fab
   ∨xFax, ∨yFay, ∨zFaz
f. Fab
   ∨xFxb, ∨yFyb, ∨zFzb
g. Fba
   ∨xFbx, ∨yFby, ∨zFbz
h. Fba
   ∨xFxa, ∨yFya, ∨zFza
i. ∧xFxb   ∧xFxb   ∧xFxb
   Fab   oder Fbb   oder   Fab   usw.
   ∨xFxb   ∨xFxb   ∨yFyb
j. ∧xFax   ∧xFax   ∧yFay
   Fab   oder Fab   oder   Fab   usw.
   ∨xFxb   ∨yFyb   ∨xFxb
k. ∧xFbx oder ∧yFby   oder   ∧zFbz
   Fbb   Fbb   Fbb
l. ∧xFxb oder ∧yFyb   oder   ∧zFzb
   Fbb   Fbb   Fbb
m. ∧xFxa oder ∧yFya   oder   ∧zFza   usw.
   Faa   Faa   Faa
   ∨xFax   ∨xFax   ∨yFay

2. Falsch ganz links: Der Quantor ist geblieben und »x« nicht überall ersetzt. Ganz rechts: »Fcbc« nicht aus »Fxxx« zu bilden.

∧xFxax	∧xFxax	∧xFxax	Fbbb	Fcbc
∧xFxaa ☐	Faaa ☒	Fbab ☒	∨xFxbx ☒	∨xFxxx ☐

3.

∧xFax	∧xFax	∧xFax	∧xFxx
Faa	**Faa, Fab**	**Faa**	**Faa**
∨xFxx	∨yFay	∨yFya	∨yFay

2.9 Freie und gebundene Individuenvariable

Ein Prädikat ist ein Ausdruck, aus dem man durch Einsetzen von Individuennamen für Individuenvariable einen Satz bilden kann. Prädikate müssen also Individuenvariable enthalten. Aber nicht jeder Ausdruck, der Individuenvariable enthält, ist ein Prädikat:

$\wedge$ x (x liebt a) $\qquad$ $\vee$ y (a liebt y)
Alle lieben a $\qquad\qquad$ a liebt jemanden

Das sind keine Prädikate, sondern Sätze. Sätze sind wahr oder falsch, stimmen oder stimmen nicht, treffen zu oder nicht. Prädikate dagegen treffen nicht einfach zu oder nicht, sondern treffen *auf* eines oder mehrere Individuen zu oder nicht.

Das *Prädikat* »x liebt y« trifft auf a und b zu, wenn
 der *Satz* »a liebt b« wahr ist;
das *Prädikat* »x ist schön« trifft auf a zu, wenn
 der *Satz* »a ist schön« wahr ist;
das *Prädikat* »x liebt a« trifft auf b zu, wenn
 der *Satz* »b liebt a« wahr ist.

»$\wedge$ x (x liebt a)« und »$\vee$ y (a liebt y)« sind bereits Sätze. Für die Variablen kann man also nichts mehr einsetzen. Sie ist nicht mehr »frei«, sondern durch den Quantor »gebunden«. Damit ein Ausdruck ein Prädikat ist, muß er freie Variable enthalten.

Den Satz »$\wedge$ x (x liebt a)« kann man auf zweierlei Weise herstellen:

$\qquad\qquad\qquad$ x liebt y $\qquad\qquad\qquad\qquad$ x liebt y
»a« für »y«: $\quad$ x liebt a $\qquad$ »x« gebunden: $\;\wedge$ x (x liebt y)
»x« gebunden: $\wedge$ x (x liebt a) $\qquad$ »a« für »y«: $\quad\wedge$ x (x liebt a)

Links entsteht aus dem zweistelligen ein einstelliges Prädikat und aus dem einstelligen Prädikat ein Satz. Auch rechts entsteht in der zweiten Zeile ein einstelliges Prädikat; denn man kann für die Variable »y« einen Individuennamen einsetzen, z. B. »a«, und ein Satz entsteht. Das Prädikat »x liebt a« oder ausführlicher, »... liebt a« könnte man paraphrasieren »... ist ein a-Liebhaber«. Es trifft auf alle zu, die a lieben. Das Prädikat »$\wedge$ x (x liebt y)«, oder ausführlicher, »Alle lieben ...«, könnte man paraphrasieren »... ist allseits beliebt«; es trifft auf alle zu, die von allen geliebt werden.

Allerdings haben wir gemogelt; »$\wedge$ x (x liebt y)« haben wir einfach mit »Alle lieben y« übersetzt. Das ist eine Mogelei, weil wir den Quantor »$\wedge$ x« bisher nur für Ausdrücke der Form »$\wedge$ x Fx« normiert haben, in denen ein einstelliges Prädikat übrigbleibt, wenn man den Quantor wegläßt. Das läßt sich durch eine einfache Bestimmung nachholen:

Ein Prädikat der Form $\quad$ »$\wedge$ x Fxy« trifft auf a zu, wenn
 der Satz $\qquad\qquad\qquad$ »$\wedge$ x Fxa« wahr ist;

| ein Prädikat der Form | »∨ x Fxy« trifft auf a zu, wenn |
| der Satz | »∨ x Fxa« wahr ist. |

Dabei ist »a« ein beliebiger Individuenname. Was es heißt, daß die Sätze »∧ x Fxa« und »∨ x Fxa« wahr sind, wissen wir von unserer ursprünglichen Normierung der Quantoren. Wir können die neue Bestimmung sehr einfach auch auf mehrstellige Prädikate mit Quantoren erweitern:

Ein Prädikat der Form	»∧ x Fxyz« trifft auf a und b zu, wenn
der Satz	»∧ x Fxab« wahr ist;
ein Prädikat der Form	»∨ x Fzyxu« trifft auf a, b und c zu, wenn
der Satz	»∨ x Fabxc« wahr ist.

Und so weiter.

Für die Bildung von Sätzen aus solchen Prädikaten gelten dieselben Regeln wie bisher; nur müssen wir beachten: Für gebundene Variable kann man nichts einsetzen. (Welche Variable gebunden ist, sieht man daraus, daß sie im Quantor vorkommt.) Also:

Wenn man aus einem Prädikat durch Einsetzen von Individuennamen einen Satz bildet,
- kommt man notfalls mit einem Individuennamen aus; denn man darf für verschiedene freie Variable denselben Individuennamen einsetzen; und
- kann man höchstens so viele verschiedene Individuennamen benutzen, wie das Prädikat verschiedene freie Variable enthält; denn für gleiche (freie) Variable muß man gleiche Individuennamen einsetzen. Z. B.:

| ∧ x Fxyzyd | »y« und »z« sind frei. |

Korrekt sind die Einsetzungen:

| ∧ x Fxabad | »a« für »y«, »b« für »z«. |
| ∧ x Fxaaad | »a« für »y« und für »z«. |

Inkorrekt wären die Einsetzungen:

∧ x Fabcbd	»x« ist gebunden! Hier ist nichts einzusetzen.
∧ x Fxabac	»d« ist keine Variable, also dort nicht einsetzen.
∧ x Fxabcd	»a« für das erste »y«, also auch »a« und nicht »c« für das zweite »y«!

Übungen

1. Ergänzen Sie die Sätze.
   a. Ein Prädikat ist ein Ausdruck, aus dem man durch Einsetzen von .... einen .... bilden kann.
   b. Prädikate enthalten Variable. Einsetzen kann man nur für die Variablen, die .... sind, nicht für die, die .... sind.
   c. Steht vor einem Prädikat ein Quantor mit einer bestimmten Variablen, so ist diese Variable im Prädikat ....; andernfalls ist sie .....
   d. Für verschiedene Variable darf man .... Individuennamen einsetzen. Für gleiche Variable muß man .... Individuennamen einsetzen.
   e. Ein Prädikat hat so viele Stellen, wie es .... Variable enthält.

2. Ergänzen Sie die Sätze.
   a. Das Prädikat »Fx« trifft auf a zu, wenn der Satz »..« wahr ist.
   b. Das Prädikat »Fxy« trifft auf a und b zu, wenn der Satz »...« wahr ist.
   c. Das Prädikat »Fxyc« trifft auf a und b zu, wenn der Satz »....« wahr ist.
   d. Das Prädikat »Fxby« trifft auf a und c zu, wenn ....
   e. Das Prädikat »∧x Fxy« trifft auf a zu, wenn ... .
   f. Das Prädikat »∨y Fayx« trifft auf b zu, wenn ... .

3. Notieren Sie neben jedem Ausdruck im ersten Lösungsfeld alle Variablen, die in ihm frei vorkommen. Schreiben Sie in das zweite Feld ein »P«, wenn es sich um ein Prädikat handelt, ein »S«, wenn es sich um einen Satz handelt. Geben Sie im dritten Feld die Stellenzahl an (bei Sätzen schreiben Sie »0«).

x ist schön		
x ist schöner als y		
a ist stärker als y und z		
∧x (x ist stärker als a)		
∨x (x ist schöner als y)		
∨y (x ist schöner als y und z)		
∧y (x ist schöner als y)		
∨y (y liegt zwischen a und b)		

Lösungen

1.
 a. Ein Prädikat ist ein Ausdruck, aus dem man durch Einsetzen von **Individuennamen** einen **Satz** bilden kann.
 b. Prädikate enthalten Variable. Einsetzen kann man nur für die Variablen, die **frei** sind, nicht für die, die **gebunden** sind.
 c. Steht vor einem Prädikat ein Quantor mit einer bestimmten Variablen, so ist diese Variable im Prädikat **gebunden**; andernfalls ist sie **frei**.
 d. Für verschiedene Variable darf man **verschiedene** Individuennamen einsetzen. Für gleiche Variable muß man **gleiche** Individuennamen einsetzen.
 e. Ein Prädikat hat so viele Stellen, wie es **verschiedene freie** Variable enthält.

2.
 a. Das Prädikat »Fx« trifft auf a zu, wenn der Satz »**Fa**« wahr ist.
 b. Das Prädikat »Fxy« trifft auf a und b zu, wenn der Satz »**Fab**« wahr ist.
 c. Das Prädikat »Fxyc« trifft auf a und b zu, wenn der Satz »**Fabc**« wahr ist.
 d. Das Prädikat »Fxby« trifft auf a und c zu, wenn **der Satz** »**Fabc« wahr ist.**
 e. Das Prädikat »∧ x Fxy« trifft auf a zu, wenn **der Satz** »**∧ x Fxa« wahr ist.**
 f. Das Prädikat »∨ y Fayx« trifft auf b zu, wenn **der Satz** »**∨ y Fayb« wahr ist.**

3.

x	P	1
x, y	P	2
y, z	P	2
	S	0
y	P	1
x, z	P	2
x	P	1
	S	0

2.10 Mehrere Quantoren

Wie wir wissen, gibt es zwei Möglichkeiten, aus Prädikaten Sätze zu machen: Man kann für freie Variable Individuennamen einsetzen, und man kann freie Variable durch Quantoren binden.

>x ist schön< >x ist schön<
a ist schön ∨x(x ist schön) ∧x(x ist schön)

Das gilt auch für Prädikate, die schon Quantoren enthalten:

∧y(x liebt y)   ∧y(x liebt y)
∧y(a liebt y)   ∨x[∧y(x liebt y)]   ∧x[∧y(x liebt y)]

Ausdrücke, in denen mehrere Quantoren vorkommen, sehen komplizierter aus, als sie sind. Zunächst: Wie liest man sie?

∨x	[∧y	(x liebt y)]
Für mindestens ein x gilt, daß	für alle y gilt:	x liebt y
Es gibt x, für die gilt, daß	für alle y gilt:	x liebt y
Es gibt x, so daß gilt:	Für alle y gilt:	x liebt y
Es gibt x, so daß	für alle y gilt:	x liebt y

Und umgekehrt:

∧y   [∨x   (x liebt y)]
Für alle y gibt es x, so daß gilt: x liebt y

Noch einfacher bei gleichartigen Quantoren:

∧x   [∧y   (x liebt y)]
Für alle x und y gilt: x liebt y
∨x   [∨y   (x liebt y)]
Es gibt x und y, so daß gilt: x liebt y

Wichtiger ist: Welche Bedeutung haben solche Sätze? Das ergibt sich aus der Normierung der Quantoren. »∧xFx« besagt, daß jede Einsetzung eines Individuennamens in »Fx« einen wahren Satz ergibt, also:

Fa   und Fb   und Fc   und...

Nicht anders für »∧x[∨yFxy)]«:

∨yFay   und ∨yFby   und ∨yFcy   und...

Was heißt also »∧x[∨y(x liebt y)]«?

∨y(a liebt y)   und ∨y(b liebt y)   und ∨y(c liebt y)   und...
a liebt jemanden und b liebt jemanden und c liebt jemanden und...

Kurz: Alle lieben jemanden.

»∨xFx« besagt, daß mindestens eine Einsetzung eines Individuennamens in »Fx« einen wahren Satz ergibt, also:

Fa   oder Fb   oder Fc   oder...

Nicht anders für »∨x[∧yFxy]«:

∧yFay   oder ∧yFby   oder ∧yFcy   oder...

Was heißt also »∨x [∧y (x liebt y)]«?

∧y (a liebt y)   oder ∧y (b liebt y)   oder ∧y (c liebt y)   oder ...
a liebt alle   oder b liebt alle   oder c liebt alle   oder ...

Kurz: Jemand liebt alle.

Sätze, die mit dem Allquantor anfangen, haben die Bedeutung einer endlosen »und«-Reihe.

Sätze, die mit dem Existenzquantor anfangen, haben die Bedeutung einer endlosen »oder«-Reihe.

Genauso können wir »∧x [∧y (x liebt y)]« auflösen:

∧y (a liebt y)   und ∧y (b liebt y)   und ∧y (c liebt y)   und ...
a liebt alle   und b liebt alle   und c liebt alle   und ...

Kurz: Jeder liebt alle; oder alle lieben alle.

Und »∨x [∨y (x liebt y)]«:

∨y (a liebt y)   oder ∨y (b liebt y)   oder ∨y (c liebt y)   oder ...
a liebt jemanden od. b liebt jemanden od. c liebt jemanden od. ...

Kurz: Es gibt einen, der jemanden liebt; jemand liebt jemanden.

Man muß beim Lesen sehr genau auf die Reihenfolge der Variablen achten. Einerseits:

∧x [∨y (x liebt y)]

∨y (a liebt y)   und ∨y (b liebt y)   und ∨y (c liebt y)   und ...
a liebt jemanden und b liebt jemanden und c liebt jemanden und ...

Also: Alle lieben jemanden. Dagegen:

∧x [∨y (y liebt x)]

∨y (y liebt a)   und ∨y (y liebt b)   und ∨y (y liebt y)   und ...
jemand liebt a   und jemand liebt b   und jemand liebt c   und ...

Also: Jeden liebt jemand; alle liebt einer.

Für dieses Lesen gibt es einen Trick. In »x liebt y« bezeichnet »x« eine Stelle, wo ein Nominativ einzusetzen ist; bei »y« ist ein Akkusativ einzusetzen. In »x vergibt y« ist für »x« ein Nominativ und für »y« z. B. ein Dativ einzusetzen. Man liest nun den ersten Quantor zuerst, und zwar in dem Fall, der bei der zugehörigen Variablen einzusetzen ist:

∧x [∨y (x liebt y)]   ∧x [∨y (y liebt x)]

Nominativ Akkusativ   Akkusativ Nominativ
| | | |
Jeder liebt jemanden.   Jeden liebt jemand.

Genauso:

∧y [∧x (x vergibt y)]   ∨y [∨x (y vergibt x)]

Dativ   Nominativ   Nominativ Dativ
| | | |
Jedem vergibt jeder   Jemand vergibt jemandem

Übungen

1. Kreuzen Sie alle Sätze an, die man durch Binden einer freien Variablen aus den Prädikaten bilden kann.

   a. [∨y Hxyx] ∧x[∨y Hxyx]   ☐
   　　　　　　　 ∨x[∨y Hxyx]   ☐
   　　　　　　　 ∧y[∨y Hxyx]   ☐

   b. [∧x Faxy] ∧y[∧x Faxy]   ☐
   　　　　　　　 ∨x[∧x Faxy]   ☐
   　　　　　　　 ∨y[∧x Faxy]   ☐

   c. [∧y Gxy]   ∧x[∧y Gxy]   ☐
   　　　　　　　 ∧y[∧x Gxy]   ☐

2. Ergänzen Sie.
   a. Sätze, die mit einem Allquantor anfangen, haben die Bedeutung einer endlosen »...«-Reihe.
   b. Sätze, die mit einem Existenzquantor anfangen, haben die Bedeutung einer endlosen ».....«-Reihe.

3. Ergänzen Sie.
   a. »∨x[∧y(x haßt y)]« hat die Bedeutung
      a haßt alle .... b haßt alle .... c haßt alle ....
   b. »∧y[∨x(y haßt x)]« hat die Bedeutung
      a haßt jemanden ... b haßt jemanden ... c haßt jemanden ...

4. Vervollständigen Sie mit den Wörtern »jeder« und »jemand«:

   ∧y[∨x(x vertraut auf y)]　　　∧y[∨x(y vertraut auf x)]

   Akkusativ　　Nominativ　　Nominativ　　Akkusativ
   　│　　　　　　│　　　　　　│　　　　　　│
   Auf ..... vertraut ......　　..... vertraut auf ....

5. Lesen Sie mit »jeder« und »jemand« die folgenden Sätze. Sie werden zu jedem Satz einen finden, der dieselbe Bedeutung hat; schreiben Sie dessen Buchstaben in das Lösungsfeld. (Wenn z. B. Satz a dieselbe Bedeutung hat wie Satz d, dann notieren sie »d« im Lösungsfeld von a und »a« im Lösungsfeld von d.)

   a. ∧x[∨y(x schmeichelt y)]   ☐
   b. ∧y[∨x(y schmeichelt x)]   ☐
   c. ∨x[∧y(x schmeichelt y)]   ☐
   d. ∨y[∧x(y schmeichelt x)]   ☐
   e. ∧y[∨x(x schmeichelt y)]   ☐
   f. ∧x[∨y(y schmeichelt x)]   ☐
   g. ∨y[∧x(x schmeichelt y)]   ☐
   h. ∨x[∧y(y schmeichelt x)]   ☐

Lösungen

1.

- [×] [×] [ ] a. »x« ist frei und kann daher durch »∧x« oder »∨x« gebunden werden. »y« ist bereits durch »∨y« gebunden, also nicht mehr frei.

- [×] [ ] [×] b. »y« ist frei und kann daher durch »∧y« oder »∨y« gebunden werden. »x« ist bereits durch »∧x« gebunden, also nicht mehr frei.

- [×] [ ] c. Der erste Satz wird durch Bindung des freien »x« gebildet. Der zweite Satz benutzt ein anderes Prädikat.

2.
  a. Sätze, die mit einem Allquantor anfangen, haben die Bedeutung einer endlosen »**und**«-Reihe.
  b. Sätze, die mit einem Existenzquantor anfangen, haben die Bedeutung einer endlosen »**oder**«-Reihe.

3.
a.
a haßt alle **oder** b haßt alle **oder** c haßt alle **oder** ...
b.
a haßt jemanden **und** b haßt jemanden **und** c haßt jemanden **und** ...

4.

Auf **jeden** vertraut **jemand**   **Jeder** vertraut auf **jemanden**

5. Die festzustellenden Bedeutungsgleichheiten zeigen anschaulich: Die Funktion der unterschiedlichen Variablen erschöpft sich in der Angabe, für welche Leerstelle im Prädikat welcher Quantor zuständig ist. Gleichbedeutend sind nämlich immer diejenigen Sätze, die sich nur dadurch unterscheiden, daß an allen Stellen »x« durch »y« und an allen Stellen »y« durch »x« ersetzt ist.

b	a. Jeder schmeichelt jemandem
a	b. Jeder schmeichelt jemandem
d	c. Jemand schmeichelt jedem
c	d. Jemand schmeichelt jedem
f	e. Jedem schmeichelt jemand
e	f. Jedem schmeichelt jemand
h	g. Jemandem schmeichelt jeder
g	h. Jemandem schmeichelt jeder

2.11 Regel der Existenz-Beseitigung

Wenn die Prämissen besagen oder wenn aus ihnen folgt, daß ein Prädikat auf mindestens ein Individuum zutrifft, dann darf man einem dieser unbekannten Individuen einen vorläufigen Namen geben. Eine wichtige Vorsichtsmaßnahme: Man kennzeichnet den Namen als vorläufig, etwa durch einen Stern: »a*«, «b*« usw. Es wird dann angenommen, daß von a* bzw. b* nichts weiter bekannt ist, als daß es eines von den Individuen ist, auf die das fragliche Prädikat zutrifft. Ein Beispiel:

1	$\vee x[\wedge y(x \text{ liebt } y)]$	Es gibt einen, der alle liebt
2	$\wedge y(a^* \text{ liebt } y)$	a* sei so einer, der alle liebt
3	a* liebt a	Dann liebt a* auch a

Bei dieser Zeile dürfen wir allerdings nicht stehen bleiben; wir müssen ausdrücklich kenntlich machen, daß wir von a* nichts weiter wissen, als daß a* eines von den Individuen ist, die alle und darum auch b lieben:

4	$\vee x(x \text{ liebt } a)$	Also liebt jemand a

Für den Übergang von Zeile 2 zu 3 haben wir die uns schon bekannte Regel der All-Beseitigung angewandt, von 3 nach 4 die Existenz-Einführung. Die von 1 nach 2 benutzte Regel heißt kurz »Existenz-Beseitigung«, abgekürzt $\vee$B, weil der Existenzquantor für ein paar Zeilen verschwindet.

Übungen

1. Ergänzen Sie links die formalen Zeilen.

1		Es gibt einen, der allen vertraut
2		a* sei so einer, der allen vertraut
3		Dann vertraut a* auch b
4		Jemandem vertraut a* also
5		Also vertraut jemand jemandem

2. Ergänzen Sie rechts die sprachlichen Zeilen.

1	$\vee x[\wedge y(x \text{ glaubt } y)]$	
2	$\wedge y(a^* \text{ glaubt } y)$	
2	a* glaubt a*	
4	$\vee x(x \text{ glaubt } x)$	

3. Ergänzen Sie links die formalen Zeilen

1		Jemand vertraut sich selbst
2		a* sei so einer, der sich vertraut
3		Jemand vertraut also a*
4		Also vertraut jemand jemandem

Zusatzübungen

Wenn ein Satz mit zwei Existenzquantoren anfängt, kann man sie vertauschen: »∨x[∨yFxy]« ist gleichbedeutend mit »∨y[∨xFxy]«. Zeigen Sie das auf zwei Arten.
1. Schreiben Sie mit den Individuennamen »a«, »b« und »c« sowie mit »x untersteht y« für »Fxy« jeweils den Anfang der endlosen »oder«-Reihe für beide Sätze hin und vergleichen Sie beide Reihen. Lesen Sie außerdem die beiden Sätze umgangssprachlich.
2. Aus »∨x[∨yFxy]« kann man »∨y[∨xFxy]« mit Hilfe unserer Regeln schließen, und umgekehrt. Ergänzen Sie die sprachlichen bzw. formalen Zeilen.

```
1   ∨x[∨y(x untersteht y)]
2     ∨y(a* untersteht y)
3       a* untersteht b*
4     ∨x(x untersteht b*)
5   ∨y[∨x(x untersteht y)]
```

1	Jemandem untersteht jemand
2	a* sei einer, dem jemand untersteht
3	b* sei so einer, der a* untersteht
4	Dann untersteht b* jemandem
5	Also untersteht jemand jemandem

Lösungen

1.
```
1   ∨x[∧y(x vertraut y)]
2     ∧y(a* vertraut y)
3       a* vertraut b
4     ∨x(a* vertraut x)        oder    ∨y(a* vertraut y)
5   ∨y[∨x(y vertraut x)]              ∨x[∨y(x vertraut y)]
```
Zeile 5 links (rechts) nur aus Zeile 4 links (rechts)!

2.
1	Es gibt einen, der allen glaubt
2	a* sei einer, der allen glaubt
3	Also glaubt a* auch sich selbst
4	Jemand glaubt sich also

3.
```
1   ∨x(x vertraut x)
2     a* vertraut a*
3   ∨x(x vertraut a*)          oder    ∨y(y vertraut a*)
4   ∨y[∨x(x vertraut y)]              ∨x[∨y(y vertraut x)]
```

2.12 Regel der All-Einführung

Hat man allein auf Grund der Prämissen zeigen können, daß ein Prädikat auf ein ganz beliebig gewähltes Individuum a zutrifft, dann hätte man das auch für jedes andere Individuum zeigen können. Man hat also den Beweis für a stellvertretend für alle Individuen geführt. Damit hat man bewiesen, daß das Prädikat auf alle Individuen zutrifft. Ein Beispiel:

1	∧x [∧y(x braucht y)]	Jeder braucht jeden
2	∧y(a braucht y)	Dann braucht auch a jeden
3	a braucht a	Also braucht a sich selbst

Jetzt müssen wir uns fragen: Ist das eine Besonderheit von a, oder könnten wir auf Zeile 3 auch für jedes andere Individuum schließen? Offenbar wäre das möglich; wir brauchten dazu beim Übergang von 1 zu 2 nur einen anderen Individuennamen einzusetzen. Die bei diesem Übergang angewandte Regel der All-Beseitigung ist ja für beliebige Individuennamen anwendbar. (Was für alle gilt, gilt für jeden einzelnen.) Wir haben Zeile 3 also zwar nur für a bewiesen, aber stellvertretend für alle. Wir können also den Allquantor einführen (daher »All-Einführung«, abgekürzt ∧E):

| 4 | ∧x(x braucht x) | Da das an a stellvertretend für alle Individuen gezeigt ist, brauchen alle sich. |

Übungen

1. Ergänzen Sie links die formalen Zeilen.

1		Jeder vertraut jedem
2		Also vertraut a jedem
3		Dann vertraut a auch b
4		Also vertraut a jemandem
5		Das ist an a stellvertretend für alle gezeigt; jeder vertraut also jemandem

2. Ergänzen Sie rechts die sprachlichen Zeilen.

1	∧x(x ähnelt x)	
2	a ähnelt a	
3	∨x(x ähnelt a)	
4	∧y [∨x(x ähnelt y)]	

Zusatzübung

Wenn ein Satz mit zwei Allquantoren anfängt, kann man sie vertauschen: »∧x[∧yFxy]« ist gleichbedeutend mit »∧y[∧xFxy]«. Zeigen Sie das auf zwei Arten.
1. Schreiben Sie mit den Individuennamen »a«, »b« und »c« für die Sätze »∧x[∧y(x ist mit y befreundet)]« und »∧y[∧x(x ist mit y befreundet)]« jeweils den Anfang der endlosen »und«-Reihe hin und vergleichen Sie die beiden Reihen. Lesen Sie außerdem beide Sätze umgangssprachlich.
2. Man kann mit Hilfe unserer Regel jeweils aus dem einen Satz auf den anderen schließen. Ergänzen Sie die sprachlichen und formalen Zeilen.

```
1   ∧x[∧y(x ist mit y befreundet)]
2      ∧y(a ist mit y befreundet)
3          a ist mit b befreundet
4      ∧x(x ist mit b befreundet)
5   ∧y[∧x(x ist mit y befreundet)]
```

1
2
3
4   Statt für a hätte man für jedes andere Individuum zeigen können, daß b mit ihm befreundet ist; b ist also mit jedem befreundet.
5   Und statt für b läßt sich das für jedes Individuum zeigen; jeder ist also mit jedem befreundet.

Lösungen

1.

1	∧x[∧y(x vertraut y)]	oder	∧y[∧x(y vertraut x)]
2	∧y(a vertraut y)		∧x(a vertraut x)
3	a vertraut b		a vertraut b
4	∨x(a vertraut x)	oder	∨y(a vertraut y)
5	∧y[∨x(y vertraut x)]		∧x[∨y(x vertraut y)]

2.
1   Alle ähneln sich
2   Also ähnelt a sich
3   Jemand ähnelt also a
4   Das ist an a stellvertretend für alle gezeigt: Allen ähnelt also jemand

2.13 Schlußketten mit den vier quantorenlogischen Regeln

Übungen

1. Schreiben Sie neben jede Zeile 2, 3, 4, 5 der folgenden Schlußketten, welche Regel es erlaubt, sie unter die vorangehende Zeile zu schreiben, wie in dem Beispiel a.:

a. 1 ∨x [∧y Rxy]
    2   ∧y Ra*y   ∨ B
    3   Ra*a*   ∧ B
    4 ∨x Rxx   ∨ E

b. 1 ∧x [∧y Rxy]
    2   ∧y Ray
    3   Raa
    4 ∧x Rxx

c. 1 ∧x Rxx
    2   Raa
    3 ∨y Ray
    4 ∧x [∨y Rxy]

d. 1 ∨x [∧y Ryx]
    2   ∧y Rya*
    3   Raa*
    4 ∨x Rax
    5 ∧y [∨x Ryx]

e. 1 ∧x [∧y Raxy]
    2   ∧y Raby
    3   Rabc
    4 ∨x Rxbc
    5 ∧y [∨x Rxyc]

f. 1 ∨x [∧y Rxay]
    2   ∧y Ra*ay
    3   Ra*ab
    4 ∨x Rxab
    5 ∧y [∨x Rxay]

g. 1 ∧x [∧y Raxyb]
    2   ∧y Raayb
    3   Raabb
    4 ∨y Raaby
    5 ∨x [∨y Rxaby]

2. Ergänzen Sie die fehlenden Zeilen der Schlußketten sowie neben jeder Zeile 2, 3, 4, 5 die Angabe der Regel, welche erlaubt, die Zeile unter die vorangehende zu setzen.

a. 1 ∧x Fx
    2
    3 ∨x Fx

b. 1 ∧x [∧y Rxy]
    2
    3 ∨x [∧y Rxy]

c. 1 ∧x [∨y Rxy]
    2
    3 ∨x [∨y Rxy]

d. 1 ∧y [∧x Rxy]
    2
    3
    4 ∨x Rxx

e. 1 ∧y Ryy
    2
    3
    4 ∨y [∨x Rxy]

f. 1 ∨x Rxx
    2
    3
    4 ∨y [∨x Rxy]

g. 1 ∨y [∧x Rxy]
    2
    3
    4
    5 ∨y [∨x Rxy]

Lösungen

1.

b.
1. ⋀x[⋀yRxy]
2.   ⋀yRay   **⋀B**
3.   Raa   **⋀B**
4. ⋀xRxx   **⋀E**

c.
1. ⋀xRxx
2.   Raa   **⋀B**
3.   ⋁yRay   **⋁E**
4. ⋀x[⋁yRxy]   **⋀E**

d.
1. ⋁x[⋀yRyx]
2.   ⋀yRya*   **⋁B**
3.   Raa*   **⋀B**
4.   ⋁xRax   **⋁E**
5. ⋀y[⋁xRyx]   **⋀E**

e.
1. ⋀x[⋀yRaxy]
2.   ⋀yRaby   **⋀B**
3.   Rabc   **⋀B**
4.   ⋁xRxbc   **⋁E**
5. ⋀y[⋁xRxyc]   **⋀E**

f.
1. ⋁x[⋀yRxay]
2.   ⋀yRa*ay   **⋁B**
3.   Ra*ab   **⋀B**
4.   ⋁xRxab   **⋁E**
5. ⋀y[⋁xRxay]   **⋀E**

g.
1. ⋀x[⋀yRaxyb]
2.   ⋀yRaayb   **⋀B**
3.   Raabb   **⋀B**
4.   ⋁yRaaby   **⋁E**
5. ⋁x[⋁yRxaby]   **⋁E**

2.

a.
1. ⋀xFx
2.   **Fa**   **⋀B**
3. ⋁xFx   **⋁E**

b.
1. ⋀x[⋀yRxy]
2.   **⋀yRay**   **⋀B**
3. ⋁x[⋀yRxy]   **⋁E**

c.
1. ⋀x[⋁yRxy]
2.   **⋁yRay**   **⋀B**
3. ⋁x[⋁yRxy]   **⋁E**

d.
1. ⋀y[⋀xRxy]
2.   **⋀xRxa**   **⋀B**
3.   **Raa**   **⋀B**
4.   ⋁xRxx   **⋁E**

e.
1. ⋀yRyy
2.   **Raa**   **⋀B**
3.   **⋁xRxa**   **⋁E**
4. ⋁y[⋁xRxy]   **⋁E**

f.
1. ⋁xRxx
2.   **Ra*a***   **⋁B**
3.   **⋁xRxa***   **⋁E**
4. ⋁y[⋁xRxy]   **⋁E**

g.
1. ⋁y[⋀xRxy]
2.   **⋀xRxa***   **⋁B**
3.   **Raa***   **⋀B**
4.   **⋁xRxa***   **⋁E**
5. ⋁y[⋁xRxy]   **⋁E**

2.14 Vorsicht bei Existenz-Beseitigung und All-Einführung!

Der Witz der Regel der Existenz-Beseitigung ist, daß man über ein unbekanntes Individuum (von dessen Existenz man weiß) mit einem vorläufigen Namen spricht und streng darauf achtet, nicht mehr von diesem unbekannten Wesen anzunehmen, als was man wirklich darüber weiß. Daß der Name vorläufig ist, bedeutet, daß er verschwinden muß; eine Schlußkette kann also nie mit einer Zeile aufhören, in der solch ein Name vorkommt. Eine einfache Vorsichtsmaßnahme genügt: Individuennamen wie »a*« dürfen nicht in der letzten Zeile einer Schlußkette, also der Konklusion, vorkommen. Etwas delikater ist die Aufgabe, das Einschmuggeln zusätzlicher Voraussetzungen über a* zu vermeiden. Ein Beispiel:

1	∨x [∨y(x ist älter als y)]	Einer ist älter als jemand
2	∨y(a* ist älter als y)	Älter als jemand sei etwa a*
3	a* ist älter als a*	Es sei etwa a* älter als a*
4	∨x(x ist älter als x)	Jemand ist älter als er selbst

Diese Schlußkette kann nicht gültig sein; denn die Prämisse ist wahr, die Konklusion aber falsch. Der Fehler: In Zeile 3 nehmen wir von unserem unbekannten Individuum nicht nur an, daß es jünger als a* ist – nur das wissen wir aus Zeile 2! –, sondern darüber hinaus, daß es jünger als es selbst ist, weil wir ihm denselben Namen »a*« geben. So etwas kann man auch durch eine Vorsichtsmaßnahme vermeiden: vorläufige Namen dürfen durch die Regel der Existenz-Beseitigung nur einmal eingeführt werden.

Bei der Anwendung der Regel der All-Einführung kommt es darauf an, sicherzustellen, daß der Beweis, der für das betreffende Individuum geführt worden ist, auch wirklich für jedes andere Individuum geführt werden könnte. Ein Beispiel:

1	∧x(x ähnelt x)	Jeder ähnelt sich
2	a ähnelt a	Also ähnelt a sich
3	∧y(a ähnelt y)	a ähnelt allen

Die Schlußkette ist nicht gültig; denn sie führt von einer wahren Prämisse zu einer Konklusion, die durchaus falsch sein kann. Der Fehler kann nur im Übergang von 2 auf 3 stecken. Hätten wir 2 für jedes beliebige Individuum beweisen können? Offensichtlich ja; wir hätten statt »a ähnelt a« beweisen können »b ähnelt b«, »c ähnelt c«, usw. Von diesem Ergebnis macht aber die Zeile 3 nicht Gebrauch. Sie tut vielmehr so, als hätten wir in 2 statt »a ähnelt a« auch beweisen können »a ähnelt b«, »a ähnelt c« usw.; und das stimmt gerade nicht, weil aus dem Prädikat »x ähnelt x« in Zeile 1 ein Satz wie »a ähnelt b« nicht gebildet werden kann. (Für gleiche Variable sind immer gleiche Individuennamen einzusetzen!) Auch gegen solche Fehler gibt es eine Vorsichtsmaßnahme: Bei der All-Einführung verschwindet immer ein Individuenname (hier: »a«); er darf nicht an einer anderen Stelle in derselben Zeile übrigbleiben.

Leichter erkennbar ist der Fehler in dem Beispiel:

| 1 | a ist schön | a ist schön |
| 2 | $\wedge$x(x ist schön) | Alle sind schön |

Zeile 1 können wir nicht für beliebige Individuen beweisen; sie ist vielmehr eine ganz spezielle Annahme über a. Vorsichtsmaßnahme: Der durch die All-Einführung verschwindende Individuenname darf nicht in der Prämisse stehen.

Zusatzübung

Gegen welche Vorsichtsmaßnahmen verstoßen die fehlerhaften Schlußketten aus den Übungen?

Übungen

Kreuzen Sie die beste Antwort an.
1. Die Schlußkette ist inkorrekt,
   1 ∧y [∨x Fxy]
   2   ∨x Fxa
   3   Fb*a
   – weil angenommen wird, daß man eines von den Individuen kennt, deren Existenz behauptet wird.
   – weil die Schlußzeile höchstens als Hilfszeile mitten in einer Schlußkette vorkommen dürfte, nicht aber am Ende.
2. Die Schlußkette ist inkorrekt,
   1 ∧y [∨x Fxy]
   2   ∨x Fxa
   3   Fba
   – weil angenommen wird, daß man eines von den Individuen kennt, deren bloße Existenz behauptet wird.
   – weil b keines von den Individuen ist, die zu a in der Beziehung F stehen.
3. Die Schlußkette ist inkorrekt,
   1 ∨x [∨y Fxy]
   2   ∨y Fa*y
   3   Fa*a*
   4 ∨x Fxx
   – weil beim Übergang von Zeile 2 zu Zeile 3 nicht bloß angenommen wird, daß a* zu irgendeinem unbekannten Individuum in der Beziehung F steht, sondern ausgerechnet zu sich.
   – weil angenommen wird, daß man die Individuen kennt, während von ihnen bloß behauptet wird, daß es sie gibt.
4. Der Schritt von der zweiten zur dritten Zeile ist inkorrekt,
   1   Fab
   2   ∨x Fax
   3 ∧y [∨x Fyx]
   – weil an einem einzigen Beispiel nichts stellvertretend für alle Individuen bewiesen werden kann.
   – weil über a die besondere Annahme in Zeile 1 gemacht worden ist, Zeile 2 also nicht am Beispiel a stellvertretend für alle bewiesen worden ist.
5. Der Schritt von Zeile 3 zu Zeile 4 ist inkorrekt,
   1 ∧x [∧y Fxxy]
   2   ∧y Faay
   3   Faab
   4   ∧x Faxb
   – weil so getan wird, als könnten wir statt Zeile 3 auch »Fabb«, »Facb«, »Fadb« usw. beweisen.
   – weil Zeile 3 gar nicht aus der Prämisse folgt.

Lösungen

1. »b*« ist ein Hilfsausdruck im Laufe einer Schlußkette; daß das Individuum bekannt wäre, wird gerade nicht behauptet.

2. »b« ist ein richtiger Individuenname; daß die in Zeile 2 für mindestens ein Individuum aufgestellte Behauptung ausgerechnet für b zutrifft, ist also ein Fehlschluß. Ob sie für b zutrifft oder nicht, ist für die Korrektheit des Schlusses irrelevant; deshalb ist die zweite Antwort falsch.

3. a* gilt als unbekanntes Individuum, von dem wir nur wissen, daß es zu irgendeinem unbekannten Individuum in der Beziehung F steht. Deshalb müssen wir in Zeile 3 »b*« sagen; daß a* und b* identisch sind, ist nicht ausgeschlossen, uns aber unbekannt.

4. Natürlich kann man an einem Beispiel etwas stellvertretend für alle beweisen; deshalb ist die erste Antwort falsch. Aber das Beispiel muß auch wirklich für alle stellvertretend stehen können, und das kann a nicht, weil a die besondere Eigenschaft aus Zeile 1 hat.

Natürlich folgt Zeile 3 aus der Prämisse! Aber Zeile 4 ist nur dann wahr, wenn »Faab«, »Fabb«, »Facb« usw. wahr sind; das also hätten wir alles in Zeile 3 zeigen können müssen, um auf 4 zu schließen.

5. Zeigen können wir in Zeile 3, je nach Zeile 2, aber nur Sätze, deren 1. und 2. Konstante gleich sind:

2	∧y Faay	2	∧y Fbby	2	∧y Fccy
3	Faaa	3	Fbba	3	Fcca
3	Faab	3	Fbbb	3	Fccb
3	Faac	3	Fbbc	3	Fccc
	usw.		usw.		usw.

102

2.15 Existenz-Beseitigung und All-Einführung: Endgültige Formulierung

Um die beiden Regeln mechanisch anwendbar zu machen, werden wir uns den Individuennamen, der bei der Existenz-Beseitigung dazukommt, und den, der bei der All-Einführung verschwindet, mit einem eigenen Kunstgriff merken: Wir schreiben ihn neben die Zeile, auf die wir mit der Regel übergehen. Also z. B.:

1	∨x Fxx		1	∧x [∧y Fxy]	
2	Fa*a*	a*	2	∧y Fay	
3	∨y Fa*y		3	Faa	
4	∨x [∨y Fxy]		4	∧x Fxx	a

Man nennt das »markieren«. »a*« ist also in der linken Schlußkette markiert, »a« in der rechten Schlußkette. Markiert wird nur in der Zeile, die dank einer der beiden Regeln entsteht. Außerdem schreiben wir in Klammern rechts neben den markierten Individuennamen alle Individuennamen, die in der betreffenden Zeile außerdem stehen:

1	∨x [∧y Gaxy]		1	∧x [∧y Fxy]	
2	∧y Gaa*y	a*(a)	2	∧y Fay	
3	Gaa*b		3	Fab	
4	∨x Gaxb		4	∧x Fxb	a(b)
5	∨y [∨x Gaxy]		5	∧y [∧x Fxy]	b

Links kommt in Zeile 2 »y« nicht in die Klammer und rechts in Zeile 5 »x« nicht, weil das keine Individuennamen, sondern Variable sind. Unsere Vorsichtsmaßnahmen lassen sich nun so zusammenfassen:

1. Jeder Individuenname, der durch die Regel der Existenz-Beseitigung auftritt oder durch die Regel der All-Einführung verschwindet, wird in der Zeile, die dank der betreffenden Regel entsteht, markiert; die in dieser Zeile sonst noch vorhandenen Individuennamen (einschließlich vorläufiger Individuennamen wie »a*«) werden in Klammern rechts daneben geschrieben.
2. Kein in der Schlußkette markierter Individuenname darf in einer Prämisse stehen.
3. Kein in der Schlußkette markierter Individuenname darf in der Konklusion stehen.
4. Kein Individuenname darf in der Schlußkette zweimal markiert werden.
5. Es muß möglich sein, aus den markierten Individuennamen und den in den Markierungszeilen in Klammern stehenden Individuennamen eine Kette zu bilden, in der jeder Individuenname nur einmal vorkommt und in der jeder markierte Individuenname weiter links steht als alle in seiner Markierungszeile in Klammern stehenden Individuennamen. (Die Kette darf keinen Ring bilden.)

Die letzte Bestimmung ist etwas kompliziert; ein Beispiel:

1	∧x[∧yFxy]		Die Kette ist »a–b«. Darin kommen beide markierten Individuennamen je einmal vor; die Individuennamen in Klammern (nur »b«) stehen rechts von den in der betreffenden Zeile markierten Individuennamen (»a«).
2	∧yFay		
3	Fab		
4	∧xFxb	a(b)	
5	∧y[∧xFxy]	b	

Im folgenden Beispiel ist die Forderung verletzt:

1	∧x[∨yFxy]		Ist »a*–a« die Kette, dann steht »a« aus Zeile 4 nicht links von »a*« aus Zeile 4; ist »a–a*« die Kette, dann steht »a*« aus Zeile 3 nicht links von »a« aus Zeile 3.
2	∨yFay		
3	Faa*	a*(a)	
4	∧xFxa*	a(a*)	
5	∨y[∧xFxy]		

Korrekt ist die Anwendung der beiden Regeln nach den Bestimmungen 2 bis 4 in den Beispielen links, inkorrekt rechts:

1	∧x[∧yFxy]			1	Fab	
2	∧yFay			2	∧yFay	b(a)
3	Fab			3	∧x[∧yFxy]	a
4	∧xFxb	a(b)				
5	∧y[∧xFxy]	b				

Die in der Schlußkette markierten Individuennamen stehen in der Prämisse!

1	∨x[∨yFxy]			1	∨x[∨yFxy]	
2	∨yFa*y	a*		2	∨yFa*y	a*
3	Fa*b*	b*(a*)		3	Fa*b*	b*(a*)
4	∨xFxb*					
5	∨y[∨xFxy]					

Die in der Schlußkette markierten Individuennamen stehen in der Konklusion!

1	∨xFx			1	∨xFx	
2	Fa*	a*		2	Fa*	a*
3	∨yFy			3	∧xFx	a*

»a*« ist zweimal markiert!

Machen Sie diesmal die Zusatzübungen vor den Übungen!

Zusatzübungen

1. Welche der Bestimmungen 1 bis 5 für den Gebrauch der Existenz-Beseitigung und der All-Einführung ersetzen welche von unseren Vorsichtsmaßnahmen aus 2.11 und 2.14?

2. Welche inhaltlichen Schlußfehler vermeidet man, wenn man die Bestimmungen 1 bis 5 beachtet?

Übungen

1. Kreuzen Sie die beste Antwort an.
   a. 1 ∧x[∧yRxy]
      2   ∧yRay
      3   Raa
      4 ∧xRxx a

   Der Schluß ist korrekt, auch von der 3. zur 4. Zeile,
   – weil daraus, daß etwas für ein Individuum gilt, folgt, daß es für alle anderen auch gilt.
   – weil die Logik zwischen verschiedenen Individuen keinen Unterschied begründen kann.
   – weil über a keine speziellen Annahmen gemacht worden sind.

   b. 1 ∧x[∧yRxy]
      2   ∧yRay
      3   Rab
      4   ∨yRay
      5 ∧x[∨yRxy] a

   Der Schluß ist korrekt, auch von der 4. zur 5. Zeile,
   – weil der Beweis bis zur 4. Zeile auch für jeden anderen Individuennamen hätte geführt werden können.
   – weil man für ein Individuum nichts beweisen kann, was man nicht auch für alle anderen beweisen könnte.
   – weil nichts dagegen spricht.

   c. 1 ∨x[∧yFxy]
      2   ∧yFa*y a*
      3   Fa*a
      4 ∨xFxa

   Der Schluß ist korrekt, auch von der 1. zur 2. Zeile,
   – weil man sich von der Fiktion, eines der Individuen, die es laut Zeile 1 geben soll, namentlich kennzeichnen zu können, mit Zeile 4 wieder befreit.
   – weil man annehmen kann, daß ein Individuum, das es gibt, auch bekannt ist.

   d. 1 ∨xFxx
      2   Fa*a* a*
      3   ∨yFya*
      4 ∨x[∨yFyx]

   Der Schluß ist korrekt, auch von der 1. zur 2. Zeile,
   – weil die letzte Zeile wirklich aus der ersten folgt.
   – weil es sinnlos wäre anzunehmen, daß es unbekannte Individuen gibt.
   – weil es für die Zeilen 2 und 3 ganz gleichgültig ist, wie das Individuum heißt, von dessen Existenz man weiß, weil das in Zeile 4 keine Rolle mehr spielt.

Lösungen

1.
   a.

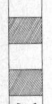

Die erste Antwort ist beklagenswert falsch. Die zweite ist zwar richtig, aber keine Antwort auf die Frage. Richtig ist die dritte; denn aus diesem Grunde könnte Zeile 3 für jedes Individuum gezeigt werden.

   b.

Zu »a« und »b« in Zeile 3 ist man durch die Regel ∧B gekommen; jeder andere Individuenname wäre möglich gewesen. Deshalb ist die vierte Zeile tatsächlich an a stellvertretend für alle bewiesen; die erste Antwort trifft zu. Die zweite ist falsch – es kommt darauf an, ob man über ein Individuum spezielle Sachen als Prämissen weiß. Die dritte entbehrt nicht einer gewissen Leere.

   c.

Die zweite Antwort ist natürlich falsch. Daß die erste richtig ist, veranschaulicht die umgangssprachliche Formulierung der Schlußkette: Jemand liebt alle; Herr Unbekannt liebt alle; Herr Unbekannt liebt also a; also liebt jemand a.

   d.

Die erste Antwort ist nicht nur uninformativ, sondern genügt auch nicht: Schlußketten können Fehler enthalten, auch wenn zum Schluß etwas Richtiges herauskommt. Die zweite Antwort ist natürlich falsch; die dritte ist die beste.

2. Kreuzen Sie die beste Antwort an.
   a. 1 $\lor$x Fx
      2   Fa*   a*
      3    $\land$x Fx   a*
      Der Schritt von der 2. zur 3. Zeile ist inkorrekt,
      – weil über a* die besondere Annahme gemacht worden ist, daß ausgerechnet a* die Eigenschaft hat, die in der ersten Zeile nur für mindestens ein Individuum behauptet worden ist; die zweite Zeile ist also nicht am Beispiel a* stellvertretend für alle bewiesen.
      – weil die dritte Zeile nicht aus der ersten bewiesen werden kann.
   b. 1 $\land$y[$\lor$x Fxy]
      2     $\lor$x Fxa
      3   Fa*a   a*(a)
      4     $\land$y Fa*y   a(a*)
      5 $\lor$x[$\land$y Fxy]
      Der Schritt von der 3. zur 4. Zeile ist inkorrekt
      – weil man nicht annehmen kann, daß das unbekannte a* für jede an Stelle von a eingesetzte Individuenkonstante dasselbe wäre, so daß an a stellvertretend für alle bewiesen wäre, daß a* zu ihnen in der Beziehung F steht.
      – weil die 3. Zeile überhaupt kein richtiger Satz ist und man daher aus ihr auch nichts beweisen kann.

3. Wo stecken die Fehler in den folgenden Schlußketten? Geben Sie im Lösungsfeld jeder Zeile alle von den Bestimmungen 1. bis 5. für den Gebrauch der Existenz-Beseitigung und der All-Einführung an, gegen die mit der Zeile verstoßen wird.

   a. 1 $\land$y[$\lor$x Rxy]
      2     $\lor$x Rxa
      3   Ra*a   a*(a)
      4     $\lor$y Ra*y
      5 $\land$x[$\lor$y Rxy]   a*

   b. 1 $\land$x[$\lor$y Rxy]
      2     $\lor$y Ray
      3   Raa   a*(a)
      4     $\land$x Rxa*   a(a*)
      5 $\land$y[$\land$x Rxy]   a*

   c. 1 $\lor$x Fxx
      2   Fa*a*   a*
      3     $\land$y Fa*y   a*(a*)
      4 $\land$x[$\land$y Fxy]   a*

107

Lösungen

2.

a.

☒ Zwar hätten wir statt »a*« in Zeile 2 auch »b*«, »c*« usw. wählen können, aber nicht jeden beliebigen Individuennamen. Die erste Antwort ist also richtig. Die zweite Antwort ist uninformativ und nur halb richtig, denn wenn man auch auf Zeile 3 nicht aus Zeile 1 schließen kann, muß doch der Fehler nicht im zweiten Schritt stecken.

b.

Zwar hätten wir auch schließen können
   2 ∨xFxb   2 ∨xFxc
   3   Fa* b   3   Fa*c usw.,
aber das unbekannte a* kann in allen Fällen ein anderes sein; wir haben also nicht ein Individuum gefunden, das zu a, b, c usw., also zu allen, in Beziehung F steht. – Die zweite Antwort ☒ ist falsch; wir lassen Sätze mit »a*« usw. innerhalb von Schlußketten mit guten Gründen zu.

3.

a.

     Kein Verstoß; bei ∧B wird nicht markiert.
     Kein Verstoß, korrekt markiert.
     Kein Verstoß, bei ∨E wird nicht markiert.
4   »a*« ist schon markiert.

b.

     Kein Verstoß, bei ∧B wird nicht markiert.
     Kein Verstoß, korrekt markiert.
5   Die Kette a*–a scheitert an Zeile 4, a–a* an Zeile 3.
4   »a*« ist schon markiert.

c.

     Kein Verstoß, korrekt markiert.
4,5 »a*« ist schon markiert, und die Kette a*–a* scheitert.
4   »a*« ist schon markiert.

2.16 Interpretationen und die Gültigkeit von Schlüssen

Ein Schluß ist ungültig, wenn es einen Schluß mit derselben Struktur gibt, dessen Prämissen wahr sind, dessen Konklusion aber falsch ist. Wenn der Schluß formal hingeschrieben ist, steht die Struktur schon da; und die Frage ist, ob man eine wahre Prämisse dieser Struktur und eine falsche Konklusion dieser Struktur finden kann. Beispiel:

∧y[∨x Rxy]
∨x[∧y Rxy]

Wie viele möglichen Prämissen und Konklusionen dieser Struktur gibt es eigentlich? Gelinde gesagt: eine ganze Menge, nämlich so viele, wie es zweistellige Prädikate gibt. Je nachdem, welches zweistellige Prädikat wir für das Prädikat »Rxy« einsetzen, bekommen wir andere Sätze als Prämisse und Konklusion. Wir können uns aber einen Überblick verschaffen, wenn wir den Individuenbereich begrenzen, etwa auf {a, b, c}. Mit zweistelligen Prädikaten sowie Individuennamen kann man dann Sätze der folgenden Formen bilden, und keine anderen:

Raa Rab Rac
Rba Rbb Rbc
Rca Rcb Rcc

Sätze, in denen nur Prädikatbuchstaben und Individuennamen vorkommen, heißen »Atomsätze«. Die Liste enthält alle Atomsätze für »Rxy« über dem Individuenbereich {a, b, c}.

Das kann im Einzelfall etwa so aussehen: a sei Hans, b Luise und c Peter; »Fxy« heiße »x ist mit y verwandt«, »Gxy« heiße »x liebt y«, »Hxy« heiße »x stellt y nach«; und im folgenden sind die wahren Sätze hervorgehoben.

Faa	Fab	**Fac**	Gaa	**Gab**	Gac	Haa	**Hab**	Hac
Fba	**Fbb**	Fbc	Gba	Gbb	**Gbc**	Hba	Hbb	**Hbc**
Fca	Fcb	**Fcc**	Gca	**Gcb**	Gcc	Hca	**Hcb**	Hcc

Also: Verwandt sind sie jeweils natürlich mit sich selbst, sonst nur Hans und Peter miteinander, keiner von beiden mit Luise; Hans liebt Luise (aber einseitig), Luise und Peter lieben einander; und Hans stellt Luise nach, während Luise nicht ihm, sondern Peter nachstellt, und dieser auch ihr. Ob die Prämisse und die Konklusion unseres fraglichen Schlusses für den Individuenbereich {a, b, c} bei Einsetzung eines der drei Prädikate wahr oder falsch werden, brauchen wir nicht dreimal, sondern nur zweimal auszuprobieren. Die Sachlagen sind nämlich im zweiten und dritten Fall ganz gleich. Deshalb ist die Prämisse unserer fraglichen Struktur »∧y[∨xGxy]« wahr, wenn »∧y[∨xHxy]« wahr ist, und falsch, wenn letztere falsch ist; und auch die beiden Konklusionen – mit »Gxy« oder »Hxy« – sind beide wahr oder beide falsch. Wir brauchen daher für den Test unseres

Schlusses nur solche Prädikate einzusetzen, welche die neun möglichen Sätze auf *unterschiedliche* Weise in wahre und falsche einteilen.

Unsere Aufgabe ist damit erheblich vereinfacht worden: Statt uns alle möglichen Prämissen und Konklusionen einer bestimmten Struktur auszudenken, kümmern wir uns gar nicht mehr um ihre Bedeutung, sondern teilen nur unsere neun Sätze »Rab«, »Rcb« usw. auf verschiedene Arten in wahre und falsche ein; und das bedeutet, daß wir dabei Prämisse und Konklusion mit verschiedenen Prädikaten interpretieren; aber wir achten nicht mehr auf die unterschiedliche Bedeutung der verschiedenen Prädikate, sondern nur auf die unterschiedliche Art, wie sie die möglichen Atomsätze in wahre und falsche einteilen. Diese Einteilungen machen auch jeweils die Prämisse sowie die Konklusion wahr oder falsch. Eine solche Einteilung der Atomsätze eines Prädikats über einem Individuenbereich in wahre und falsche Sätze nennt man eine »Interpretation« des Prädikates über dem Individuenbereich.

Wenn wir findig sind, stoßen wir auf eine Einteilung (Interpretation), in der die Prämisse wahr und die Konklusion falsch werden; dann haben wir gezeigt, daß es eine Interpretation gibt, in der die Prämisse wahr und die Konklusion falsch werden, daß also der Schluß nicht gültig ist. Statt zu sagen: »Ein Schluß ist gültig, wenn es keinen strukturgleichen Schluß gibt, dessen Prämissen wahr sind und dessen Konklusion falsch ist«, können wir daher auch sagen: »Ein Schluß ist gültig, wenn es keine Interpretation gibt, in der die Prämissen wahr sind und die Konklusion falsch ist«.

Die erste Verteilung auf S. 109 (mit »Fxy«) zeigt, daß der Schluß ungültig ist. Die Prämisse ist nämlich wahr – mit allen ist jemand verwandt: mit a a und c (Faa, Fca), mit b b (Fbb), mit c c und a (Fcc, Fac); die Konklusion ist aber falsch – es ist nicht so, daß es jemanden gibt, der mit allen verwandt ist: a ist bloß mit a und c verwandt (Faa, Fac), b bloß mit b (Fbb) und c bloß mit a und c (Fca, Fcc).

In der zweiten Verteilung (mit »Gxy«) ist die Prämisse dagegen falsch – es ist nicht wahr, daß alle jemand liebt, denn a liebt keiner. Wir können mit ihr also nicht zeigen, daß der Schluß ungültig ist.

Übungen

1. Ergänzen Sie die Sätze.

   a. Ein Schluß ist gültig, wenn es keinen strukturgleichen Schluß mit lauter ...... Prämissen und .... Konklusion gibt.
   b. Die Wahrheit und Falschheit von Prämissen und Konklusion einer gegebenen Struktur kann sich für zwei Prädikate nur dann unterscheiden, wenn die Prädikate auf die .... des Bereichs in unterschiedlicher Weise zutreffen.
   c. »Atomsätze« sind Sätze, in denen nur .... und .... vorkommen.
   d. Wenn man untersucht, ob ein Schluß gültig ist, braucht man nur solche Prädikate zu berücksichtigen, für welche die zugehörigen Atomsätze in unterschiedlicher Weise .... und ...... werden.
   e. Eine Interpretation eines Prädikates über einem Individuenbereich ist eine Einteilung aller Atomsätze des Prädikats über dem Bereich in ..... und .... Sätze:
   f. Wenn man untersucht, ob ein Schluß gültig ist, braucht man statt verschiedener Prädikate nur verschiedene .... zu berücksichtigen.
   g. Ein Schluß ist gültig, wenn es keine .... gibt, die die Prämissen .... macht und die die Konklusion ...... macht.

2. Zeigen Sie, daß die drei folgenden Schlüsse nicht gültig sind. Kreuzen Sie zu diesem Zweck von den angegebenen Interpretationen über dem Individuenbereich {a, b, c} alle an, welche die Prämisse wahr machen, die Konklusion aber nicht. (Die wahren Atomsätze sind hervorgehoben.)

	Raa	**Rab**	Rac	**Rba**	Rbb	**Rbc**	Rca	Rcb	Rcc	
∧x[∨y Rxy]	Raa	**Rab**	Rac	Rba	Rbb	**Rbc**	**Rca**	Rcb	Rcc	
∨x Rxx	Raa	Rab	**Rac**	Rba	Rbb	**Rbc**	Rca	**Rcb**	Rcc	
	Raa	Rab	**Rac**	**Rba**	**Rbb**	Rbc	**Rca**	Rcb	Rcc	

	Raa	**Rab**	Rac	**Rba**	Rbb	Rbc	**Rca**	Rcb	**Rcc**	
Rab	Raa	**Rab**	Rac	**Rba**	**Rbb**	**Rbc**	Rca	Rcb	Rcc	
∨x[∧y Rxy]	Raa	**Rab**	**Rac**	Rba	Rbb	**Rbc**	Rca	Rcb	**Rcc**	
	Raa	Rab	Rac	**Rba**	Rbb	Rbc	**Rca**	Rcb	Rcc	

	Raa	**Rab**	Rac	Rba	**Rbb**	Rbc	Rca	**Rcb**	Rcc	
∧x[∨y Rxy]	Raa	**Rab**	Rac	**Rba**	Rbb	Rbc	Rca	**Rcb**	**Rcc**	
∨y[∧x Rxy]	Raa	Rab	**Rac**	**Rba**	Rbb	Rbc	Rca	**Rcb**	Rcc	
	Raa	**Rab**	**Rac**	**Rba**	Rbb	**Rbc**	**Rca**	**Rcb**	Rcc	

Lösungen

1.

  a. Ein Schluß ist gültig, wenn es keinen strukturgleichen Schluß mit lauter **wahren** Prämissen und **falscher** Konklusion gibt.
  b. Die Wahrheit und Falschheit von Prämissen und Konklusion einer gegebenen Struktur kann sich für zwei Prädikate nur dann unterscheiden, wenn die Prädikate auf die **Individuen** des Bereichs in unterschiedlicher Weise zutreffen.
  c. »Atomsätze« sind Sätze, in denen nur **Prädikatbuchstaben** und **Individuennamen** vorkommen.
  d. Wenn man untersucht, ob ein Schluß gültig ist, braucht man nur solche Prädikate zu berücksichtigen, für welche die zugehörigen Atomsätze in unterschiedlicher Weise **wahr** und **falsch** werden.
  e. Eine Interpretation eines Prädikates über einem Individuenbereich ist eine Einteilung aller Atomsätze des Prädikats über dem Bereich in **wahre** und **falsche** Sätze.
  f. Wenn man untersucht, ob ein Schluß gültig ist, braucht man statt verschiedener Prädikate nur verschiedene **Interpretationen** zu berücksichtigen.
  g. Ein Schluß ist gültig, wenn es keine **Interpretation** gibt, die die Prämissen **wahr** macht und die die Konklusion **falsch** macht.

2.

☐	Prämisse falsch
☒	Prämisse wahr, Konklusion falsch
☒	Prämisse wahr, Konklusion falsch
☐	Konklusion wahr: Rbb

☒	Prämisse wahr, Konklusion falsch
☐	Konklusion wahr: Rba, Rbb, Rbc
☒	Prämisse wahr, Konklusion falsch
☐	Prämisse falsch

☐	Konklusion wahr: Rab, Rbb, Rcb
☒	Prämisse wahr, Konklusion falsch
☒	Prämisse wahr, Konklusion falsch
☒	Prämisse wahr, Konklusion falsch

3. Verknüpfungen

3.1 Wahrheitsfunktionale Verknüpfungen

(1) Hans kommt, und Luise kommt.
(2) Hans kommt, weil Luise kommt.

Die Sätze (1) und (2) sind aus denselben Teilsätzen zusammengesetzt, nämlich »Hans kommt« und »Luise kommt«. Im Satz (1) werden die Teilsätze durch »und« verknüpft, im Satz (2) durch »weil«. Zwischen den Verknüpfungen »und« und »weil« besteht ein wichtiger Unterschied, den man sich folgendermaßen klarmachen kann:

es kann wahr und es kann falsch sein, daß Hans kommt;
es kann unabhängig davon wahr oder falsch sein, daß Luise kommt.

Daraus ergeben sich vier Möglichkeiten:

Hans kommt	Luise kommt	
wahr	wahr	(Beide kommen)
wahr	falsch	(Hans kommt, Luise aber nicht)
falsch	wahr	(Hans kommt nicht, wohl aber Luise)
falsch	falsch	(Keiner von beiden kommt)

Wir nehmen nun an, daß wir wissen, ob Hans kommt, und wissen, ob Luise kommt. Wir wissen also, daß beide kommen; oder wir wissen, daß Hans kommt, Luise aber nicht; oder wir wissen, daß Hans nicht kommt, wohl aber Luise; oder wir wissen, daß keiner von beiden kommt. Was wissen wir in jedem dieser vier Fälle über den Satz »Hans kommt, und Luise kommt«?

Hans kommt	Luise kommt	Hans kommt, und Luise kommt
wahr	wahr	wahr
wahr	falsch	falsch
falsch	wahr	falsch
falsch	falsch	falsch

Denn wenn es wahr ist, daß Hans kommt, und wahr, daß Luise kommt, dann ist es wahr, daß Hans kommt und Luise kommt. Wenn nur Hans kommt, Luise aber nicht, dann ist es falsch, daß Hans kommt und Luise kommt. Wenn nur Luise kommt, Hans aber nicht, darf man auch nicht behaupten, daß Hans kommt und Luise kommt. Und wenn schließlich keiner von beiden kommt, ist es erst recht falsch, daß Hans kommt und Luise kommt.

Wenn von beiden Teilsätzen bekannt ist, ob sie wahr oder ob sie falsch sind, ist also auch bekannt, ob der »..., und ...«-Satz wahr oder ob er falsch ist. Wahrheit und Falschheit der Teilsätze legen die Wahrheit oder Falschheit des »..., und ...«-Satzes fest. Wahrheit und Falschheit eines Satzes nennt man auch seinen »Wahrheitswert«; wahre Sätze haben den Wahrheitswert »Wahr«, falsche den Wahrheitswert »Falsch«. Man kann dann sagen: Die Wahrheitswerte der

Teilsätze legen den Wahrheitswert des »..., und ...«-Satzes fest. Wenn ein A durch ein B festgelegt ist, sagt man auch, A sei »eine Funktion von« B; man kann dann sagen: Der Wahrheitswert des »..., und ...«-Satzes ist eine Funktion der Wahrheitswerte der Teilsätze, oder kurz: »und« ist eine »wahrheitsfunktionale Verknüpfung«.

Wie steht es mit »weil«? Genügt auch hier das Wissen, ob Hans kommt, zusammen mit dem Wissen, ob Luise kommt, damit wir wissen, ob Hans kommt, weil Luise kommt?

Hans kommt	Luise kommt	Hans kommt, weil Luise kommt
wahr	wahr	?
wahr	falsch	falsch
falsch	wahr	falsch
falsch	falsch	falsch

Im zweiten, dritten und vierten Fall genügt das Wissen, ob die Teilsätze wahr oder ob sie falsch sind, für die Entscheidung, ob der »..., weil ...«-Satz falsch ist. Denn (zweiter Fall) wenn Luise gar nicht kommt, kann Hans auch nicht kommen, *weil* sie kommt. Daß er (dritter Fall) *kommt*, weil sie kommt, ist falsch, wenn er gar nicht kommt; und ebenso (vierter Fall) kann man nicht behaupten, daß *er* kommt, weil *sie* kommt, wenn keiner von beiden kommt. Aber wie steht es im ersten Fall? Wenn wir wissen, daß beide kommen – wissen wir damit schon, ob Hans kommt, weil Luise kommt? Offenbar nicht; daß Luise kommt, kann der Grund sein; dann wäre der »..., weil ...«-Satz wahr. Es kann aber auch sein, daß Luises Kommen ganz irrelevant ist (oder daß Hans kommt, obwohl Luise kommt); der »..., weil ...«-Satz wäre dann falsch. Im ersten Fall legen also die Wahrheitswerte der Teilsätze den Wahrheitswert des »..., weil ...«-Satzes nicht fest. Kurz: »weil« ist keine wahrheitsfunktionale Verknüpfung.

Es gibt viele gültige Schlüsse, für deren Struktur Verknüpfungen wesentlich sind. Die elementare Logik, mit der wir es zu tun haben, behandelt davon nur diejenigen Schlüsse, deren Struktur sich mit wahrheitsfunktionalen Verknüpfungen klären läßt.

Schlüsse wie die folgenden werden wir also nicht berücksichtigen, obgleich sie unzweifelhaft gültig sind:

Hans kommt, weil Luise kommt
Also kommt Hans

Luise kommt nicht
Also stimmt es nicht, daß Hans kommt weil Luise kommt.

Die elementare Logik untersucht nur einen Kernbereich der gültigen Schlüsse. Es gibt erweiterte Logiken, die auch andere gültige Schlüsse behandeln.

Übungen

1. Ergänzen Sie.

   a. Eine Satzverknüpfung bildet einen komplexen Satz aus ....
   b. Wahrheit und Falschheit heißen auch »..............« von Sätzen.
   c. Bei zwei Teilsätzen ergeben sich .... unterschiedliche Kombinationen ihrer Wahrheitswerte.
   d. Ist A durch B festgelegt, so heißt A eine »........« von B.
   e. Liegt für jede Kombination der Wahrheitswerte der Teilsätze der Wahrheitswert des komplexen Satzes fest, dann ist der Wahrheitswert des komplexen Satzes eine .... der ....- ..... seiner Teilsätze.
   f. Verknüpfungen, die aus Teilsätzen einen komplexen Satz machen, dessen Wahrheitswert eine Funktion der Wahrheitswerte der Teilsätze ist, heißen »...................«.

2. Prüfen Sie, ob »Entweder ..., oder ...« eine wahrheitsfunktionale Verknüpfung ist. Tragen Sie dazu für den komplexen Satz »wahr« oder »falsch« ein, wo das auf Grund der Teilsätze festliegt, und ein Fragezeichen, wo das nicht auf Grund der Teilsätze festliegt.

Es regnet	Es ist kalt	Entweder regnet es, oder es ist kalt.
wahr	wahr	....
wahr	falsch	....
falsch	wahr	....
falsch	falsch	....

Ergebnis: »Entweder ..., oder ...« ist wahrheitsfunktional, ☐
                        nicht wahrheitsfunktional. ▨

3. Prüfen Sie in derselben Weise, ob »..., indem ...« eine wahrheitsfunktionale Verknüpfung ist.

Er warnt mich	Er schreit	Er warnt mich, indem er schreit
wahr	wahr	....
wahr	falsch	....
falsch	wahr	....
falsch	falsch	....

Ergebnis: »..., indem ...« ist wahrheitsfunktional, ☐
                     nicht wahrheitsfunktional ☐

Lösungen

1.

a. Eine Satzverknüpfung bildet einen komplexen Satz aus **Teilsätzen.**
b. Wahrheit und Falschheit heißen auch »**Wahrheitswerte**« von Sätzen.
c. Bei zwei Teilsätzen ergeben sich **vier** unterschiedliche Kombinationen ihrer Wahrheitswerte.
d. Ist A durch B festgelegt, so heißt A eine »**Funktion**« von B.
e. Liegt für jede Kombination der Wahrheitswerte der Teilsätze der Wahrheitswert des komplexen Satzes fest, dann ist der Wahrheitswert des komplexen Satzes eine **Funktion** der **Wahrheitswerte** seiner Teilsätze.
f. Verknüpfungen, die aus Teilsätzen einen komplexen Satz machen, dessen Wahrheitswert eine Funktion der Wahrheitswerte der Teilsätze ist, heißen »**wahrheitsfunktional**«.

2.

Es regnet	Es ist kalt	Entweder regnet es, oder es ist kalt.
wahr	wahr	**falsch**
wahr	falsch	**wahr**
falsch	wahr	**wahr**
falsch	falsch	**falsch**

»Entweder ... oder ...« ist wahrheitsfunktional, weil in allen vier Kombinationen der Wahrheitswert des komplexen Satzes auf Grund des Wahrheitswertes der Teilsätze festliegt.

3.

Er warnt mich	Er schreit	Er warnt mich, indem er schreit
wahr	wahr	?
wahr	falsch	**falsch**
falsch	wahr	**falsch**
falsch	falsch	**falsch**

Wenn wir (erste Zeile) wissen, daß er mich warnt, und wissen, daß er schreit, so wissen wir darum noch nicht, ob er mich warnt, indem er schreit, oder ob er mich auf andere Weise warnt und aus anderen Gründen schreit. In diesem Fall legen also die Wahrheitswerte der Teilsätze den Wahrheitswert des komplexen Satzes nicht fest.

3.2 Konjunktion zweier Sätze

Wenn es uns auf den inneren Aufbau eines Satzes nicht ankommt, werden wir in Zukunft einfach »p«, »q«, »r« usw. schreiben. Für »Hans kommt, und Luise kommt« schreiben wir also »p«, wenn es uns nicht darauf ankommt, daß »und« darin vorkommt; wenn es uns auf das »und« ankommt, schreiben wir »p und q«; wenn es uns auch auf die Individuennamen und die Prädikate ankommt, schreiben wir »Fa und Fb«.

Die wahrheitsfunktionale Verknüpfung »p und q« wird »p $\wedge$ q« abgekürzt; »p $\wedge$ q« ist »die Konjunktion von p und q«. Sie wird dadurch definiert, daß man in einer »Wahrheitstafel« angibt, bei welchen Kombinationen der Wahrheitswerte von »p« und »q« »p $\wedge$ q« wahr ist und bei welchen falsch. (»Wahr« und »falsch« werden durch »w« und »f« abgekürzt.)

p	q	p $\wedge$ q
w	w	w
w	f	f
f	w	f
f	f	f

»p $\wedge$ q« ist also wahr, wenn sowohl »p« als auch »q« wahr sind; andernfalls ist »p $\wedge$ q« falsch.

Übungen

1. Ergänzen Sie die Sätze nach einem Blick auf die Wahrheitstafel für »p $\wedge$ q«.
   »p« sei wahr; »q« sei wahr. Dann ist »p $\wedge$ q« . . . . .
   »p $\wedge$ q« sei falsch; »q« sei wahr. Dann ist »p« . . . . . .
   »p« sei falsch. Dann ist »p $\wedge$ q« . . . . . .
   »p $\wedge$ q« sei wahr. Dann ist »q« . . . . .

2. Kreuzen Sie die richtige Antwort an.
   a. Wenn »p« wahr ist,
   – ist »p $\wedge$ q« auf jeden Fall wahr.
   – hängt der Wahrheitswert von »p $\wedge$ q« vom Wahrheitswert von »q« ab.
   b. Wenn »p $\wedge$ q« falsch ist,
   – sind sowohl »p« als auch »q« falsch.
   – ist mindestens einer der beiden Teilsätze falsch.
   c. Wenn ein Teilsatz falsch ist,
   – ist »p $\wedge$ q« auf jeden Fall falsch.
   – hängt der Wahrheitswert von »p $\wedge$ q« vom Wahrheitswert des anderen Teilsatzes ab.

Zusatzübung

Füllen Sie die Lücken mit den fehlenden »w« und »f« aus, wo sie auf Grund der eingetragenen »w« und »f« festliegen; in die übrigen Lücken tragen Sie ein Fragezeichen ein.

p	q	p ∧ q
...	w	w
w	...	w
w	w	...
...	...	w
...	w	...
w	...	...
...	f	f
w	...	f
w	f	...
...	...	f
...	f	...
...	w	f
f	...	f
f	w	...
f	...	...
f	f	...

Lösungen

1.

»p« sei wahr; »q« sei wahr. Dann ist »p ∧ q« **wahr**.
»p ∧ q« sei falsch; »q« sei wahr. Dann ist »p« **falsch**.
»p« sei falsch. Dann ist »p ∧ q« **falsch**.
»p ∧ q« sei wahr. Dann ist »q« **wahr**.

2.

a. »p« ist in der ersten und in der zweiten Zeile wahr; nur in der ersten Zeile ist aber »p ∧ q« wahr. Ob »p ∧ q« bei Wahrheit von »p« wahr ist, hängt also tatsächlich vom Wahrheitswert von »q« ab.

b. »p ∧ q« ist in der zweiten, dritten und vierten Zeile falsch; es genügt also, daß einer der beiden Teilsätze falsch ist.

c. In der zweiten, dritten und vierten Zeile ist jeweils mindestens ein Teilsatz falsch. In all diesen Fällen ist »p ∧ q« falsch. Der Wahrheitswert von »p ∧ q« hängt in diesen Fällen also nicht mehr vom Wahrheitswert des jeweils anderen Teilsatzes ab.

3.3 Schlußregeln für die Konjunktion

Regel der Konjunktionseinführung; abgekürzt ∧E:

p
q
Also: p ∧ q
Ein Schluß mit dieser Struktur ist gültig.

Die Korrektheit der Regel ergibt sich aus der Wahrheitstafel für »p ∧ q« und der Definition des gültigen Schlusses: Wenn »p« wahr ist und »q« wahr ist (erste Zeile der Wahrheitstafel), kann »p ∧ q« nicht falsch sein. Da es auf die Reihenfolge der Prämissen nicht ankommt, kann die erste Prämisse das erste oder auch das zweite Konjunktionsglied sein:

q	p	q
p	q	p
p ∧ q	q ∧ p	q ∧ p

Regel der Konjunktionsbeseitigung; abgekürzt ∧B:

p ∧ q   p ∧ q
Also: p   Also: q
Schlüsse mit dieser Struktur sind gültig.

Auch hier ergibt die Korrektheit der Regel sich aus der Wahrheitstafel für »p ∧ q« und der Definition des gültigen Schlusses: Wenn die Prämisse »p ∧ q« wahr ist (erste Zeile der Wahrheitstafel), sind sowohl »p« als auch »q« wahr.
 Die Regel ∧E braucht *zwei* Zeilen als Prämissen, die Regel ∧B *eine*.

Übungen

Kreuzen Sie die beste Antwort an.
1. Die Regel der Konjunktionsbeseitigung ist eine brauchbare ⟨regel, weil
– der Wahrheitswert von »p ∧ q« durch die Wahrheitstafel so festgelegt ist, daß »p ∧ q« nur dann wahr ist, wenn auch »p« und »q« wahr sind.
– man keinen Schluß mit dieser Struktur finden kann, dessen Konklusion bei falscher Prämisse wahr ist.

2. Die Regel der Konjunktionseinführung ist eine brauchbare Schlußregel, weil
– der Schluß auch gelten würde, wenn die Prämissen in anderer Reihenfolge kämen.
– sich aus der Wahrheitstafel für die Konjunktion ergibt, daß »p ∧ q« wahr ist, wenn sowohl »p« als auch »q« wahr sind.

Zusatzübungen

1. Schreiben Sie neben jede Zeile »∧ E« bzw. »∧ B«, wenn die Zeile durch diese Regeln gewonnen werden kann, und dazu die Nummer(n) der Zeile(n), die bei diesem Teilschritt als Prämisse(n) dienen.

a. 1   p ∧ q   (Prämisse der Schlußkette)
    2   p
    3   q
    4   q ∧ p

b. 1   p   (Prämisse der Schlußkette)
    2   q   (Prämisse der Schlußkette)
    3   p ∧ q
    4   p

2. Für die Gültigkeit eines Schlusses spielt die Reihenfolge der Prämissen keine Rolle, denn
– jemandes zufällige Schreibgewohnheiten können so fundamentale Fragen wie die der logischen Gültigkeit nicht tangieren.
– damit würde man von der Ebene der Argumentation auf die Ebene bloß empirischer Faktizität sich begeben.
– in der Definition von »gültiger Schluß« kommt es nur darauf an, ob alle Prämissen wahr sind, nicht darauf, in welcher Reihenfolge sie stehen.

Lösungen

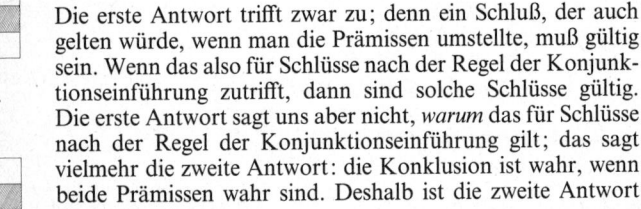

1. Die erste Antwort ist richtig; denn sie sagt, daß dann, wenn die Prämisse »p ∧ q« wahr ist, auch jede der beiden möglichen Konklusionen wahr ist. Die zweite Antwort wäre richtig, wenn sie lautete: »... weil man keinen Schluß mit dieser Struktur finden kann, dessen Konklusion bei wahrer Prämisse falsch ist.«

2. Die erste Antwort trifft zwar zu; denn ein Schluß, der auch gelten würde, wenn man die Prämissen umstellte, muß gültig sein. Wenn das also für Schlüsse nach der Regel der Konjunktionseinführung zutrifft, dann sind solche Schlüsse gültig. Die erste Antwort sagt uns aber nicht, *warum* das für Schlüsse nach der Regel der Konjunktionseinführung gilt; das sagt vielmehr die zweite Antwort: die Konklusion ist wahr, wenn beide Prämissen wahr sind. Deshalb ist die zweite Antwort die bessere Antwort.

3.4 Konjunktion zweier Prädikate

»Fa ∧ Gb« ist ein Satz, in dem Individuennamen vorkommen. Solche Sätze entstehen nach unserem bisherigen Verständnis aus Prädikaten dadurch, daß Individuennamen für Variable eingesetzt werden. »Fa ∧ Gb« könnte demnach aus »Fx ∧ Gy« entstehen, indem »a« für »x« und »b« für »y« eingesetzt wird. Allerdings ist »Fx ∧ Gy« ein nicht normierter Ausdruck; die Konjunktion ist ja nur für Sätze definiert. Diese Definition können wir passend erweitern:

»Fx ∧ Gy« trifft auf a und b zu, wenn »Fa ∧ Gb« wahr ist.

Ganz entsprechend: »Fx ∧ Gx« trifft auf b zu, wenn »Fb ∧ Gb« wahr ist; »Fx ∧ Gy« trifft auf c zu, wenn »Fc ∧ Gc« wahr ist. »Fx ∧ p« (»p« ist ein Satz!) trifft auf d zu, wenn »Fd ∧ p« wahr ist. Aus solchen Prädikaten kann man Sätze natürlich auch durch Binden von Variablen bilden:

(1) ∨x(Fx ∧ Gx)   (2) ∧x(Fx ∧ Gx)

Diese Sätze müssen sehr sorgfältig unterschieden werden von

(3) ∨xFx ∧ ∨xGx   (4) ∧xFx ∧ ∧xGx

(1) ist ein Existenzsatz, (2) ein Allsatz; beide sind keine Konjunktionen. (3) und (4) dagegen sind keine Existenz- oder Allsätze, sondern Konjunktionen (von Existenz- bzw. Allsätzen.) Typ (1) ist sehr wichtig für die formale Darstellung von Sätzen:

∨x(x ist ein Vogel ∧ x ist schwarz)

Dieser Satz ist wahr, wenn mindestens ein Satz der Form »a ist ein Vogel ∧ a ist schwarz« (»a ist ein schwarzer Vogel«) wahr ist. Er sagt also:

Es gibt schwarze Vögel; mindestens ein Vogel ist schwarz; manche Vögel sind schwarz; einige Vögel sind schwarz.

Zur Erinnerung: »∨x« heißt streng genommen »mindestens ein«!

Übung

Schreiben Sie formal hin:
  Es gibt spannende Filme.
  Manche Filme sind spannend.
  Mindestens ein Abgeordneter stottert.
  Mindestens ein Stotterer ist Abgeordneter.
  Manche Pflanzen sind Nahrungsmittel.
  Manche Nahrungsmittel sind Pflanzen.
  Bunte Kühe gibt es.
  Es gibt Menschen, die zuhören.

Zusatzübungen

1. Schreiben Sie auf verschiedene Arten umgangssprachlich hin:

   $\lor x$(x ist ein Journalist $\land$ x ist Deutscher)
   $\lor x$(x ist ein Bett $\land$ x ist weich)
   $\lor x$(x ist Priester $\land$ x ist fortschrittlich)
   $\lor x$(x ist Sozialist $\land$ x ist Mitglied der F.D.P.)

2. »$\lor x(Fx \land Gx)$« ist ein Existenzsatz ☐
   eine Konjunktion ☐

   »$\land x(Fx \land Gx)$« ist eine Konjunktion ☐
   ein Allsatz ☐

   »$\land xFx \land \land xGx$« ist ein Allsatz ☐
   eine Konjunktion ☐

   »$\lor xFx \land \lor xGx$« ist eine Konjunktion ☐
   ein Existenzsatz ☐

Lösung
(Natürlich ist in den Klammern die Reihenfolge der Konjunktionsglieder belanglos.)

   $\lor x$(x ist spannend $\land$ x ist ein Film)
   $\lor x$(x ist ein Film $\land$ x ist spannend)
   $\lor x$(x ist Abgeordneter $\land$ x stottert)
   $\lor x$(x stottert $\land$ x ist Abgeordneter)
   $\lor x$(x ist eine Pflanze $\land$ x ist ein Nahrungsmittel)
   $\lor x$(x ist ein Nahrungsmittel $\land$ x ist eine Pflanze)
   $\lor x$(x ist bunt $\land$ x ist eine Kuh)
   $\lor x$(x ist ein Mensch $\land$ x hört zu)

3.5 Schlußketten mit Quantoren und Konjunktion

Die Konjunktionseinführung ∧E und -beseitigung ∧B können zusammen mit den Schlußregeln für die Quantoren (All-Einführung ∧E und -beseitigung ∧B, Existenzeinführung ∨E und -beseitigung ∨B) in einer Schlußkette vorkommen:

```
1  ∨x(Fx ∧ Gx)            Prämisse der Schlußkette
2      Fa* ∧ Ga*    a*    ∨B; Zeile 1 als Prämisse
3      Fa*                ∧B; Zeile 2 als Prämisse
4  ∨x Fx                  ∨E; Zeile 3 als Prämisse
5              Ga*        ∧B; Zeile 2 als Prämisse
6      ∨x Gx              ∨E; Zeile 5 als Prämisse
7  ∨x Fx ∧ ∨x Gx          ∧E; Zeilen 4 und 6 als Prämissen
```

Aus »∨x(Fx ∧ Gx)« kann man also auf »∨x Fx ∧ ∨x Gx« schließen. Das sind ganz unterschiedliche Sätze; »∨x(Fx ∧ Gx)« besagt, daß auf mindestens ein Individuum »Fx ∧ Gx« zutrifft, also sowohl »Fx« als auch »Gx«; »∨x Fx ∧ ∨x Gx« sagt dagegen nur, daß »Fx« auf mindestens ein Individuum zutrifft und »Gx« auf mindestens ein Individuum zutrifft; aber die beiden brauchen nicht dieselben zu sein. Wenn »Fx« heißt »x ist ein Rabe« und »Gx« »x ist schwarz«, dann zeigt die Schlußkette: Wenn es schwarze Raben gibt, gibt es Raben und Schwarzes.

```
1  ∨x(Fx ∧ Gx)        Es gibt schwarze Raben (mindestens
                      einen).
2      Fa* ∧ Ga*  a*  a* sei so ein schwarzer Rabe.
3      Fa*            Dann ist a* ein Rabe,
4  ∨x Fx              so daß es dann Raben gibt,
5            Ga*      und ist a* schwarz,
6      ∨x Gx          so daß es dann Schwarzes gibt.
7  ∨x Fx ∧ ∨x Gx      Es gibt dann also Raben und Schwarzes.
```

Für unser nächstes Beispiel kürzen wir die Erläuterungen neben den Beweiszeilen etwas ab; statt:

∧B; Zeile 2 als Prämisse

schreiben wir ganz kurz:

∧B; 2

```
1  ∧x(Fx ∧ Gx)          Prämisse der Schlußkette
2      Fa ∧ Ga           ∧B; 1
3      Fa                ∧B; 2
4  ∧x Fx          a      ∧E; 3
5      Fb ∧ Gb           ∧B; 1
6            Gb          ∧B; 5
7      ∧x Gx      b      ∧E; 6
8  ∧x Fx ∧ ∧x Gx         ∧E; 4, 7
```

Mit »x ist eitel« für »Fx« und »x ist leer« für »Gx«:

1	∧x(Fx ∧ Gx)		Alles ist eitel und leer.
2	Fa ∧ Ga		Dann ist z. B. die Liebe eitel und leer;
3	Fa		sie ist also eitel – was sich für alles
4	∧x Fx	a	zeigen läßt: alles ist dann eitel.
5	Fb ∧ Gb		Dann ist auch der Ruhm eitel und leer;
6	Gb		er ist also leer – wie sich für alles
7	∧x Gx	b	zeigen läßt: alles ist dann leer.
8	∧x Fx ∧ ∧x Gx		Alles ist dann eitel und alles ist leer.

Die Schlußkette ist übrigens eine Zeile länger als das sachlich notwendig wäre. In Zeile 5 wird Zeile 2 praktisch wiederholt; das hat einzig den Witz, daß die All-Einführung nicht nur zu »∧x Fx« führen muß, sondern auch zu »∧x Gx«. Beidemal wird ein Individuenname markiert; da kein Individuenname zweimal markiert werden darf (Bestimmung 4 für den Umgang mit ∧ E und ∨ B) und »a« schon markiert ist, hilft uns »Ga« aus Zeile 2 nicht weiter. Wir brauchen »Gb«, müssen also zunächst »Fb ∧ Gb« aus Zeile 1 schließen. Die Doppelmarkierung würde an dieser Stelle keinen inhaltlichen Fehler bedeuten; wir vermeiden sie trotzdem, weil die Bestimmung 4 so übersichtlich ist. Dafür legen wir eine Zeile zu.

Zusatzübung

Der folgende Schluß ist nicht gültig:

  ∨x Fx ∧ ∨x Gx
 Also: ∨x(Fx ∧ Gx)

1. Wo steckt der Fehler in der Schlußkette?

1	∨x Fx ∧ ∨x Gx		Prämisse der Schlußkette
2	∨x Fx		∧ B; 1
3	Fa*	a*	∨ B; 2
4	∨x Gx		∧ B; 1
5	Ga*	a*	∨ B; 4
6	Fa* ∧ Ga*		∧ E; 3, 5
7	∨x(Fx ∧ Gx)		∨ E; 6

2. Über dem Individuenbereich {a, b, c} kann man für »Fx« und »Gx« die Atomsätze bilden:

Fa, Fb, Fc, Ga, Gb, Gc

Welche von den folgenden Interpretationen zeigen, daß der Schluß ungültig ist, indem sie seine Prämisse wahr und die Konklusion falsch machen? Kreuzen Sie sie an. (Die wahren Sätze sind hervorgehoben.)

Fa, **Fb, Fc,** Ga, Gb, Gc ☐
Fa, Fb, Fc, **Ga, Gb,** Gc ☐
Fa, Fb, Fc, Ga, **Gb, Gc** ☐

Übungen

1. Ergänzen Sie neben den Zeilen 2 bis 7 jeweils die Angabe der Regel, mit der auf die Zeile geschlossen wurde, sowie die Nummer(n) der Zeile(n), die als Prämisse(n) gedient haben.
```
1  ∧x(Fx ∧ Gx)
2     Fa ∧ Ga
3     Fa
4  ∨xFx
5           Ga
6  ∧xGx        a
7  ∨xFx ∧ ∧xGx
```

2. Ergänzen Sie die fehlenden Zeilen.
```
1  ∧xFx ∧ ∧xGx       Prämisse der Schlußkette
2                    ∧ B; 1
3     Fa             ∧ B; 2
4                    ∧ B; 1
5           Ga       ∧ B; 4
6                    ∧ E; 3, 5
7  ∨x(Fx ∧ Gx)       ∨ E; 6
```

3. Ergänzen Sie die fehlenden Zeilen.
```
1  ∧xFx ∧ ∧xGx       Prämisse der Schlußkette
2                    ∧ B; 1
3                    ∧ B; 2
4                    ∨ E; 3
5                    ∧ B; 1
6                    ∧ B; 5
7                    ∨ E; 6
8  ∨xFx ∧ ∨xGx       ∧ E; 3, 7
```

4. Schreiben Sie die Beweiszeilen formal hin. (Benutzen Sie »Kx« für »x ist käuflich« und »Fx« für »x ist flüchtig«.)

1	Alles ist käuflich und alles ist flüchtig.
2	Also ist erstens alles käuflich,
3	so daß z. B. die Ehre käuflich ist,
4	und ist zweitens alles flüchtig,
5	so daß die Ehre auch flüchtig ist.
6	Die Ehre ist also käuflich und flüchtig – wie sich für alles zeigen läßt:
7	Alles ist also käuflich und flüchtig.

Lösungen

1.

1	⋀x(Fx ∧ Gx)	
2	Fa ∧ Ga	⋀ B; 1
3	Fa	∧ B; 2
4	⋁x Fx	⋁ E; 3
5	Ga	∧ B; 2
6	⋀x Gx a	⋀ E; 5
7	⋁x Fx ∧ ⋀x Gx	∧ E; 4, 6

2.

1	⋀x Fx ∧ ⋀x Gx	Prämisse der Schlußkette
2	**⋀x Fx**	∧ B; 1
3	Fa	⋀ B; 2
4	**⋀x Gx**	∧ B; 1
5	Ga	⋀ B; 4
6	**Fa ∧ Ga**	∧ E; 3, 5
7	⋁x(Fx ∧ Gx)	⋁ E; 6

3.

1	⋀x Fx ∧ ⋀x Gx	Prämisse der Schlußkette
2	**⋀x Fx**	∧ B; 1
3	**Fa**	⋀ B; 2
4	**⋁x Fx**	⋁ E; 3
5	**⋀x Gx**	∧ B; 1
6	**Ga**	⋀ B; 5
7	**⋁x Gx**	⋁ E; 6
8	⋁x Fx ∧ ⋁x Gx	∧ E; 3, 7

4.

1	**⋀x Kx ∧ ⋀x Fx**	Alles ist käuflich und alles ist flüchtig.
2	**⋀x Kx**	Also ist erstens alles käuflich,
3	**Ka**	so daß z. B. die Ehre käuflich ist,
4	**⋀x Fx**	und ist zweitens alles flüchtig,
5	**Fa**	so daß die Ehre auch flüchtig ist.
6	**Ka ∧ Fa**	Die Ehre ist also käuflich und flüchtig – wie sich für alles zeigen läßt:
7	**⋀x(Kx ∧ Fx)** a	Alles ist also käuflich und flüchtig.

3.6 Negation

»Es ist nicht der Fall, daß p«, kurz »nicht p«, wird »¬ p« abgekürzt.
»¬ p« heißt »die Negation von p«. Das Negationszeichen macht nicht aus zwei Teilsätzen, sondern aus einem einen komplexen Satz. Deshalb braucht man für die Wahrheitstafel nur zwei Fälle:

p	¬p
w	f
f	w

Die Negation von p ist also falsch, wenn p wahr ist, und ist wahr, wenn p falsch ist. »¬ Fa« heißt dann »a hat die Eigenschaft F nicht«; »¬ (a liebt b)« heißt: »a liebt b nicht« oder »es stimmt nicht, daß a b liebt«. »¬ ∨x Fx« heißt: »es stimmt nicht, daß es x mit der Eigenschaft F gibt«, kurz: »Kein x ist F«. »¬ ∧x Fx« heißt: »Nicht alle x sind F«.

Genau wie für die Konjunktion kann man die Definition auch für die Negation auf Prädikate erweitern:

»¬ Fx« trifft auf a zu, wenn »¬ Fa« wahr ist; »¬ Fxy« trifft auf a und b zu, wenn »¬ Fab« wahr ist; usw.

Man kann dann aus solchen Prädikaten auch durch Binden der Variablen Sätze bilden:

∧x¬ Fx   Für alle Individuen gilt, daß sie nicht F. sind.
∨x¬ Fx   Es gibt Individuen, die nicht F sind.
¬ ∨x¬ Fx   Es stimmt nicht, daß es Individuen gibt, die nicht F sind.

Zusatzübung

Der Satz »Seine Mutter ließ ihn zu Hause« soll sprachlich so verneint werden, daß die sprachliche Form möglichst genau der wahrheitsfunktionalen Negation entspricht. Von den acht Versuchen, den Satz in dieser Weise zu verneinen, sind drei völlig mißglückt. Kreuzen Sie sie an.

Seine Mutter ließ ihn nicht zu Hause.
Es stimmt nicht, daß seine Mutter ihn zu Hause ließ.
Zu Hause ließ seine Mutter ihn nicht.
Daß seine Mutter ihn zu Hause ließ, ist nicht wahr.
Nicht seine Mutter ließ ihn zu Hause.
Seine Mutter ließ nicht ihn zu Hause.
Es ist falsch, daß seine Mutter ihn zu Hause ließ.
Es ist nicht der Fall, daß seine Mutter ihn zu Hause ließ.

3.7 Konjunktion und Negation; komplexere Sätze

»p ∧ q« ist ein Satz; man kann ihn negieren: »¬ (p ∧ q)«. Eine Konjunktion kann Negationen als Teilsätze haben: »¬ p ∧ ¬ q«. Und das kann man wieder negieren: »¬ p(¬ p ∧ ¬ q)« – »es ist nicht der Fall, daß nicht p und nicht q«. Mit »p« für »Peter kommt« und »q« für »Quintus kommt«:

¬ p ∧ ¬ q	Peter kommt nicht, und Quintus kommt auch nicht.
p ∧ ¬ q	Peter kommt, aber Quintus kommt nicht.
¬ p ∧ q	Peter kommt zwar nicht, aber Quintus kommt.

In »¬ p ∧ q« wird »p« negiert; in »¬ (p ∧ q)« wird »p ∧ q« negiert; in »¬ p ∧ ¬ q« werden »p« und »q« negiert; in »¬ (p ∧ ¬ q)« werden »p ∧ ¬ q« sowie »q« negiert. Eine Aussage ist eine Negation, wenn sie mit einem Negationszeichen anfängt, das den Rest negiert, also »¬ p« oder »¬ (......)«. »¬ (p ∧ q)« ist eine Negation; »¬ p ∧ q« ist eine Konjunktion.

¬ p ∧ q	Peter kommt zwar nicht, aber Quintus kommt (Konjunktion).
¬ (p ∧ q)	Es ist nicht so, daß Peter kommt und Quintus kommt; Peter und Quintus kommen nicht beide (Negation).
¬ p ∧ ¬ q	Peter kommt nicht und Quintus kommt nicht; Peter und Quintus kommen beide nicht (Konjunktion).

Wann ist »¬ (p ∧ ¬ q)« wahr, wann falsch? Das stellt man fest, indem man bei den kleinsten Bestandteilen »p« und »q« anfängt und schrittweise aufbaut; unter »p« und »q« werden die vier Kombinationen der Wahrheitswerte eingetragen:

p	q	¬ q	p ∧ ¬ q	¬ (p ∧ ¬ q)
w	w			
w	f			
f	w			
f	f			

Fangen wir in der ersten Zeile an: »q« ist wahr, »¬ q« also falsch; deshalb ist auch »p ∧ ¬ q« falsch (ein falsches Konjunktionsglied macht die Konjunktion falsch); also ist »¬ (p ∧ ¬ q)« wahr; in der zweiten Zeile ist »¬ q« wahr, wegen der Wahrheit von »p« »p ∧ ¬ q«

p	q	¬ q	p ∧ ¬ q	¬ (q ∧ ¬ q)
w	w	f	f	w
w	f	w	w	f
f	w	f	f	w
f	f	w	f	w

wahr und »¬ (p ∧ ¬ q)« falsch; usw.

Übungen

1. Schreiben Sie mit »r« für »es regnet« und »s« für »es schneit« formal hin:

   Es schneit, und es regnet.
   Es schneit nicht, und es regnet.
   Es schneit nicht.
   Es schneit nicht, und es regnet nicht.
   Es schneit, und es regnet nicht.

2. Schreiben Sie mit »p« für »Peter kommt« und »q« für »Quintus kommt« formal hin:

   Peter und Quintus kommen beide.
   Peter kommt nicht, aber Quintus.
   Weder Peter noch Quintus kommen.
   Peter kommt mit Quintus.
   Quintus kommt ohne Peter.
   Nicht Peter, sondern Quintus kommt.
   Peter kommt, während Quintus nicht kommt.
   Peter und Quintus kommen beide nicht.
   Peter und Quintus kommen nicht beide.
   Sowohl Peter als auch Quintus kommen.
   Peter kommt ohne Quintus.

3. Geben Sie im linken Lösungsfeld an, welche Teilsätze negiert werden. Kreuzen Sie das rechte Lösungsfeld an, wenn der Satz eine Negation ist.

   $\neg p$
   $\neg p \wedge q$
   $\neg (p \wedge q)$
   $\neg p \wedge \neg q$
   $\neg (p \wedge \neg q)$
   $\neg (\neg p \wedge \neg q)$

4. Stellen Sie die Wahrheitstafeln für »$\neg (p \wedge q)$« und für »$\neg p \wedge \neg q$« auf.

p	q	$p \wedge q$	$\neg (p \wedge q)$
w	w		
w	f		
f	w		
f	f		

p	q	$\neg p$	$\neg q$	$\neg p \wedge \neg q$
w	w			
w	f			
f	w			
f	f			

Kann man das Negationszeichen »ausklammern«?

Lösungen

1.

s ∧ r
¬s ∧ r
¬s
¬s ∧ ¬r
s ∧ ¬r

2.

p ∧ q
¬p ∧ q
¬p ∧ ¬q
p ∧ q
q ∧ ¬p
¬p ∧ q
p ∧ ¬q
¬p ∧ ¬q
¬(p ∧ q)
p ∧ q
p ∧ ¬q

3.

p	×
p	
p ∧ q	×
p, q	
q, p ∧ ¬q	×
p, q ¬p ∧ ¬q	×

4.

p	q	p ∧ q	¬(p ∧ q)		p	q	¬p	¬q	¬p ∧ ¬q
w	w	w	f		w	w	f	f	f
w	f	f	w		w	f	f	w	f
f	w	f	w		f	w	w	f	f
f	f	f	w		f	f	w	w	w

»¬(p ∧ q)« kann wahr sein, wo »¬p ∧ ¬q« falsch ist; das Negationszeichen kann nicht »ausgeklammert« werden.

3.8 Schlußregeln für die Negation

Auch für die Negation gibt es eine Einführungs- und eine Beseitigungsregel. Die Regel der Negationsbeseitigung, abgekürzt ¬B:

¬ ¬ p
Also: p

Schlüsse mit dieser Struktur sind gültig.

Die Regel läßt sich durch einen Blick auf die Wahrheitstafel rechtfertigen:

p	¬p	¬ ¬ p
w	f	w
f	w	f

Wenn »¬ ¬ p« wahr ist, ist auch »p« wahr. Angewandt auf ein einfaches Beispiel:

1 ⋀x ¬ ¬ Fx   Prämisse der Schlußkette
2   ¬ ¬ Fa   ⋀B; 1
3   Fa   ¬B; 2
4   ⋀x Fx a ⋀E; 3

Aus »Für jedes Ding gilt nicht, daß es nicht eitel ist« kann man schließen auf »Alles ist eitel«

Etwas umständlicher ist die Regel der Negationseinführung, abgekürzt ¬E, zu formulieren:

Wenn man aus den Prämissen »p« und »q« auf einen Satz der Form »r ∧ ¬ r« schließen kann, dann kann man von »p« auf »¬ q« schließen und von »q« auf »¬ p«.

Was bedeutet es für »p« und »q«, daß man aus ihnen auf »r ∧ ¬ r« schließen kann? Schauen wir uns die Wahrheitstafel von »r ∧ ¬ r« an!

r	¬r	r ∧ ¬ r
w	f	f
f	w	f

»r ∧ ¬ r« ist ein Satz, der gar nicht wahr sein kann: er ist falsch, wenn »r« wahr ist und auch falsch, wenn »r« falsch ist. Man nennt solche Sätze »kontradiktorisch«, »widersprüchlich« oder einfach »Widersprüche«. Kontradiktorische Sätze sind auf Grund ihrer Struktur falsch.

Aus »p« und »q« muß man also auf einen Widerspruch schließen können; d.h. es wird vorausgesetzt, daß es einen gültigen Schluß gibt, der »p« und »q« als Prämissen und einen Widerspruch als Konklusion hat. Die Konklusion ist also garantiert falsch. Können dann alle Prämissen wahr sein? Offenbar nicht; denn ein gültiger Schluß hat bei wahren Prämissen keine falsche Konklusion. Also können die Prämissen »p« und »q« nicht zusammen wahr sein. *Wenn* also

»p« wahr ist, dann muß »q« falsch sein, und *wenn* »q« wahr ist, dann muß »p« falsch sein. Genau das sagt die Regel ⌐ E. Kurz: Wenn zwei Voraussetzungen zusammen zum Widerspruch führen und man an einer von ihnen festhalten will, muß man die zweite aufgeben.

Ein einfaches Beispiel: Wir zeigen, daß man aus »p« auf »p« schließen kann.

1	p	Prämisse der Schlußkette
2	⌐ p	Zusatzprämisse
3	p ∧ ⌐ p	∧ E; 1, 2
4	⌐ ⌐ p	⌐ E; aus 1 und 2 kann man auf den Widerspruch 3 schließen, aus 1 also auf die Negation von 2
5	p	⌐ B; 4

Die Zusatzprämisse in Zeile 2 führen wir nur ein, um sie zu widerlegen. Das macht man beim Schließen nach dieser Regel immer: Man schließt auf etwas, indem man das Gegenteil als Zusatzprämisse annimmt und widerlegt. Dieses Schließen durch Widerlegen des Gegenteils heißt auch »indirekter Beweis«. Mit seiner Hilfe zeigen wir, wie All- und Existenzquantor über die Negation miteinander zusammenhängen. Zunächst: Von »∧xFx« kann man auf »⌐ ∨x ⌐ Fx« schließen.

1	∧x Fx		Prämisse der Schlußkette
2	∨x ⌐ Fx		Zusatzprämisse (Auf ihre Negation soll aus der Prämisse 1 geschlossen werden.)
3	⌐ Fa*	a*	∨B; 2
4	Fa*		∧B; 1 (Bei ∧ B muß nicht wieder markiert werden!)
5	Fa* ∧ ⌐ Fa*		∧ E; 3, 4
6	⌐ ∨x ⌐ Fx		⌐ E; aus 1 und der Zusatzprämisse 2 kann man auf das widersprüchliche 5 schließen, aus 1 also auf die Negation von 2, nämlich 6.

In den Erläuterungen der formalen Zeilen werden wir die Zusatzprämisse, die wir einführen, um aus ihr zusammen mit der Prämisse auf einen Widerspruch zu schließen, durch ein Fragezeichen kennzeichnen; die Negationseinführung wird statt »⌐ E; aus 1 und der Zusatzprämisse 2 kann man auf das widersprüchliche 5 schließen« abgekürzt so erläutert: »⌐ E; 5 wid aus 1,2?«, und in dieser Zeile muß die Negation von 2 stehen:

1	∧x Fx		Prämisse der Schlußkette
2	∨x ⌐ Fx		?
3	⌐ Fa*	a*	∨B; 2
4	Fa*		∧B; 1
5	Fa* ∧ ⌐ Fa*		∧ E; 3, 4
6	⌐ ∨x ⌐ Fx		⌐ E; 5 wid aus 1, 2?

Man kann diese Schlußkette auch sehr gut mit Worten wiedergeben. »Fx« heiße »x ist eitel«; es ist also zu zeigen: Man kann von »alles ist eitel« schließen auf »es gibt nichts, das nicht eitel ist.«

1	∧x Fx	Alles ist eitel.
2	∨x¬ Fx	Kann es dann etwas geben, das nicht eitel ist?
3	¬ Fa* a*	So etwas, das nicht eitel wäre, soll a* heißen.
4	Fa*	a* wäre aber, weil alles eitel ist, dann auch eitel,
5	Fa* ∧ ¬ Fa*	also eitel und nicht eitel.
6	¬ ∨x¬ Fx	Da das ein Widerspruch ist, kann es etwas, das nicht eitel ist, dann nicht geben.

Auch der umgekehrte Schluß von »¬ ∨x¬ Fx« auf »∧ xFx« ist gültig:

1	¬ ∨x¬ Fx	Es gibt nichts, das nicht eitel ist.
2	¬ Fa	Kann dann z. B. a nicht eitel sein?
3	∨x¬ Fx	Dann gäbe es etwas, das nicht eitel ist.
4	∨x¬ Fx ∧ ¬ ∨x¬ Fx	Dann gäbe es etwas, das nicht eitel ist, und doch nichts, das nicht eitel ist.
5	¬ ¬ Fa	Da das ein Widerspruch ist, kann es dann nicht der Fall sein, daß a nicht eitel ist.
6	Fa	a ist also eitel; was nicht nur für
7	∧x Fx a	a bewiesen ist, sondern für alle x.

Oder mit den formalen Erläuterungen:

1	¬ ∨x¬ Fx	Prämisse der Schlußkette
2	¬ Fa	?
3	∨x¬ Fx	∨E; 2
4	∨x¬ Fx ∧ ¬ ∨x¬ Fx	∧E; 1, 3
5	¬ ¬ Fa	¬ E; 4 wid aus 1, 2?
6	Fa	¬ B; 5
7	∧x Fx a	∧E; 6

In dieser Schlußkette schließen wir auf »∧x Fx«, und zwar mit Hilfe des indirekten Beweises. Als Zusatzprämisse führen wir aber nicht »¬ ∧ xFx« ein, sondern »¬ Fa«. Diese Zusatzprämisse führt mit der Prämisse zum Widerspruch; wir können also auf »¬ ¬ Fa« schließen. Damit ist der indirekte Beweis zu Ende. Wir schließen weiter auf »Fa«; und der an a stellvertretend geführte Beweis erlaubt dann den Schluß auf »∧x Fx«.

Der Widerspruch, auf den man aus der Prämisse mit der zu widerlegenden Zusatzprämisse schließt, muß für eine korrekte Anwendung der Negationseinführung immer die Form »p ∧ ¬ p« haben; aber »p« darf beliebig komplex aufgebaut sein. Solche Widersprüche sind also:

p ∧ ¬ p
Fa* ∧ ¬ Fa*
∨xFx ∧ ¬ ∨xFx, oder verdeutlicht: [∨xFx] ∧ ¬ [∨xFx]
(p ∧ q) ∧ ¬ (p ∧ q)
¬ p ∧ ¬ ¬ p,   oder verdeutlicht: [¬ p] ∧ ¬ [¬ p]

Die folgenden Sätze sind für die Anwendung der Regel ¬ E nicht brauchbar, da sie nicht die Form »p ∧ ¬ p« haben:

(p ∧ q) ∧ (¬ p ∧ ¬ q)
(p ∧ q) ∧ ¬ p
∧xFx ∧ ¬ ∨xFx

Auch diese Sätze sind Widersprüche. Es wäre also kein inhaltlicher Fehler, sie als Widersprüche im Sinne des indirekten Beweises zu benutzen; man würde sich damit aber vom Standard logischer Schlußregeln entfernen. *Die Korrektheit ihrer Anwendung soll ohne Nachdenken überprüft werden können!* Man sieht nicht ohne weiteres, daß »∧xFx ∧ ¬ ∨xFx« ein Widerspruch ist, wohl aber, ob ein Satz die Form »p ∧ ¬ p« hat. Wenn man für den Widerspruch diese Form verlangt, ist also ohne Nachdenken nachprüfbar, ob die Anwendung von ¬ E korrekt ist.

Bisher haben wir die Negationseinführung nur in Schlußketten mit einer Prämisse benutzt. Es klappt auch bei mehreren Prämissen. Wir zeigen, daß man aus »¬ (p ∧ q)« und »p« auf »¬ q« schließen kann:

1	¬ (p ∧ q)	»p« und »q« seien nicht beide wahr.
2	p	»p« sei wahr.
3	q	Könnte dann auch »q« wahr sein?
4	p ∧ q	»p« und »q« wären dann beide wahr, und
5	(p ∧ q) ∧ ¬ (p ∧ q)	außerdem nicht beide wahr.
6	¬ q	Also kann »q« dann nicht wahr sein.

Mit formalen Erläuterungen:

1	¬ (p ∧ q)	Prämisse der Schlußkette
2	p	Prämisse der Schlußkette
3	q	?
4	p ∧ q	∧E; 2, 3
5	(p ∧ q) ∧ ¬ (p ∧ q)	∧E; 1, 4
6	¬ q	¬ E; 5 wid aus 1, 2, 3?

Führt eine Prämisse mit der Zusatzprämisse zum Widerspruch, dann kann man aus der einen Prämisse auf die Negation der Zusatzprämisse schließen; führen zwei, drei usw. Prämissen mit der Zusatzprämisse zum Widerspruch, dann kann man aus den zwei, drei usw. Prämissen auf die Negation der Zusatzprämisse schließen.

Übungen

1. Ergänzen Sie:
   a. Wenn alle Prämissen eines gültigen Schlusses wahr sind, dann ist seine Konklusion .....
   b. Wenn die Konklusion eines gültigen Schlusses falsch ist, dann sind nicht alle seine Prämissen .....
   c. Wenn die Konklusion eines gültigen Schlusses falsch ist, dann ist mindestens eine seiner Prämissen ....
   d. Wenn die Konklusion eines gültigen Schlusses mit zwei Prämissen falsch ist und die erste Prämisse wahr ist, dann ist die ...... Prämisse falsch, ihre Negation also .....
   e. Wenn die Konklusion eines gültigen Schlusses mit zwei Prämissen falsch ist, dann kann man von der ersten Prämisse auf die .... der zweiten Prämisse schließen.
   f. Wenn man aus mehreren Prämissen und einer Zusatzprämisse auf einen Widerspruch schließen kann, dann kann man aus den Prämissen auf die .... der .... schließen.

2. Aus »$\wedge$x Fx« kann man auf »$\wedge$x $\neg\neg$ Fx« schließen. Ergänzen Sie die formalen Erläuterungen:
```
1   ∧x Fx
2   ¬ Fa
3     Fa
4     Fa ∧ ¬ Fa
5   ¬ ¬ Fa
6   ∧x ¬ ¬ Fx
```

3. Aus »$\neg$ p« kann man auf »$\neg$ (p $\wedge$ q)« schließen. Ergänzen Sie die Zeilen der Schlußkette:
```
1   ¬ p              Prämisse der Schlußkette
2                    ?
3                    ∧ B; 2
4                    ∧ E; 1, 3
5   ¬ (p ∧ q)        ¬ E; 4 wid aus 1, 2?
```

4. Wenn für jeden gilt, daß er nicht dumm ist, gibt es niemanden, der dumm ist. Ergänzen Sie die Zeilen der Schlußkette mit »Fx« für »x ist dumm«:
```
1            Für jeden gilt, daß er nicht dumm ist
2            Könnte dann jemand dumm sein?
3            So ein Dummer könnte »a*« heißen.
4            a* wäre aber wegen der Prämisse nicht
             dumm,
5            also dumm und nicht dumm,
6            was ein Widerspruch ist, so daß bei Wahr-
             heit der Prämisse niemand dumm ist.
```

Zusatzübungen

1. Zeigen Sie, daß man von »¬ q« auf »¬ (p ∧ q) schließen kann.
2. Zeigen Sie, daß man von »¬ (p ∧ q)« und »q« auf »¬ p« schließen kann.
3. Zeigen Sie, daß man von »∨x ¬ ¬ Fx« auf »∨x Fx« schließen kann.
4. Zeigen Sie, daß man von »∨x Fx« auf »∨x ¬ ¬ Fx« schließen kann. (Hinweis: Wenden Sie erst ∨ B an und führen Sie die Negation der gewonnenen Zeile als Zusatzprämisse ein.)
5. Zeigen Sie, daß man von »¬ ∨x Fx« auf »∧x ¬ Fx« schließen kann. (Hinweis: Versuchen Sie, als vorletzte Zeile durch ¬ E »¬ Fa« zu gewinnen.)
6. Zeigen Sie, daß man von »∨x ¬ Fx« auf »¬ ∧x Fx« schließen kann.

Lösungen

1.
a. ... **wahr** ...   b. ... **wahr** ...   c. ... **falsch** ...   d. ... **zweite** ... ... **wahr** ...   e. ... **Negation** ...   f. ... **Negation** ... ... **Zusatzprämisse** ...

2.

1	∧x Fx	Prämisse der Schlußkette
2	¬ Fa	?
3	Fa	∧ B; 1
4	Fa ∧ ¬ Fa	∧ E; 2, 3
5	¬ ¬ Fa	¬ E; 4 wid aus 1, 2?
6	∧x ¬ ¬ Fx a	∧ E; 5

3.

1	¬ p	Prämisse der Schlußkette
2	**p ∧ q**	?
3	**p**	∧ B; 2
4	**p ∧ ¬ p**	∧ E; 1, 3
5	¬ (p ∧ q)	¬ E; 4 wid aus 1, 2?

4. (Zur Erinnerung mit den formalen Erläuterungen:)

1	**∧x ¬ Fx**	Prämisse der Schlußkette
2	**∨x Fx**	?
3	**Fa*** a*	∨ B; 2
4	**¬ Fa***	∧ B; 1
5	**Fa* ∧ ¬ Fa***	∧ E; 3, 4
6	¬ **∨x Fx**	¬ E; 5 wid aus 1, 2?

136

3.9 Einbau früherer Schlußketten in neue Schlußketten

Schlußketten können ziemlich lang werden. Manchmal kann man sie abkürzen, indem man frühere Ergebnisse benutzt. Wir zeigen so, daß man von »¬ ∧xFx« auf »∨x¬ Fx« schließen kann:

1	¬ ∧xFx	Prämisse der Schlußkette
2	¬ ∨x¬ Fx	?
3	∧xFx	In 3.8 wurde gezeigt, daß man von »¬ ∨x¬ Fx« auf »∧xFx« schließen kann.
4	∧xFx ∧ ¬ ∧xFx	∧ E; 1, 3
5	¬¬ ∨x¬ Fx	¬ E; 4 wid aus 1, 2?
6	∨x¬ Fx	¬ B; 5

Die Schlußkette, die uns in 3.8 von »¬ ∨x¬ Fx« zu »∧xFx« geführt hat, können wir uns zwischen 2 und 3 eingefügt denken. Daß man von ihrer Prämisse auf ihre Konklusion schließen kann, ist ein »Lehrsatz«. Um Lehrsätze zu benutzen, numerieren wir sie abschnittsweise durch; die Liste unserer bisherigen Lehrsätze findet sich auf S. 138. »p ⊢ q« heißt dabei »aus p kann man auf q schließen«; »3.5.1« heißt, daß die Schlußkette in 3.5 (als erste) zu finden ist. Die Zeilen 2 und 3 unseres Beispiels sehen dann so aus:

| 2 | ¬ ∨x¬ Fx | ? |
| 3 | ∧xFx | Lehrsatz 3.8.4; 2 |

Das heißt: Auf Grund von Lehrsatz 3.8.4 kann man von Zeile 2 zu Zeile 3 übergehen.

Übungen

1. Zeigen Sie daß der Lehrsatz gilt: 3.9.2 ∨xFx ⊢ ¬ ∧x¬ Fx. Benutzen Sie Lehrsatz 3.8.8 für den Übergang von Zeile 2 auf Zeile 3 Ihrer Schlußkette.

1	∨xFx	Prämisse der Schlußkette
2		?
3		Lehrsatz 3.8.8; 2
4		∧ E; 1, 3
5	¬ ∧x¬ Fx	¬ E; 4 wid aus 1, 2?

2. Zeigen Sie, daß der Lehrsatz gilt: 3.9.3 ¬ ∧x¬ Fx ⊢ ∨xFx. Benutzen Sie für den Übergang von Zeile 2 auf Zeile 3 Lehrsatz 3.8.13. Ergänzen Sie Zeilen und Erläuterungen.

1		
2		?
3		
4		∧ E; ,
5		
6		¬ B; 5

Bisher als gültig erwiesene Lehrsätze aus Kapitel 3

3.3.1 $p \wedge q \vdash q \wedge p$
3.3.2 $p, q \vdash p$ (Das Komma heißt: Aus beiden Prämissen zusammen kann man schließen.)
3.5.1 $\vee x(Fx \wedge Gx) \vdash \vee xFx \wedge \vee xGx$
3.5.2 $\wedge x(Fx \wedge Gx) \vdash \wedge xFx \wedge \wedge xGx$
3.5.3 $\wedge xFx \wedge \wedge xGx \vdash \wedge x(Fx \wedge Gx)$
3.8.1 $\wedge x \neg \neg Fx \vdash \wedge xFx$
3.8.2 $p \vdash p$
3.8.3 $\wedge xFx \vdash \neg \vee x \neg Fx$
3.8.4 $\neg \vee x \neg Fx \vdash \wedge xFx$
3.8.5 $\neg(p \wedge q), p \vdash \neg q$
3.8.6 $\wedge xFx \vdash \wedge x \neg \neg Fx$
3.8.7 $\neg p \vdash \neg(p \wedge q)$
3.8.8 $\wedge x \neg Fx \vdash \neg \vee xFx$
3.8.9 $\neg q \vdash \neg(p \wedge q)$
3.8.10 $\neg(p \wedge q), q \vdash \neg p$
3.8.11 $\vee x \neg \neg Fx \vdash \vee xFx$
3.8.12 $\vee xFx \vdash \vee x \neg \neg Fx$
3.8.13 $\neg \vee xFx \vdash \wedge x \neg Fx$
3.8.14 $\vee x \neg Fx \vdash \neg \wedge xFx$
3.9.1 $\neg \wedge xFx \vdash \vee x \neg Fx$

Lösungen

1.

1	$\vee xFx$	Prämisse der Schlußkette
2	$\wedge x \neg Fx$	?
3	$\neg \vee xFx$	Lehrsatz 3.8.8.; 2
4	$\vee xFx \wedge \neg \vee xFx$	$\wedge$ E; 1, 3
5	$\neg \wedge x \neg Fx$	$\neg$ E; 4 wid aus 1, 2?

2.

1	$\neg \wedge x \neg Fx$	**Prämisse der Schlußkette**
2	$\neg \vee xFx$	**?**
3	$\wedge x \neg Fx$	**Lehrsatz 3.8.13; 2**
4	$\wedge x \neg Fx \wedge \neg \wedge x \neg Fx$	$\wedge$ E; **1, 3**
5	$\neg \neg \vee xFx$	**$\neg$ E; 4 wid aus 1, 2?**
6	$\vee xFx$	$\neg$ B; 5

3.10 Adjunktion

»p oder q«, abgekürzt »p ∨ q«, heißt »Adjunktion von p und q«.
»p ∨ q« wird durch die Wahrheitstafel so definiert:

p	q	p ∨ q
w	w	w
w	f	w
f	w	w
f	f	f

»p ∨ q« ist also wahr, wenn mindestens einer der Teilsätze wahr ist, und falsch, wenn beide Teilsätze falsch sind. (Sogenanntes »einschließendes« »oder«.)

Auf Prädikate wird die Definition in der üblichen Weise übertragen: »Fx ∨ Gy« trifft auf a und b zu, wenn »Fa ∨ Gb« wahr ist (wenn also »Fx« auf a zutrifft oder »Gx« auf b oder beides).

Auch die Adjunktion kann man zur Bildung komplexer Sätze benutzen. Mit »p« für »Peter kommt«, »q« für »Quintus kommt« und

Bitte lesen Sie weiter auf der nächsten Seite!

Übungen

1. Schreiben Sie formal mit »p« für »Peter kommt«, »q« für »Quintus kommt« und »r« für »Richard kommt«:

   a. Peter kommt, und Quintus oder Richard kommen.
   b. Peter oder Quintus kommen, und Richard kommt.
   c. Peter kommt mit Quintus, oder beide kommen nicht.
   d. Peter kommt ohne Quintus, oder Quintus kommt ohne Peter.
   e. Peter und Quintus kommen nicht, oder Richard kommt.
   f. Peter kommt mit Quintus, oder Peter kommt mit Richard.

2. Schreiben Sie für »¬ (p ∨ q) ∨ r« die Wahrheitstafel hin.

p	q	r	p ∨ q	¬ (p ∨ q)	¬ (p ∨ q) ∨ r
w	w	w			
w	w	f			
w	f	w			
w	f	f			
f	w	w			
f	w	f			
f	f	w			
f	f	f			

»r« für »Richard kommt« heißt »(p ∧ q) ∨ ¬ r«: »Peter und Quintus kommen beide, oder Richard kommt nicht.« Die komplexe Wahrheitstafel wird in der üblichen Weise aufgebaut; allerdings müssen wir jede der vier w-f-Kombinationen von »p« und »q« zweimal hinschreiben, da »r« jeweils wahr oder falsch sein kann:

p	q	r	(p ∧ q)	¬ r	(p ∧ q) ∨ ¬ r
w	w	w	w	f	w
w	w	f	w	w	w
w	f	w	f	f	f
w	f	f	f	w	w
f	w	w	f	f	f
f	w	f	f	w	w
f	f	w	f	f	f
f	f	f	f	w	w

Dabei ergibt sich die Spalte ganz rechts aus den beiden Spalten links davon durch Anwendung der Adjunktionsdefinition; wo mindestens eine der beiden Spalten »w« hat, ist der Gesamtsatz wahr; andernfalls ist er falsch.

Lösungen

1.

  a. p ∧ (q ∨ r)
  b. (p ∨ q) ∧ r
  c. (p ∧ q) ∨ (¬ p ∧ ¬ q)
  d. (p ∧ ¬ q) ∨ (q ∧ ¬ p)
  e. (¬ p ∧ ¬ q) ∨ r
  f. (p ∧ q) ∨ (p ∧ r)

2.

p	q	r	p ∨ q	¬ (p ∨ q)	¬ (p ∨ q) ∨ r
w	w	w	w	f	w
w	w	f	w	f	f
w	f	w	w	f	w
w	f	f	w	f	f
f	w	w	w	f	w
f	w	f	w	f	f
f	f	w	f	w	w
f	f	f	f	w	w

3.11 Schlußregeln für die Adjunktion

Auch für die Adjunktion gibt es eine Einführungs- und eine Beseitigungsregel. Die Regel der Adjunktionseinführung, abgekürzt ∨ E, lautet:

```
       p                    q
Also: p ∨ q        Also: p ∨ q
```
Schlüsse mit dieser Struktur sind gültig.

(Es macht also nichts aus, ob die Prämisse das erste oder das zweite Adjunktionsglied ist.) Die Regel ist auf Grund der Wahrheitstafel für die Adjunktion korrekt: wenn die Prämisse wahr ist, ist ein Adjunktionsglied wahr (die Prämisse ist ja ein Adjunktionsglied) und damit die Adjunktion, die die Konklusion ist. In der folgenden Schlußkette für den Lehrsatz 3.11.1 »¬ (p ∨ q) ⊢ ¬ p ∧ ¬ q« wird die Regel zweimal verwendet:

```
 1  ¬ (p ∨ q)                Prämisse der Schlußkette
 2  p                        ?
 3  p ∨ q                    ∨ E; 2
 4  (p ∨ q) ∧ ¬ (p ∨ q)      ∧ E; 1, 3
 5  ¬ p                      ¬ E; 4 wid aus 1, 2?
 6  q                        ?
 7  p ∨ q                    ∨ E; 6
 8  (p ∨ q) ∧ ¬ (p ∨ q)      ∧ E; 1, 7
 9  ¬ q                      ¬ E; 8 wid aus 1, 6?
10  ¬ p ∧ ¬ q                ∧ E; 5, 9
```

»∨x Fx ∨ ∨x Gx« ist eine Adjunktion; »∨x (Fx ∨ Gx)« ist ein Existenzsatz. Deshalb ist die linke Anwendung der Adjunktionseinführung korrekt, die rechte nicht:

```
1  ∨x Fx                      1  ∨x Fx
2  ∨x Fx ∨ ∨x Gx  ∨E; 1       2  ∨x (Fx ∨ Gx)  ∨E; 1     falsch!
```

Denn rechts hat die Zeile 2 nicht die Struktur »p ∨ q«. (Wie sich leicht zeigen läßt, ist auch der rechte Schluß gültig; aber das läßt sich nicht auf diese Weise zeigen.)

Die Regel der Adjunktionsbeseitigung, abgekürzt ∨ B, ist etwas komplizierter:

Aus »p ∨ q« darf man,
    falls man aus »p« auf »r« schließen kann,
    und auch aus »q« auf »r« schließen kann,
auf »r« schließen.

Kurz: Wenn die Prämisse nur zwei Fälle offen läßt (Fall »p« und Fall »q«) und in beiden Fällen »r« zutrifft, darf man aus der Prämisse auf »r« schließen. Warum ist die Regel korrekt?

Zunächst ein Blick auf die Prämisse »p ∨ q« und auf ihre Wahrheitstafel. Wenn die Prämisse wahr ist, dann liegt einer von drei Fällen vor:

1. Fall: »p« ist wahr; »q« ist falsch.
2. Fall: »q« ist wahr; »p« ist falsch.
3. Fall: »p« und »q« sind beide wahr.

Beginnen wir mit dem ersten Fall: »p« ist wahr. Nun setzt die Anwendung unserer Regel voraus, daß man von »p« auf »r« schließen kann; dann kann bei Wahrheit von »p« »r« nicht falsch sein; also ist »r« im ersten Fall wahr. Dasselbe gilt im zweiten Fall wegen der Wahrheit von »q« und der Tatsache, daß bei vorausgesetzter Gültigkeit des Schlusses von »q« auf »r« dann auch »r« wahr ist. (Im dritten Fall gilt beides.) »r« ist also in allen Fällen wahr, wo »p ∨ q« wahr ist; d. h. es kann nicht vorkommen, daß »p ∨ q« wahr und »r« falsch ist. Der Schluß ist also gültig, die Regel korrekt. Als Beispiel eine Schlußkette für den Lehrsatz 3.11.2: $(p \land q) \lor (p \land r) \vdash p \land (q \lor r)$.

1	$(p \land q) \lor (p \land r)$	Peter und Quintus kommen, oder Peter und Richard kommen.
2	$p \land q$	*1. Fall:* Peter und Quintus kommen.
3	p	Dann kommt Peter;
4	q	außerdem kommt dann Quintus,
5	$q \lor r$	also kommt Quintus oder kommt Richard.
6	$p \land (q \lor r)$	Im ersten Fall kommt also Peter, und Quintus oder Richard kommen.
7	$p \land r$	*2. Fall:* Peter und Richard kommen.
8	p	Dann kommt Peter;
9	r	außerdem kommt Richard,
10	$q \lor r$	also kommt Quintus oder kommt Richard.
11	$p \land (q \lor r)$	Auch im zweiten Fall kommt also Peter, und Quintus oder Richard kommen.
12	$p \land (q \lor r)$	Also kommen in beiden Fällen Peter sowie Quintus oder Richard.

Eine Schlußkette, in der die Adjunktionsbeseitigung eine Rolle spielt, heißt sehr treffend auch »Beweis durch Fallunterscheidung«. Sie hat immer zwei kleine »Nebenrechnungen« eingeschaltet: die Schlußkette vom ersten Adjunktionsglied zur Konklusion und vom zweiten Adjunktionsglied zur Konklusion. Formal erläutern wir die Schlußkette so:

1	$(p \land q) \lor (p \land r)$	Prämisse der Schlußkette
2	$p \land q$	Erster Fall von 1
3	p	∧ B; 2
4	q	∧ B; 2

```
 5  q ∨ r                    ∨ E; 4
 6  p ∧ (q ∨ r)              ∧ E; 3, 5
 7  p ∧ r                    Zweiter Fall von 1
 8  p                        ∧ B; 7
 9  r                        ∧ B; 7
10  q ∨ r                    ∨ E; 9
11  p ∧ (q ∨ r)              ∧ E; 8, 10
12  p ∧ (q ∨ r)              ∨ B; 1; 6 aus 2, 11 aus 7
```

Die Erläuterung in Zeile 12 ist zu lesen: »Adjunktionsbeseitigung; angewandt auf 1; 6 ist aus 2 zu schließen, 11 ist aus 7 zu schließen.« Dabei muß Zeile 2 das erste Adjunktionsglied von Zeile 1 sein, 7 das zweite; Zeile 6 und 11 müssen genauso aussehen wie 12.

Als einfaches Beispiel mit Quantoren eine Schlußkette für den Lehrsatz 3.11.3 »∨x(Fx ∨ Gx) ⊢ ∨xFx ∨ ∨xGx«:

```
1  ∨x(Fx ∨ Gx)              Prämisse der Schlußkette
2      Fa* ∨ Ga*     a*     ∨ B; 1
3      Fa*                  Erster Fall von 2
4  ∨xFx                     ∨ E; 3
5  ∨xFx ∨ ∨xGx              ∨ E; 4
6           Ga*              Zweiter Fall von 2
7       ∨xGx                 ∨ E; 6
8  ∨xFx ∨ ∨xGx              ∨ E; 7
9  ∨xFx ∨ ∨xGx              ∨ B; 2; 5 aus 3, 8 aus 6
```

In diesem Beispiel bildet die beseitigte Adjunktion nicht selbst die Prämisse der Schlußkette; sondern aus der Prämisse der Schlußkette folgt eine Adjunktion, und in beiden Fällen, wo die Adjunktion wahr ist, gilt die Konklusion. Sie gilt also, wenn die Adjunktion wahr ist, und da diese wahr ist, wenn die Prämisse wahr ist, gilt die Konklusion, wenn die Prämisse wahr ist. – Ein letztes Beispiel erinnert schon fast an ein Stickmuster: Lehrsatz 3.11.4 »p ∨ p ⊢ p«

```
1  p ∨ p                    Prämisse der Schlußkette
2  p                        Erster Fall von 1
3  p                        Lehrsatz 3.8.2; 2
4  p                        Zweiter Fall von 1
5  p                        Lehrsatz 3.8.2; 4
6  p                        ∨ B; 1; 3 aus 2, 5 aus 4
```

Die Umkehrung, Lehrsatz 3.11.5 »p ⊢ p ∨ p«, ist durch einmalige Anwendung von ∨ E zu zeigen.

Bitte machen Sie die Übungen vor den Zusatzübungen!

Zusatzübungen

1. Es gilt der Lehrsatz 3.11.9: $\wedge x Fx \vee \wedge x Gx \vdash \wedge x(Fx \vee Gx)$; aber nicht seine Umkehrung; wenn also alle evangelisch sind oder alle katholisch sind, sind alle evangelisch oder katholisch, aber wenn alle evangelisch oder katholisch sind, müssen nicht alle evangelisch oder alle katholisch sein.

   a. Finden Sie eine Schlußkette für Lehrsatz 3.11.9. (Ein Hinweis: Versuchen Sie, sowohl im Fall »$\wedge x Fx$« als auch im Fall »$\wedge x Gx$« auf »$Fa \vee Ga$« zu schließen.)

   b. Über dem Individuenbereich {a, b, c} kann man für »Fx« und »Gx« die folgenden Atomsätze bilden:

   Fa, Fb, Fc, Ga, Gb, Gc

   Welche von den folgenden Interpretationen zeigen, daß die Umkehrung von Lehrsatz 3.11.9 nicht gültig ist, indem sie »$\wedge x(Fx \vee Gx)$« wahr machen, aber »$\wedge x Fx \vee \wedge x Gx$« falsch machen?

   Fa, Fb, **Fc**, **Ga**, **Gb**, **Gc**
   Fa, Fb, **Fc**, Ga, **Gb**, Gc
   Fa, **Fb**, **Fc**, **Ga**, **Gb**, **Gc**
   Fa, Fb, Fc, Ga, Gb, Gc

   (Die wahren Sätze sind hervorgehoben.)

   c. Finden Sie den Fehler in der Schlußkette!

1	$\wedge x(Fx \vee Gx)$		Prämisse der Schlußkette
2	$Fa \vee Ga$		$\wedge B$; 1
3	Fa		Erster Fall von 2
4	$\wedge x Fx$	a	$\wedge E$; 3
5	$\wedge x Fx \vee \wedge x Gx$		$\vee E$; 4
6	Ga		Zweiter Fall von 2
7	$\wedge x Gx$	a	$\wedge E$; 6
8	$\wedge x Fx \vee \wedge x Gx$		$\vee E$; 7
9	$\wedge x Fx \vee \wedge x Gx$		$\vee B$; 2; 5 aus 3, 8 aus 6

2. Zeigen Sie die Gültigkeit der folgenden Lehrsätze durch indirekten Beweis. Benutzen Sie in Ihren Schlußketten den Lehrsatz 3.11.1. (Beachten Sie bei 3.11.11 und 3.11.12, daß auch »$\neg (\neg p \vee q)$« und »$\neg (\neg p \vee \neg q)$« negierte Adjunktionen sind, allerdings mit komplexeren Adjunktionsgliedern.)

3.11.10 $\neg (\neg p \wedge \neg q) \vdash p \vee q$
3.11.11 $\neg (p \wedge q) \vdash \neg p \vee \neg q$
3.11.12 $\neg (p \wedge \neg q) \vdash \neg p \vee q$

Übungen

1. Ergänzen Sie mit »Fx« für x ist faul« und »Gx« für »x stinkt« die formalen Zeilen und Erläuterungen für Lehrsatz 3.11.6:
$\lor x Fx \lor \lor x Gx \vdash \lor x(Fx \lor Gx)$

1	Etwas ist faul oder etwas stinkt.
2	Erster Fall: Etwas ist faul;
3	so etwas Faules sei a*;
4	dann ist a* faul oder stinkt;
5	also ist etwas faul oder stinkt.
6	Zweiter Fall: Etwas stinkt;
7	und zwar stinke b*;
8	dann ist b* faul oder stinkt;
9	also ist etwas faul oder stinkt.
10	In beiden Fällen ist also etwas faul oder stinkt.

Mit 3.11.3 ergibt sich: Bei Existenzquantor mit Adjunktion ist der Schluß in beiden Richtungen möglich, so wie 3.5.2 und 3.5.3 es für Allquantor mit Konjunktion zeigen.

2. Stellen Sie auf Grund der angegebenen formalen Erläuterungen die Schlußkette her für 3.11.7: $p \lor (q \land r) \vdash (p \lor q) \land (p \lor r)$

1	Prämisse der Schlußkette
2	Erster Fall von 1
3	$\lor$E; 2
4	$\lor$E; 2
5	$\land$E; 3, 4
6	Zweiter Fall von 1
7	$\land$B; 6
8	$\lor$E; 7
9	$\land$B; 6
10	$\lor$E; 9
11	$\land$E; 8, 10
12	$\lor$B; 1; 5 aus 2, 11 aus 6

3. Ergänzen Sie die fehlenden Zeilen und Erläuterungen in der folgenden Schlußkette für Lehrsatz 3.11.8: $\neg(\neg p \lor \neg q) \vdash p \land q$. (Die Regel $\lor$B wird nicht benutzt.)

1	$\neg(\neg p \lor \neg q)$
2	Lehrsatz 3.11.1; 1
3	$\neg \neg p$
4	
5	$\neg \neg q$
6	
7	

Lösungen

1.

1	∨x Fx ∨ ∨x Gx		Prämisse der Schlußkette
2	∨x Fx		Erster Fall von 1
3	Fa*	a*	∨B; 2
4	Fa* ∨ Ga*		∨E; 3
5	∨x(Fx ∨ Gx)		∨E; 4
6	∨x Gx		Zweiter Fall von 1
7	Gb*	b*	∨B; 6
8	Fb* ∨ Gb*		∨E; 7
9	∨x(Fx ∨ Gx)		∨E; 8
10	∨x(Fx ∨ Gx)		∨B; 1; 5 aus 2, 9 aus 6

2.

1	**p ∨ (q ∧ r)**	Prämisse der Schlußkette
2	**p**	Erster Fall von 1
3	**p ∨ q**	∨E; 2
4	**p ∨ r**	∨E; 2
5	**(p ∨ q) ∧ (p ∨ r)**	∧E; 3, 4
6	**q ∧ r**	Zweiter Fall von 1
7	**q**	∧B; 6
8	**p ∨ q**	∨E; 7
9	**r**	∧B; 6
10	**p ∨ r**	∨E; 9
11	**(p ∨ q) ∧ (p ∨ r)**	∧E; 8, 10
12	**(p ∨ q) ∧ (p ∨ r)**	∨B; 1; 5 aus 2, 11 aus 6

3.

1	¬ (¬ p ∨ ¬ q)	**Prämisse der Schlußkette**
2	**¬¬p ∧ ¬¬q**	Lehrsatz 3.11.1; 1
3	¬¬p	**∧ B; 2**
4	**p**	**¬B; 3**
5	¬¬q	**∧ B; 2**
6	**q**	**¬B; 5**
7	**p ∧ q**	**∧ E; 4, 6**

146

3.12 Verschachtelte Beweise durch Fallunterscheidung

In einer Schlußkette, in der die Regel ∨ B angewandt wird, sind immer zwei Teil-Schlußketten eingebaut; das kann die Schlußkette unübersichtlich machen. Einfache Tricks helfen da, z. B. rechts die Anordnung der Schlußkette links für den Lehrsatz 3.12.1: p ∨ q ⊢ q ∨ p.

```
1  p ∨ q              1  p ∨ q
2  p                  2  1. p
3  q ∨ p              3     q ∨ p
4  q                  4  2. q
5  q ∨ p              5     q ∨ p
6  q ∨ p              6  q ∨ p
```

So macht man sich klar, daß zwei »Nebenrechnungen« eingeschaltet sind. Eine andere Möglichkeit ist das Diagramm, z. B. rechts für die Schlußkette für den Lehrsatz 3.12.2: q ∨ p ⊢ p ∨ q.

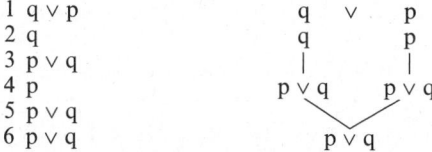

```
1  q ∨ p
2  q
3  p ∨ q
4  p
5  p ∨ q
6  p ∨ q
```

Solche Hilfsmittel helfen besonders dann weiter, wenn in eine »Nebenrechnung« nochmals zwei »Nebenrechnungen« eingebaut werden müssen, wie in der folgenden Schlußkette für Lehrsatz 3.12.3: (p ∨ q) ∧ (p ∨ r) ⊢ p ∨ (q ∧ r). (2 und 6 durch ∧ B aus 1; 10 durch ∧ E aus 5 und 9.)

```
 1  (p ∨ q) ∧ (p ∨ r)       1  (p ∨ q) ∧ (p ∨ r)
 2  p ∨ q                   2  p ∨ q
 3  p                       3  1. p
 4  p ∨ (q ∧ r)             4     p ∨ (q ∧ r)
 5  q                       5  2. q
 6  p ∨ r                   6     p ∨ r
 7  p                       7     2.1 p
 8  p ∨ (q ∧ r)             8        p ∨ (q ∧ r)
 9  r                       9     2.2 r
10  q ∧ r                  10        q ∧ r
11  p ∨ (q ∧ r)            11        p ∨ (q ∧ r)
12  p ∨ (q ∧ r)            12     p ∨ (q ∧ r)
13  p ∨ (q ∧ r)            13  p ∨ (q ∧ r)
```

Aus »p ∨ q« in 2 soll weiter geschlossen werden. Der erste Fall »p« ist problemlos (Zeilen 3–4). Der zweite Fall »q« muß aus der Prämisse 1 noch »p ∨ r« heranziehen. Das ergibt zwei Unterfälle (innerhalb des zweiten Falles): Wenn »p« gilt, gilt die Konklusion (Zeilen 7–8), und wenn »r« gilt, gilt die Konklusion (Zeilen 9–11). Im zweiten Fall gilt die Konklusion also (Zeile 12); und da sie auch im ersten Fall gilt (Zeile 4), gilt sie (Zeile 13). Ein Diagramm verhilft uns zur Übersicht über die Schlußkette für den Lehrsatz 3.12.4: $p \vee (q \vee r) \vdash (p \vee q) \vee r$:

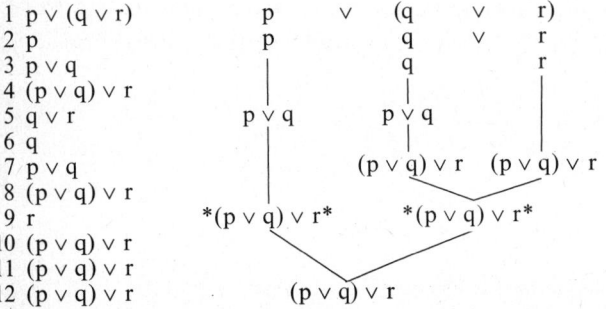

```
 1  p ∨ (q ∨ r)
 2  p
 3  p ∨ q
 4  (p ∨ q) ∨ r
 5  q ∨ r
 6  q
 7  p ∨ q
 8  (p ∨ q) ∨ r
 9  r
10  (p ∨ q) ∨ r
11  (p ∨ q) ∨ r
12  (p ∨ q) ∨ r
```

Die Folge der Schlüsse läßt sich aus dem Diagramm ablesen: Es gelte »$p \vee (q \vee r)$«; dann gilt entweder »p«, und wir kommen zum gewünschten *Ergebnis* links), oder es gilt »$q \vee r$«. In diesem Fall gilt entweder »q«, und wir kommen zum gewünschten Ergebnis, oder »r«, und wir kommen zum gewünschten Ergebnis, so daß wir auch rechts zum gewünschten *Ergebnis* kommen. Sowohl wenn »p« gilt als auch wenn »$q \vee r$« gilt, kommen wir also zum gewünschten Ergebnis.

Zusatzübungen

1. Auch die Umkehrung von Lehrsatz 3.12.4 gilt. Finden Sie übersichtliche Darstellungen der Schlußkette für Lehrsatz 3.12.5:

   $(p \vee q) \vee r \vdash p \vee (q \vee r)$

nach dem Muster der übersichtlichen Darstellungen der Schlußketten für die Lehrsätze 3.12.3 und 3.12.4. Schreiben Sie anschließend die Schlußkette mit den formalen Erläuterungen hin.

2. Ergänzen Sie zu den im Text links stehenden Schlußketten für die Lehrsätze 3.12.1, 3.12.2, 3.12.3 und 3.12.4 die formalen Erläuterungen.

3.13 Merkzeichen für Prämissen

In verschachtelten Schlußketten, wie wir sie in 3.12 kennengelernt haben, kann man gelegentlich die Übersicht darüber verlieren, welche Prämissen eigentlich für den Schluß auf eine Zeile benutzt worden sind. Zwar geben wir in den formalen Erläuterungen immer an, aus welchen Zeilen die betreffende Zeile unmittelbar erschlossen wird; aber die Zeilen brauchen nicht Prämissen der Schlußkette zu sein. Als Beispiel eine Schlußkette für den Lehrsatz 3.13.1: $p \land (q \land r) \vdash (p \land q) \land r$:

```
1  p ∧ (q ∧ r)      Prämisse der Schlußkette
2  p                ∧ B; 1
3  q ∧ r            ∧ B; 1
4  q                ∧ B; 3
5  p ∧ q            ∧ E; 2, 4
6  r                ∧ B; 3
7  (p ∧ q) ∧ r      ∧ E; 5, 6
```

Die Regel ∧ B wird in den Zeilen 4 und 6 auf Zeile 3 angewandt; 3 ist keine Prämisse der Schlußkette, sondern selbst aus der Prämisse erschlossen. Regel ∧ E wird in Zeile 5 auf die Zeilen 2 und 4 und in Zeile 7 auf die Zeilen 5 und 6 angewandt; 2, 4, 5 und 6 sind ebenfalls keine Prämissen der Schlußkette, sondern – zum Teil über Zwischenstationen – aus der Prämisse erschlossen. Man könnte sich das so notieren wie in der folgenden Schlußkette für 3.13.2:

$(p \land q) \land r \vdash p \land (q \land r)$.

(3.13.1 und 3.13.2 zusammen besagen, daß es nichts ausmacht, wie man Aussagen klammert, die nur Konjunktionszeichen enthalten.)

```
1  (p ∧ q) ∧ r      Prämisse der Schlußkette
2  p ∧ q            ∧ B; 1; 1 ist Prämisse, also 2 aus 1
3  r                ∧ B; 1; 1 ist Prämisse, also 3 aus 1
4  p                ∧ B; 2; (2 aus 1, also) 4 aus 1
5  q                ∧ B; 2; (2 aus 1, also) 5 aus 1
6  q ∧ r            ∧ E; 3, 5; (3 aus 1, 5 aus 1, also) 6 aus 1
7  p ∧ (q ∧ r)      ∧ E; 4, 6; (4 aus 1, 6 aus 1, also) 7 aus 1
```

Da »7 aus 1« erschlossen ist, wissen wir, daß der Lehrsatz gilt. Es ist nun zweckmäßig, für die Erläuterungszeilen eine narrensichere Vorschrift zu finden. Sie muß für ∧ B so lauten: (a) Wo die Regel ∧ B auf eine Prämisse angewandt wird, ist die erschlossene Zeile aus der Prämisse erschlossen; (b) wo die Regel ∧ B auf eine sonstige Zeile angewandt wird, ist die erschlossene Zeile aus den Prämissen erschlossen, aus denen die sonstige Zeile erschlossen ist. Wenn »i«, »j« und »k« für Zeilennummern stehen, sieht ∧ B dann so aus:

```
(a) i  p ∧ q       Prämisse
    j  p           ∧ B; i; j aus i
```

(b) i p ∧ q   ...; i aus ... k ...
    j p   ∧B; i; j aus ... k ...

»... k ...« steht für die Zeilennummern mehrerer Prämissen, wenn i aus mehreren Prämissen erschlossen worden ist. Für die Regel ∧E: (a) Wo ∧E auf zwei Prämissen angewandt wird, ist die erschlossene Zeile aus den Prämissen erschlossen; (b) wo ∧E auf eine Prämisse und eine sonstige Zeile angewandt wird, ist die erschlossene Zeile aus der Prämisse sowie aus denjenigen Prämissen, aus denen die sonstige Zeile erschlossen ist, erschlossen; (c) wo ∧E auf zwei Zeilen, die nicht Prämissen sind, angewandt wird, ist die erschlossene Zeile aus denjenigen Prämissen zusammen erschlossen, aus denen die beiden Zeilen erschlossen sind:

(a) i p   Prämisse
    j q   Prämisse
    m p ∧ q   ∧E; i, j; m aus i, j
(b) i p   Prämisse
    j q   ...; j aus ... l ...
    m p ∧ q   ∧E; i, j; m aus i, ... l ...
(c) i p   ...; i aus ... k ...
    j q   ...; j aus ... l ...
    m p ∧ q   ∧E; i, j; m aus ... k ..., ... l ...

Wie sieht das für die anderen Regeln aus? Die Negationsbeseitigung wird auf eine Zeile angewandt. Wenn »¬ ¬ p« zutrifft, trifft »p« zu; wenn »¬ ¬ p« unter bestimmten Voraussetzungen zutrifft, trifft unter diesen Voraussetzungen auch »p« zu:

(a) i ¬ ¬ p   Prämisse
    j p   ¬B; i; j aus i
(b) i ¬ ¬ p   ...; i aus ... k ...
    j p   ¬B; i; j aus ... k ...

Voraussetzung der Negationseinführung ist, daß aus Prämissen (in den Zeilen ... i ...) und einer Zusatzprämisse (in der Zeile j) in Zeile k ein Widerspruch erschlossen wird; dann darf anschließend in Zeile l die Negation der Zusatzprämisse aus den Prämissen ... i ... erschlossen werden:

    j p   ?
    k q ∧ ¬ q   ...; k aus ... i ..., j?
    l ¬ p   ¬E; k wid aus ... i ...,j?; l aus ... i ...

So in einer Schlußkette für den Lehrsatz 3.13.3:

¬ (¬ p ∨ q) ⊢ p ∧ ¬ q (Lehrsatz 3.11.12 wird benutzt):

1 ¬ (¬ p ∨ q)   Prämisse der Schlußkette
2 ¬ (p ∧ ¬ q)   ?

```
3  ¬ p ∨ q                        3.11.12; 2; 3 aus 2?
4  (¬ p ∨ q) ∧ ¬ (¬ p ∨ q)        ∧ E; 1, 3; 4 aus 1, 2?
5  ¬ ¬ (p ∧ ¬ q)                  ¬ E; 4 wid aus 1, 2?; 5 aus 1
6  p ∧ ¬ q                        ¬ B; 5; 6 aus 1
```

Die Adjunktionseinführung ∨ E wird immer auf eine Zeile angewandt; (a) ist das eine Prämisse, dann ist die Adjunktion aus dieser Prämisse erschlossen, (b) ist das keine Prämisse, sondern aus anderen Prämissen erschlossen, dann ist die Adjunktion aus den anderen Prämissen erschlossen:

```
(a) j  p              Prämisse
    k  p ∨ q          ∨ E; j; k aus j
(b) j  p              ...; j aus ... i ...
    k  p ∨ q          ∨ E; j; k aus ... i ...
```

Bei der Adjunktionsbeseitigung ∨ B wird aus einer Adjunktion »p ∨ q« auf einen Satz »r« geschlossen. Im ersten Teilschluß wird gezeigt, daß man von »p« auf »r« schließen kann, im zweiten, daß man von »q« auf »r« schließen kann; in beiden Teilschlüssen sind »p« bzw. »q« Prämisse. Wenn »p« allein genügt und »q« allein genügt, um auf »r« zu schließen, dann ist »r« tatsächlich allein aus »p ∨ q« erschlossen. Gelegentlich braucht man außer »p« noch weitere Prämissen, um auf »r« zu schließen, oder außer »q« noch weitere Prämissen, um auf »r« zu schließen. Dann ist »r« nicht aus »p ∨ q« allein erschlossen, sondern aus »p ∨ q« und den weiteren Prämissen. Auch »p ∨ q« braucht nicht selbst Prämisse zu sein; dann ist »r« statt aus »p ∨ q« aus den Prämissen erschlossen, aus denen »p ∨ q« erschlossen ist. Analog zu unserer bisherigen Darstellung müßten wir für ∨ B acht Fälle unterscheiden, (»p ∨ q« ist Prämisse oder nicht; »r« kann man aus »p« allein erschließen oder nicht; »r« kann man aus »q« allein erschließen oder nicht – acht mögliche Kombinationen.) Wir geben nur die beiden Extremfälle an:

```
(a) i  p ∨ q          Prämisse
    j  p              Erster Fall von i (j ist Prämisse)
    k  r              ...; k aus j
    l  q              Zweiter Fall von i (l ist Prämisse)
    m  r              ...; m aus l
    n  r              ∨ B; i; k aus j, m aus l, also n aus i
(b) i  p ∨ q          ...; i aus ... f ...
    j  p              Erster Fall von i (j ist Prämisse)
    k  r              ...; k aus j, ... g ...
    l  q              Zweiter Fall von i (l ist Prämisse)
    m  r              ...; m aus l, ... h ...
    n  r              ∨ B; i; k aus j, ... g ..., m aus l, ... h ...,
                      also n aus ... f ..., ... g ..., ... h ...
```

Bei (b) ist »p ∨ q« aus den Prämissen ... f ... erschlossen; für den Schluß von »p« auf »r« sind zusätzlich die Prämissen ... g ... nötig; für den Schluß »q« auf »r« sind zusätzlich die Prämissen ... h ... nötig. Daher ist »r« aus ... f ..., ... g ..., ... h ... erschlossen.
Als Beispiel eine Schlußkette für den Lehrsatz 3.13.4: p ∧ (q ∨ r) ⊢ (p ∧ q) ∨ (p ∧ r):

```
 1  p ∧ (q ∨ r)         Prämisse der Schlußkette
 2  p                    ∧ B; 1; 2 aus 1
 3  q ∨ r                ∧ B; 1; 3 aus 1
 4  q                    Erster Fall von 3 (4 ist Prämisse)
 5  p ∧ q                ∧ E; 2, 4; 5 aus 1, 4
 6  (p ∧ q) ∨ (p ∧ r)    ∨ E; 5; 6 aus 1, 4
 7  r                    Zweiter Fall von 3 (7 ist Prämisse)
 8  p ∧ r                ∧ E; 2, 7; 8 aus 1, 7
 9  (p ∧ q) ∨ (p ∧ r)    ∨ E; 8; 9 aus 1, 7
10  (p ∧ q) ∨ (p ∧ r)    ∨ B; 3; 6 aus 1, 4; 9 aus 1, 7; also 10 aus 1
```

(Die Prämissen 4 und 7 verschwinden; sie stellen die beiden möglichen Fälle von 3 dar, und 3 ist aus 1 erschlossen.)

Für die quantorenlogischen Regeln ist das Notieren der Prämissen problemlos. Je nachdem, ob die Zeile, auf die sie angewandt werden, selbst Prämisse oder aus früheren Prämissen erschlossen ist, ist die durch ∧ E, ∧ B, ∨ E, ∨ B gewonnene Zeile aus ihr oder den früheren Prämissen erschlossen:

(a) i   Fa   ∧x Fx   Fa   ∨x Fx   Prämisse
    j   ∧x Fx   Fa   ∨x Fx   Fa*   ∧ E | ∧ B | ∨ E | ∨ B; i; j aus i

(b) i   Fa   ∧x Fx   Fa   ∨x Fx   ...; i aus ... k ...
    j   ∧x Fx   Fa   ∨x Fx   Fa*   ∧ E | ∧ B | ∨ E | ∨ B; i; j aus ... k ...

Die Konklusion von ¬ E

ist erschlossen aus den Prämissen, aus denen der Widerspruch erschlossen ist, abzüglich der Zusatzprämisse.

Die Konklusion von ∨ B

ist erschlossen aus den Prämissen, aus denen die Adjunktion selbst und die Konklusion im 1. und 2. Fall erschlossen sind, abzüglich der Prämissen »Erster Fall« und »Zweiter Fall«.

Die Konklusion von ∧ E, ∧ B, ∨ E, ¬ B, ∧ E, ∧ B, ∨ E, ∨ B

ist erschlossen aus den Prämissen, aus denen die Anwendungszeilen erschlossen sind.

Übungen

Ergänzen Sie fehlende formale Erläuterungen einschließlich der Angaben, aus welchen Prämissen die Zeilen erschlossen sind. (Die Anwendung eines Lehrsatzes in einer Schlußkette überträgt die Prämissen der Zeilen, auf die er angewandt wird, auf die durch ihn gewonnene Zeile.)

1. Lehrsatz 3.13.5: $\neg p \vee \neg q \vdash \neg (p \wedge q)$
   1 $\neg p \vee \neg q$
   2 $\neg p$
   3 $\neg (p \wedge q)$ Lehrsatz 3.8.7;
   4 $\neg q$
   5 $\neg (p \wedge q)$ Lehrsatz 3.8. ;
   6 $\neg (p \wedge q)$

2. Lehrsatz 3.13.6: $p \vee q \vdash \neg (\neg p \wedge \neg q)$
   1 $p \vee q$
   2 p
   3 $\neg p \wedge \neg q$?
   4 $\neg p$
   5 $p \wedge \neg p$
   6 $\neg (\neg p \wedge \neg q)$
   7 q
   8 $\neg p \wedge \neg q$?
   9 $\neg q$
   10 $q \wedge \neg q$
   11 $\neg (\neg p \wedge \neg q)$
   12 $\neg (\neg p \wedge \neg q)$

3. Lehrsatz 3.13.7: $p \vee q, \neg p \vdash q$
   1 $p \vee q$
   2 $\neg p$
   3 $\neg q$?
   4 $\neg p \wedge \neg q$
   5 $\neg (\neg p \wedge \neg q)$ Lehrsatz 3.13.6;
   6 $(\neg p \wedge \neg q) \wedge \neg (\neg p \wedge \neg q)$
   7 $\neg \neg q$
   8 q

4. Lehrsatz 3.13.8: $\neg p \wedge \neg q \vdash \neg (p \vee q)$
   1 $\neg p \wedge \neg q$
   2 $p \vee q$
   3 $\neg (\neg p \wedge \neg q)$ Lehrsatz . . ;
   4 $(\neg p \wedge \neg q) \wedge \neg (\neg p \wedge \neg q)$
   5 $\neg (p \vee q)$

Lösungen

1. Lehrsatz 3.13.5: $\neg p \vee \neg q \vdash \neg$
1	$\neg p \vee \neg q$	**Prämisse der Schlußkette**
2	$\neg p$	**Erster Fall von 1**
3	$\neg(p \wedge q)$	Lehrsatz 3.8.7; **2; 3 aus 2**
4	$\neg q$	**Zweiter Fall von 1**
5	$\neg(p \wedge q)$	Lehrsatz 3.8.9; **4; 5 aus 4**
6	$\neg(p \wedge q)$	$\vee$ B; **1; 3 aus 2, 5 aus 4; 6 aus 1**

2. Lehrsatz 3.13.6: $p \vee q \vdash \neg(\neg p \wedge \neg q)$
1	$p \vee q$	**Prämisse der Schlußkette**
2	p	**Erster Fall von 1**
3	$\neg p \wedge \neg q$	?
4	$\neg p$	$\wedge$ B; **3; 4 aus 3?**
5	$p \wedge \neg p$	$\wedge$ E; **2, 4; 5 aus 2, 3?**
6	$\neg(\neg p \wedge \neg q)$	$\neg$ E; **5 wid aus 2, 3?; 6 aus 2**
7	q	**Zweiter Fall von 1**
8	$\neg p \wedge \neg q$	?
9	$\neg q$	$\wedge$ B; **8; 9 aus 8?**
10	$q \wedge \neg q$	$\wedge$ E; **7, 9; 10 aus 7, 8?**
11	$\neg(\neg p \wedge \neg q)$	$\neg$ E; **10 wid aus 7, 8? 11 aus 7**
12	$\neg(\neg p \wedge \neg q)$	$\vee$ B; **1; 6 aus 2, 11 aus 7; 12 aus 1**

3. Lehrsatz 3.13.7: $p \vee q, \neg p \vdash q$
1	$p \vee q$	**Prämisse der Schlußkette**
2	$\neg p$	**Prämisse der Schlußkette**
3	$\neg q$	?
4	$\neg p \wedge \neg q$	$\wedge$ E; **2, 3; 4 aus 2, 3?**
5	$\neg(\neg p \wedge \neg q)$	Lehrsatz 3.16.6; **1; 5 aus 1**
6	$(\neg p \wedge \neg q) \wedge \neg(\neg p \wedge \neg q)$	$\wedge$ E; **4, 5; 6 aus 1, 2, 3?**
7	$\neg\neg q$	$\neg$ E; **6 wid aus 1, 2, 3?; 7 aus 1, 2**
8	q	$\neg$ B; **7; 8 aus 1, 2**

4. Lehrsatz 3.13.8: $\neg p \wedge \neg q \vdash \neg(p \vee q)$
1	$\neg p \wedge \neg q$	**Prämisse der Schlußkette**
2	$p \vee q$	?
3	$\neg(\neg p \wedge \neg q)$	Lehrsatz **3.13.6; 2; 3 aus 2?**
4	$(\neg p \wedge \neg q) \wedge \neg(\neg p \wedge \neg q)$	$\wedge$ E; **1, 3; 4 aus 1, 2?**
5	$\neg(p \vee q)$	$\neg$ E; **4 wid aus 1, 2?; 5 aus 1**

Zusatzübungen

Ergänzen Sie fehlende formale Erläuterungen einschließlich der Angaben, aus welchen Prämissen die Zeilen erschlossen sind.

1. Lehrsatz 3.13.9: $p \vdash \neg\neg p$
   1 p
   2 $\neg p$?
   3 $p \land \neg p$
   4 $\neg\neg p$

2. Wenn man Lehrsätze anwendet, dürfen die darin vorkommenden Satzbuchstaben »p«, »q« usw. durch komplexe Sätze ersetzt werden. Welche komplexen Sätze sind für »p« und »q« in den Lehrsätzen eingesetzt worden?
   3.8.2: $p \lor q \vdash p \lor q$
   3.8.5: $\neg(\neg p \land q), \neg p \vdash \neg q$
   3.8.7: $\neg\neg p \vdash \neg(\neg p \land q)$
   3.8.9: $\neg\neg q \vdash \neg((p \lor q) \land \neg q)$

3. Lehrsatz 3.13.10: $p \land \neg q \vdash \neg(\neg p \lor q)$
   1 $p \land \neg q$
   2 $\neg p \lor q$?
   3 p
   4 $\neg\neg p$ Lehrsatz 3.13.9;
   5 q Lehrsatz 3.13.7; 2, 4;
   6 $\neg q$
   7 $q \land \neg q$
   8 $\neg(\neg p \lor q)$

4. Lehrsatz 3.13.11: $\neg p \lor q \vdash \neg(p \land \neg q)$
   1 $\neg p \lor q$
   2 $\neg p$
   3 $\neg(p \land \neg q)$ Lehrsatz 3.8.7;
   4 q
   5 $\neg\neg q$
   6 $\neg(p \land \neg q)$ Lehrsatz 3.8.9;
   7 $\neg(p \land \neg q)$

5. Lehrsatz 3.13.12: $p \land q \vdash \neg(\neg p \lor \neg q)$
   1 $p \land q$
   2 $\neg p \lor \neg q$?
   3 $\neg p$
   4 $\neg(p \land q)$
   5 $\neg q$
   6 $\neg(p \land q)$
   7 $\neg(p \land q)$
   8 $(p \land q) \land \neg(p \land q)$
   9 $\neg(\neg p \lor \neg q)$

3.14 Implikation

»p→q« wird gelesen »p impliziert q«; »p→q« ist eine »Implikation«. Diese wahrheitsfunktionale Verknüpfung werden wir nicht zuerst umgangssprachlich erläutern und dann mit Hilfe der Wahrheitstafel normieren, sondern wir schreiben zuerst die Wahrheitstafel hin und suchen anschließend nach umgangssprachlichen Entsprechungen:

p	q	p→q
w	w	w
w	f	f
f	w	w
f	f	w

»p→q« ist also falsch, wenn »p« wahr und »q« falsch sind; »p→q« ist wahr, wenn »p« falsch ist, und wahr, wenn »q« wahr ist.

»p→q« ist demnach zunächst einmal wahr, wenn »p« falsch ist; wer »p→q« behauptet, behauptet also nicht, daß »p« wahr ist – er hat mit seiner Behauptung recht, wenn »p« falsch ist. »p« muß aber nicht falsch sein, damit der mit »p→q« recht hat, sondern kann auch wahr sein; nur darf dann »q« nicht falsch sein. Also: Ob »p« zutrifft, bleibt offen, aber damit »p« zutreffen kann, muß »q« zutreffen; andernfalls ist »p→q« falsch.

Peter kommt → Quintus kommt

läßt sich also folgendermaßen wiedergeben:

Damit Peter kommt, muß Quintus kommen.
Wenn Peter kommen soll, muß Quintus kommen.
Peter kommt nicht, ohne daß Quintus kommt.
Peter kommt nur, wenn auch Quintus kommt.
Daß Peter kommt und Quintus nicht, stimmt nicht.
Nur wenn Quintus kommt, kommt (eventuell) Peter.

»p→q« liest man statt »p impliziert q« auch »wenn p, dann q«. Denn aus dem umgangssprachlichen Satz »Wenn Peter kommt, dann kommt Quintus« zusammen mit »Peter kommt« kann man schließen »Quintus kommt«; und genauso kann man aus »Peter kommt → Quintus kommt« zusammen mit »Peter kommt« schließen »Quintus kommt«. (»p« und »p→q« sind nur in der ersten Zeile der Wahrheitstafel beide wahr, und da ist auch »q« wahr.) Aber der umgangssprachliche Satz »Wenn Peter kommt, kommt Quintus« deckt sich nicht genau mit dem Satz »Peter kommt → Quintus kommt«. Insbesondere pflegen wir nicht zu sagen, daß einer mit der Behauptung »Wenn Peter kommt, kommt Quintus« recht behält, wenn Peter gar nicht kommt. Er hat zwar auch nicht unrecht; als falsch hat sich seine Äußerung nicht erwiesen. Aber sie hat sich auch nicht als wahr erwiesen, während »Peter kommt → Quintus kommt« wahr ist, wenn Peter nicht kommt. Für das umgangssprachliche »Wenn...dann...« kann es gar keine wahrheitsfunktionale Übersetzung geben – eben deshalb, weil bei Falschheit des »Wenn-Satzes« der »Wenn...dann...«-Satz gewöhnlich weder als wahr noch als falsch bezeichnet werden kann. Bei wahrheitsfunktionalen Verknüpfungen darf so etwas nicht vorkommen. Wir werden die Implikation zwar häufig mit »Wenn...dann...« lesen, aber im Auge behalten, daß das nicht genau dem umgangssprachlichen »Wenn...dann...« entspricht.

Für Prädikate wird die Implikation in gewohnter Weise normiert:

»Fx→Gy« trifft auf a und b zu, wenn
»Fa→Gb« wahr ist;

usw.: »Fx→Gy« trifft auf a zu, wenn »Fa→Ga« wahr ist; »Fx→Gx« trifft auf a zu, wenn »Fa→Ga« wahr ist. Diese Normierung ist von großer Bedeutung für die formale Darstellung von Allsätzen; denn was bedeutet »∧x(Fx→Gx)«? Der Satz besagt auf Grund der Normierung des Allquantors, daß jeder der folgenden Sätze wahr ist: »Fa→Ga«, »Fb→Gb«, »Fc→Gc« usw. Mit »x ist ein Finne« für »Fx« und »x ist gesellig« für »Gx« besagt »∧x(Fx→Gx)« also: »Wenn a ein Finne ist, ist a gesellig; und wenn b ein Finne ist, ist b gesellig; und wenn c ein Finne ist, ist c gesellig; und ... usw.« Kurz: »Wer Finne ist, ist gesellig« oder »Alle Finnen sind gesellig«; auch: »Um Finne zu sein, muß man gesellig sein« oder »Nur wer gesellig ist, ist Finne.«

Übungen

Formalisieren Sie:

1. Mit »p« für »Peter kommt« und »q« für »Quintus kommt«:

   a. Peter kommt nur, wenn auch Quintus kommt.
   b. Nur wenn Peter kommt, kommt Quintus allenfalls.
   c. Wenn Quintus kommt, dann kommt Peter.
   d. Nur wenn auch Quintus kommt, kommt eventuell Peter.
   e. Wenn Peter kommt, dann kommt Quintus.
   f. Peter kommt nur, wenn Quintus kommt.

2. Mit »Fx« für »x ist Finne« und »Gx« für »x ist gesellig«:

   a. Wer gesellig ist, ist Finne.
   b. Nur Finnen sind gesellig.
   c. Alle Finnen sind gesellig.
   d. Man ist nicht Finne, ohne gesellig zu sein.
   e. Wer Finne ist, der ist gesellig.

Zusatzübungen

1. Ergänzen Sie im Folgenden die fehlenden »w« und »f«, wo sie auf Grund der angegebenen »w« und »f« festliegen; wo sie nicht festliegen, machen Sie ein Fragezeichen.

p	q	p→q		p	q	p→q
w	w			w		w
	w	w		w	f	
f	w			w		f
f		w			f	w
f	f				f	f
w					w	
		w		f		
	f					f

2. Stellen Sie die Wahrheitstafeln für »¬ p ∨ q« sowie für »¬ (p ∧ ¬ q)« auf; vergleichen Sie sie mit der Wahrheitstafel für »p→q«.

3. Vergleichen Sie die beiden folgenden Sätze:
(»Fx« stehe für »x ist Finne«, »Gx« für »x ist gesellig«.)

(1) ∨x(Fx ∧ Gx)   (2) ∨x Gx
Bereich von »x«: nicht eingeschränkt   Bereich von »x«: Finnen

Satz (1) ist wahr, wenn mindestens ein Satz der Form »Fa ∧ Ga«, »Fb ∧ Gb« usw. wahr ist. Der Satz (2) ist wahr, wenn mindestens ein Satz der Form »Ga«, »Gb« usw. wahr ist, wobei a, b usw. Finne sein muß (sonst gehört »a« nicht zum Bereich von »x«). Beide Sätze sagen also dasselbe. Formulieren Sie den entsprechenden Zusammenhang für (3) ∧x(Fx→Gx) (Bereich von »x« nicht eingeschränkt) und (4) ∧x Gx (Bereich von »x«: Finnen).

Lösungen

1. a. p→q
   b. q→p
   c. q→p
   d. p→q
   e. p→q
   f. p→q

2. a. ∧x(Gx→Fx)
   b. ∧x(Gx→Fx)
   c. ∧x(Fx→Gx)
   d. ∧x(Fx→Gx)
   e. ∧x(Fx→Gx)

3.15 Schlußregeln für die Implikation

Auch für die Implikation gibt es eine Regel der Implikationsbeseitigung → B, in der eine Implikation als Prämisse dient, und eine Regel der Implikationseinführung → E, die eine Implikation als Konklusion erzeugt. → B lautet in unserer kompletten Formulierungsweise:

(a) k $p \rightarrow q$ Prämisse
    l p   Prämisse
    m q   → B; k, l; m aus k, l

(b) k $p \rightarrow q$ ...; k aus ...i...
    l p   ...; l aus ...j...
    m q   → B; k, l; m aus ...i..., ...j...

Die Korrektheit der Regel ergibt sich durch einen Blick auf die Wahrheitstafel: es gibt nur eine Zeile, in der sowohl »$p \rightarrow q$« als auch »p« wahr sind (ob nun als Prämissen, wie im Fall (a), oder bei Gültigkeit anderer Prämissen, wie im Fall (b)), und in dieser Zeile ist auch »q« wahr. Als Beispiel eine Schlußkette für
Lehrsatz 3.15.1: Fa, $\wedge x(Fx \rightarrow Gx) \vdash Ga$.

1 Fa   Prämisse der Schlußkette
2 $\wedge x(Fx \rightarrow Gx)$ Prämisse der Schlußkette
3    $Fa \rightarrow Ga$ $\wedge$ B; 2; 3 aus 2
4   Ga   → B; 1, 3; 4 aus 1, 2

In Worten: a sei ein Finne; nun sind alle Finnen gesellig, so daß auch a, wenn er Finne ist, gesellig ist; a ist also gesellig. – Als Beispiel für eine Schlußkette ohne Quantoren eine Schlußkette für Lehrsatz 3.15.2: $p \rightarrow q, \neg q \vdash \neg p$.

1 $p \rightarrow q$ Prämisse der Schlußkette
2 $\neg q$ Prämisse der Schlußkette
3 p   ?
4 q   → B; 1, 3; 4 aus 1, 3?
5 $q \wedge \neg q$ $\wedge$ E; 2, 4; 5 aus 1, 2, 3?
6 $\neg p$ $\neg$ E; 5 wid aus 1, 2, 3?; 6 aus 1, 2

In Worten: Wenn Peter kommt, kommt Quintus; und Quintus kommt nicht; kann dann Peter kommen? Dann käme Quintus; er käme also und käme nicht, was ein Widerspruch ist. Peter kommt also nicht.

Die Regel → E setzt, wie $\neg$ E und $\vee$ B, eine Teilschlußkette (»Nebenrechnung«) voraus. Sie lautet: Wenn man aus »p« mit anderen Prämissen auf »q« schließen kann, kann man aus den anderen Prämissen allein auf »$p \rightarrow q$« schließen:

```
i   p              Prämisse
.
.
.
k   q              ...; k aus i, ...j...
l   p→q            →E; k aus i, ...j...; l aus ...j...
```

Daß man aus »p« und den anderen Prämissen auf »q« schließen kann, besagt: *Wenn* »p« *und die anderen Prämissen wahr sind, ist* »q« *wahr*. Sind also die anderen Prämissen wahr, dann ist, falls auch »p« wahr ist, »q« wahr, also »p→q« wahr (erste Zeile der Wahrheitstafel), und falls »p« falsch ist, »p→q« ohnehin wahr (dritte und vierte Zeile der Wahrheitstafel). Ganz gleich also, ob »p« wahr oder falsch ist – wenn man aus »p« mit den anderen Prämissen auf »q« schließen kann, ist *bei Wahrheit der anderen Prämissen* »p→q« wahr; man kann also aus ihnen auf »p→q« schließen. Als ein Beispiel eine Schlußkette für den Lehrsatz 3.15.3: $p→q, q→r \vdash p→r$.

```
1   p→q            Prämisse der Schlußkette
2   q→r            Prämisse der Schlußkette
3   p              Prämisse
4   q              →B; 1, 3; 4 aus 1, 3
5   r              →B; 2, 4; 5 aus 1, 2, 3
6   p→r            →E; 5 aus 1, 2, 3; 6 aus 1, 2
```

In Worten: Wenn Peter kommt, kommt Quintus, und wenn Quintus kommt, kommt Richard. Angenommen nun, Peter käme; dann käme Quintus; und deshalb käme Richard. Wenn Peter kommt, kommt also Richard.

Um mit →E auf Implikationen zu schließen, muß man also das erste Glied der Implikation als (vorläufige) Prämisse angenommen haben. Im Lehrsatz 3.15.4

$p→(q→r) \vdash (p \land q)→r$

(aus »Wenn Peter kommt, kommt, falls Quintus kommt, Richard« kann man schließen »Wenn Peter und Quintus kommen, kommt Richard«) ist das erste Glied der erwünschten Implikation »p ∧ q«; wir müssen also in der Schlußkette »p ∧ q«, zusätzlich zur Prämisse, als vorläufige Prämisse annehmen:

```
1   p→(q→r)        Prämisse der Schlußkette
2   p ∧ q          Prämisse
3   p              ∧ B; 2; 3 aus 2
4   q→r            →B; 1, 3; 4 aus 1, 2
5   q              ∧ B; 2; 5 aus 2
6   r              →B; 4, 5; 6 aus 1, 2
7   (p ∧ q)→r      →E; 6 aus 1, 2; 7 aus 1
```

Übungen

Ergänzen Sie die fehlenden Zeilen und Erläuterungen.

1. Lehrsatz 3.15.5: $(p \wedge q) \to r \vdash p \to (q \to r)$
   1 $(p \wedge q) \to r$ Prämisse der Schlußkette
   2 p   Prämisse
   3 q   Prämisse
   4
   5
   6 $q \to r$ $\to E$; 5 aus 1, 2, 3; 6 aus 1, 2
   7                              $\to E$;

2. Lehrsatz 3.15.6: $p \to (q \to r) \vdash q \to (p \to r)$
   1
   2 p   Prämisse
   3
   4 q   Prämisse
   5
   6 $p \to r$
   7

3. Lehrsatz 3.15.7:
$\wedge x(Fx \to (Gx \wedge Hx)) \vdash \wedge x(Fx \to Gx) \wedge \wedge x(Fx \to Hx)$
   1
   2 $Fa \to (Ga \wedge Ha)$
   3 Fa   Prämisse
   4
   5   ...; ; 5 aus 1, 3
   6 $Fa \to Ga$ ...; 5 aus 1, 3; 6 aus 1
   7 $\wedge x(Fx \to Gx)$
   8 $Fb \to (Gb \wedge Hb)$
   9
   10
   11
   12
   13 $\wedge x(Fx \to Hx)$
   14

Zusatzübungen

Zeigen Sie, daß die Lehrsätze gültig sind.
   3.15.8: $p, p \to q, q \to r \vdash r$
   3.15.9: $\wedge x(Fx \to Gx) \wedge \wedge x(Fx \to Hx) \vdash \wedge x(Fx \to (Gx \wedge Hx))$
   3.15.10: $(p \to q) \wedge (p \to r) \vdash p \to (q \wedge r)$
   3.15.11: $p \to (q \wedge r) \vdash (p \to q) \wedge (p \to r)$
   3.15.12: $(p \wedge q) \to r \vdash (q \wedge p) \to r$

Lösungen

1. Lehrsatz 3.15.5: $(p \wedge q) \to r \vdash p \to (q \to r)$
1	$(p \wedge q) \to r$	Prämisse der Schlußkette
2	p	Prämisse
3	q	Prämisse
4	**p ∧ q**	**∧ E; 2, 3; 4 aus 2, 3**
5	**r**	**→B; 1, 4; 5 aus 1, 2, 3**
6	$q \to r$	→E; 5 aus 1, 2, 3; 6 aus 1, 2
7	**p → (q → r)**	→E; 6 aus 1, 2; 7 aus 1

2. Lehrsatz 3.15.6: $p \to (q \to r) \vdash q \to (p \to r)$
1	**p → (q → r)**	**Prämisse der Schlußkette**
2	p	Prämisse
3	**q → r**	**→B; 1, 2; 3 aus 1, 2**
4	q	Prämisse
5	**r**	**→B; 3, 4; 5 aus 1, 2, 4**
6	$p \to r$	→E; 5 aus 1, 2, 4; 6 aus 1, 4
7	**q → (p → r)**	→E; 6 aus 1, 4; 7 aus 1

3. Lehrsatz 3.15.7:
   $\wedge x(Fx \to (Gx \wedge Hx)) \vdash \wedge x(Fx \to Gx) \wedge \wedge x(Fx \to Hx)$
1	**∧x(Fx→(Gx ∧ Hx))**		**Prämisse der Schlußkette**
2	$Fa \to (Ga \wedge Ha)$		**∧B; 1; 2 aus 1**
3	Fa		Prämisse
4	**Ga ∧ Ha**		**→B; 2, 3; 4 aus 1, 3**
5	**Ga**		**∧ B; 4; 5 aus 1, 3**
6	$Fa \to Ga$		→E; 5 aus 1, 3; 6 aus 1
7	$\wedge x(Fx \to Gx)$	a	**∧E; 6; 7 aus 1**
8	$Fb \to (Gb \wedge Hb)$		**∧B; 1; 8 aus 1**
9	**Fb**		**Prämisse**
10	**Gb ∧ Hb**		**→B; 8, 9; 10 aus 1, 9**
11	**Hb**		**∧ B; 10; 11 aus 1, 9**
12	**Fb → Hb**		**→E; 11 aus 1, 9; 12 aus 1**
13	$\wedge x(Fx \to Hx)$	b	**∧E; 12; 13 aus 1**
14	**∧x(Fx→Gx) ∧ ∧x(Fx→Hx)**		**∧ E; 7, 13; 14 aus 1**

Zusatzübungen

Zeigen Sie, daß die Lehrsätze gültig sind.
3.15.13: $(q \vee p) \to r \vdash (p \vee q) \to r$
3.15.14: $\wedge x((Gx \wedge Fx) \to Hx) \vdash \wedge x((Fx \wedge Gx) \to Hx)$
3.15.15: $\wedge x((Fx \vee Gx) \to Hx) \vdash \wedge x((Gx \vee Fx) \to Hx)$
3.15.16: $\vee x Fx, \wedge x(Fx \to Gx) \vdash \vee x Gx$
3.15.17: $\wedge x Fx, \wedge x(Fx \to Gx) \vdash \wedge x Gx$

Übungen

Ergänzen Sie die fehlenden Zeilen und Erläuterungen.
4. Lehrsatz 3.15.18:
∧x(Fx → Hx) ∧ ∧x(Gx → Hx) ⊢ ∧x((Fx ∨ Gx) → Hx)
  1
  2
  3 Fa → Ha
  4
  5 Ga → Ha
  6 Fa ∨ Ga   Prämisse
  7
  8
  9
10
11 Ha
12 (Fa ∨ Ga) → Ha
13
5. Lehrsatz 3.15.19: p → q ⊢ ¬q → ¬p
  1
  2
  3 ¬p   Lehrsatz 3.15.2;
  4
6. Lehrsatz 3.15.20: ¬q → ¬p ⊢ p → q
  1
  2 p   Prämisse
  3   Lehrsatz 3. . ;
  4   Lehrsatz 3.15.2;
  5 q
  6
7. Lehrsatz 3.15.21: p → ¬q ⊢ q → ¬p
  1
  2 q
  3
  4 ¬p
  5

Zusatzübungen

Zeigen Sie, daß die Lehrsätze gültig sind.
3.15.22: ∧x((Fx ∨ Gx) → Hx) ⊢ ∧x(Fx → Hx) ∧ ∧x(Gx → Hx)
3.15.23: (p ∨ q) → r ⊢ (p → r) ∧ (q → r)
3.15.24: (p → r) ∧ (q → r) ⊢ (p ∨ q) → r
3.15.25: ¬p → q ⊢ ¬q → p
3.15.26: ¬r → (¬p ∨ ¬q) ⊢ (p ∧ q) → r
3.15.27: (p ∧ q) → r ⊢ ¬r → (¬p ∨ ¬q)
3.15.28: p → q, q → r, ¬r ⊢ ¬p

Lösungen

4. Lehrsatz 3.15.18:
$\wedge x(Fx \to Hx) \wedge \wedge x(Gx \to Hx) \vdash \wedge x((Fx \vee Gx) \to Hx)$
1 **∧x(Fx→Hx) ∧ ∧x(Gx→Hx)** **Prämisse der Schlußkette**
2 **∧x(Fx→Hx)** **∧B; 1; 2 aus 1**
3 Fa → Ha **∧B; 2; 3 aus 1**
4 **∧x(Gx → Hx)** **∧B; 1; 4 aus 1**
5 Ga → Ha **∧B; 4; 5 aus 1**
6 Fa ∨ Ga Prämisse
7 **Fa** **Erster Fall von 6**
8 **Ha** **→B; 3, 7; 8 aus 1, 7**
9 **Ga** **Zweiter Fall von 6**
10 **Ha** **→B; 5, 9; 10 aus 1, 9**
11 Ha ∨ B; 6; 8 aus 1, 7; 10 aus 1, 9; 11 aus 1, 6
12 (Fa ∨ Ga) → Ha →E; 11 aus 1, 6; 12 aus 1
13 **∧x((Fx ∨ Gx) → Hx)** a ∧E; 12; 13 aus 1

5. Lehrsatz 3.15.19: $p \to q \vdash \neg q \to \neg p$
1 **p → q** **Prämisse der Schlußkette**
2 **¬q** **Prämisse**
3 ¬p Lehrsatz 3.15.2; **1, 2; 3 aus 1, 2**
4 ¬q → ¬p →E; 3 aus 1, 2; 4 aus 1

6. Lehrsatz 3.15.20: $\neg q \to \neg p \vdash p \to q$
1 **¬q → ¬p** **Prämisse der Schlußkette**
2 p Prämisse
3 ¬¬p Lehrsatz 3.**13.9**; 2; 3 aus 2
4 ¬¬q Lehrsatz 3.15.2; **1, 3; 4 aus 1, 2**
5 q ¬B; 4; 5 aus 1, 2
6 p → q →E; 5 aus 1, 2; 6 aus 1

7. Lehrsatz 3.15.21: $p \to \neg q \vdash q \to \neg p$
1 **p → ¬q** **Prämisse der Schlußkette**
2 q Prämisse
3 **¬¬q** **Lehrsatz 3.13.9; 2; 3 aus 2**
4 ¬p **Lehrsatz 3.15.2; 1, 3; 4 aus 1, 2**
5 **q → ¬p** **→E; 4 aus 1, 2; 5 aus 1**

Zusatzübungen

Zeigen Sie, daß die Lehrsätze gültig sind.
3.15.29: $\wedge x(Fx \to Gx) \vdash \wedge x(\neg Gx \to \neg Fx)$
3.15.30: $\wedge x(\neg Gx \to \neg Fx) \vdash \wedge x(Fx \to Gx)$
3.15.31: $\wedge x(Fx \to \neg Gx) \vdash \wedge x(Gx \to \neg Fx)$
3.15.32: $\wedge x(\neg Fx \to Gx) \vdash \wedge x(\neg Gx \to Fx)$

Übungen

Ergänzen Sie die fehlenden Zeilen und Erläuterungen.
8. Lehrsatz 3.15.33: $p \to q \vdash (p \land r) \to q$
   1
   2 $p \land r$
   3 p
   4
   5

9. Lehrsatz 3.15.34: $p \to q \vdash \neg(p \land \neg q)$
   1
   2   ?
   3
   4
   5
   6
   7

10. Lehrsatz 3.15.35: $\neg(p \land \neg q) \vdash p \to q$
    1
    2 p Prämisse
    3   Lehrsatz 3.8.5;
    4
    5

11. Lehrsatz 3.15.36: $p \to q \vdash \neg p \lor q$
    1
    2   Lehrsatz 3.15. ;
    3   Lehrsatz

12. Lehrsatz 3.15.37: $\neg p \lor q \vdash p \to q$
    1
    2   Lehrsatz
    3   Lehrsatz

Zusatzübungen

Zeigen Sie, daß die Lehrsätze gültig sind.

3.15.38: $\wedge x(Fx \to Hx) \vdash \wedge x((Fx \land Gx) \to Hx)$
3.15.39: $\neg(p \land q) \vdash p \to \neg q$
3.15.40: $\neg(p \land q) \vdash q \to \neg p$
3.15.41: $p \to \neg q \vdash \neg(p \land q)$
3.15.42: $q \to \neg p \vdash \neg(p \land q)$
3.15.43: $p \to \neg q \vdash \neg p \lor \neg q$
3.15.44: $\neg p \lor \neg q \vdash p \to \neg q$

Lösungen

8. Lehrsatz 3.15.33: $p \rightarrow q \vdash (p \wedge r) \rightarrow q$
   1 **p → q**   **Prämisse der Schlußkette**
   2 p ∧ r   **Prämisse**
   3 p   ∧ **B; 2; 3 aus 2**
   4 **q**   **→ B; 1, 3; 4 aus 1, 2**
   5 **p → q**   **→ E; 4 aus 1, 2; 5 aus 1**

9. Lehrsatz 3.15.34: $p \rightarrow q \vdash \neg (p \wedge \neg q)$
   1 **p → q**   **Prämisse der Schlußkette**
   2 p ∧ ¬q   ?
   3 p   ∧ **B; 2; 3 aus 2?**
   4 **q**   **→ B; 1, 3; 4 aus 1, 2?**
   5 ¬ q   ∧ **B; 2; 5 aus 2?**
   6 **q ∧ ¬ q**   ∧ **E; 4, 5; 6 aus 1, 2?**
   7 **¬(p ∧ ¬q)**   **¬E; 6 wid aus 1, 2?; 7 aus 1**

10. 3.15.35: $\neg (p \wedge \neg q) \vdash p \rightarrow q$
    1 **¬ (p ∧ ¬ q)**   **Prämisse der Schlußkette**
    2 p   Prämisse
    3 ¬¬q   Lehrsatz 3.8.5; **1, 2; 3 aus 1, 2**
    4 **q**   **¬B; 3; 4 aus 1, 2**
    5 **p → q**   **¬E; 4 aus 1, 2; 5 aus 1**

11. Lehrsatz 3.15.36: $p \rightarrow q \vdash \neg p \vee q$
    1 **p → q**   **Prämisse der Schlußkette**
    2 **¬ (p ∧ ¬ q)**   Lehrsatz **3.15.34; 1; 2 aus 1**
    3 **¬ p ∨ q**   Lehrsatz **3.11.12; 2; 3 aus 1**

12. Lehrsatz 3.15.37: $\neg p \vee q \vdash p \rightarrow q$
    1 **¬ p ∨ q**   **Prämisse der Schlußkette**
    2 **¬ (p ∧ ¬ q)**   Lehrsatz **3.13.11; 1; 2 aus 1**
    3 **p → q**   Lehrsatz **3.15.35; 2; 3 aus 1**

Zusatzübungen

Zeigen Sie, daß die Lehrsätze gültig sind.
3.15.45: $\neg p \vdash p \rightarrow q$
3.15.46: $q \vdash p \rightarrow q$
3.15.47: $\wedge x \neg Fx \vdash \wedge x(Fx \rightarrow Gx)$
3.15.48: $\wedge x Gx \vdash \wedge x(Fx \rightarrow Gx)$
3.15.49: $p \wedge \neg q \vdash \neg (p \rightarrow q)$
3.15.50: $\neg p \wedge q \vdash \neg (q \rightarrow p)$
3.15.51: $\neg (p \rightarrow q) \vdash p \wedge \neg q$
3.15.52: $\neg (q \rightarrow p) \vdash \neg p \wedge q$

3.16 Äquivalenz und ihre Schlußregeln

»p ↔ q« heißt »die Äquivalenz von p und q« und wird gelesen »p äquivalent q«:

p	q	p ↔ q
w	w	w
w	f	f
f	w	f
f	f	w

»p ↔ q« ist also wahr, wenn »p« und »q« beide wahr oder beide falsch sind; ist eines wahr, das andere falsch, dann ist »p ↔ q« falsch.

Ist »p ↔ q« wahr, so ist »p« dann wahr, wenn »q« wahr ist (erste Zeile), aber auch nur dann wahr, wenn »q« wahr ist (denn bei wahrem »p ↔ q« und falschem »q« ist »p« falsch, letzte Zeile); daher wird »p ↔ q« auch gelesen; »p dann und nur dann, wenn q«. Für Prädikate wird die Äquivalenz in derselben Weise normiert wie die anderen Verknüpfungen.

Während man mit »p ∨ q« ausdrückt, daß »p« oder »q« oder beides der Fall ist, kann man mit Hilfe von Äquivalenz und Negation sehr einfach ausdrücken, daß entweder »p« oder »q«, aber nicht beides der Fall ist:

p	q	¬p	¬q	p ↔ ¬q	¬p ↔ q	¬(p ↔ q)
w	w	f	f	f	f	f
w	f	f	w	w	w	w
f	w	w	f	w	w	w
f	f	w	w	f	f	f

Den Doppelpfeil als Symbol benutzt man, weil in einer Äquivalenz zwei Implikationen stecken; wenn »p ↔ q« wahr ist, sind »p → q« und »q → p« wahr, und umgekehrt:

p	q	p → q	q → p	p ↔ q
w	w	w	w	w
w	f	f	w	f
f	w	w	f	f
f	f	w	w	w

Damit sind die Schlußregeln für die Äquivalenz gerechtfertigt – wie üblich eine Regel der Äquivalenzbeseitigung ↔B, die eine Äquivalenz als Prämisse benutzt, und eine Regel der Äquivalenzeinführung ↔E, die den Schluß auf eine Äquivalenz erlaubt. Zunächst ↔B:

(a)   j   p ↔ q   Prämisse
      k   p → q   q → p   ↔B; j; k aus j
(b)   j   p ↔ q   ...; j aus ... i ...
      k   p → q   q → p   ↔B; j; k aus ... i ...

(Beide Konklusionen sind erlaubt.) Sodann ↔E:

(a) k p→q   Prämisse
    l q→p   Prämisse
    m p↔q   ↔E; k, l; m aus k, l
(b) k p→q   ...; k aus ...i...
    l q→p   ...; l aus ...j...
    m p↔q   ↔E; k, l; m aus ...i..., ...j...

Als Beispiele Schlußketten für drei Lehrsätze, die zeigen: Wenn »p« und »q« beide wahr oder beide falsch sind, ist »p↔q« wahr, und wenn »p↔q« wahr ist, sind »p« und »q« beide wahr oder beide falsch. (Lehrsätze 3.16.1 bis 3.16.8 in den Zusatzübungen sind mit denen aus 3.15 sehr leicht zu beweisen.)

Lehrsatz 3.16.9: $p \wedge q \vdash (p \leftrightarrow q)$

1	$p \wedge q$	Prämisse der Schlußkette
2	q	∧ B; 1; 2 aus 1
3	$p \rightarrow q$	Lehrsatz 3.15.46; 2; 3 aus 1
4	p	∧ B; 1; 4 aus 1
5	$q \rightarrow p$	Lehrsatz 3.15.46; 4; 5 aus 1
6	$p \leftrightarrow q$	↔E; 3, 5; 6 aus 1

Lehrsatz 3.16.10: $\neg p \wedge \neg q \vdash (p \leftrightarrow q)$

1	$\neg p \wedge \neg q$	Prämisse der Schlußkette
2	$\neg p$	∧ B; 1; 2 aus 1
3	$p \rightarrow q$	Lehrsatz 3.15.45; 2; 3 aus 1
4	$\neg q$	∧ B; 1; 4 aus 1
5	$q \rightarrow p$	Lehrsatz 3.15.45; 4; 5 aus 1
6	$p \leftrightarrow q$	↔E; 3, 5; 6 aus 1

Lehrsatz 3.16.11: $p \leftrightarrow q \vdash (p \wedge q) \vee (\neg p \wedge \neg q)$

1	$p \leftrightarrow q$	Prämisse der Schlußkette
2	$\neg((p \wedge q) \vee (\neg p \wedge \neg q))$	?
3	$\neg(p \wedge q) \wedge \neg(\neg p \wedge \neg q)$	Lehrsatz 3.11.1; 2; 3 aus 2?
4	$\neg(p \wedge q)$	∧ B; 3; 4 aus 2?
5	p	?
6	q	Lehrsatz 3.16.2; 1,5; 6 aus 1,5?
7	$p \wedge q$	∧ E; 5, 6; 7 aus 1, 5?
8	$(p \wedge q) \wedge \neg(p \wedge q)$	∧ E; 4, 7; 8 aus 1, 2?, 5?
9	$\neg p$	¬ E; 8 wid aus 1, 2?, 5?; 9 aus 1, 2?
10	$\neg q$	Lehrsatz 3.16.3; 1, 9; 10 aus 1, 2?
11	$\neg p \wedge \neg q$	∧ E; 9, 10; 11 aus 1, 2?
12	$\neg(\neg p \wedge \neg q)$	∧ B; 3; 12 aus 2?
13	$(\neg p \wedge \neg q) \wedge \neg(\neg p \wedge \neg q)$	∧ E; 11, 12; 13 aus 1, 2?
14	$\neg\neg((p \wedge q) \vee (\neg p \wedge \neg q))$	¬ E; 13 wid aus 1, 2?; 14 aus 1
15	$(p \wedge q) \vee (\neg p \wedge \neg q)$	¬ B; 14; 15 aus 1

(1, 2, 5 führen zum Widerspruch 8; 1, 2 also zur Negation von 5.)

Übungen
Ergänzen Sie fehlende Zeilen und formale Erläuterungen.
1. Lehrsatz 3.16.12: $p \leftrightarrow \neg q \vdash \neg p \leftrightarrow q$

```
1
2
3                            Lehrsatz 3.16.5; 1, 2;
4  ¬p → q
5                            Lehrsatz 3.16.1; 1;
6
7                            Lehrsatz 3.16.4; 5, 6;
8  q → ¬p
9
```

2. Lehrsatz 3.16.13: $\neg p \leftrightarrow q \vdash \neg(p \leftrightarrow q)$

```
1
2                            Lehrsatz 3.16.11;
3  ¬p ∧ q
4                            Lehrsatz 3.3.1;
5                            Lehrsatz 3.15.49;
6  ¬(p ↔ q)                  Lehrsatz
7  ¬¬p ∧ ¬q
8
9
10
11
12 ¬(p → q)
13
14
```

3. Lehrsatz 3.16.14: $\neg(p \leftrightarrow q) \vdash \neg(p \to q) \lor \neg(q \to p)$

```
1
2                            ?
3                            Lehrsatz 3.11.8;
4
5
6
7
8
9
```

Zusatzübungen

Zeigen Sie die Gültigkeit der Lehrsätze.

3.16.1: $p \leftrightarrow q \vdash q \leftrightarrow p$ 3.16.2: $p \leftrightarrow q, p \vdash q$
3.16.3: $p \leftrightarrow q, \neg p \vdash \neg q$ 3.16.4: $\neg p \leftrightarrow q, p \vdash \neg q$
3.16.5: $p \leftrightarrow \neg q, \neg p \vdash q$ 3.16.6: $\neg p \leftrightarrow \neg q, p \vdash q$
3.16.7: $\neg(p \to q) \vdash \neg(p \leftrightarrow q)$ 3.16.8: $\neg(q \to p) \vdash \neg(p \leftrightarrow q)$

Lösungen

1. Lehrsatz 3.16.12: p↔¬q ⊢ ¬p↔q
   1 **p↔¬q**   **Prämisse der Schlußkette**
   2 **¬p**   **Prämisse**
   3 q   Lehrsatz 3.16.5; 1, 2; **3 aus 1, 2**
   4 ¬p → q   **→E; 3 aus 1, 2; 4 aus 1**
   5 **¬q ↔ p**   Lehrsatz 3.16.1; 1; **5 aus 1**
   6 q   **Prämisse**
   7 **¬p**   Lehrsatz 3.16.4; 5, 6; **7 aus 1, 6**
   8 q → ¬p   **→E; 7 aus 1, 6; 8 aus 1**
   9 **¬p ↔ q**   **↔E; 4, 8; 9 aus 1**

2. Lehrsatz 3.16.13: ¬p↔q ⊢ ¬(p↔q)
   1 **¬p ↔ q**   **Prämisse der Schlußkette**
   2 **(¬p ∧ q) ∨ (¬¬p ∧ ¬q)**   Lehrsatz 3.16.11; **1; 2 aus 1**
   3 ¬p ∧ q   **Erster Fall von 2**
   4 q ∧ ¬p   Lehrsatz 3.3.1; **3; 4 aus 3**
   5 ¬(q → p)   Lehrsatz 3.15.49; **4; 5 aus 3**
   6 ¬(p↔q)   Lehrsatz **3.16.8; 5; 6 aus 3**
   7 ¬¬p ∧ ¬q   **Zweiter Fall von 2**
   8 ¬¬p   **∧ B; 7; 8 aus 7**
   9 p   **¬B; 8; 9 aus 7**
   10 ¬q   **∧ B; 7; 10 aus 7**
   11 p ∧ ¬q   **∧ E; 9, 10; 11 aus 7**
   12 ¬(p → q)   Lehrsatz **3.15.49; 11; 12 aus 7**
   13 ¬(p ↔ q)   Lehrsatz **3.16.7; 12; 13 aus 7**
   14 ¬(p ↔ q)   **∨ B; 2; 6 aus 3, 13 aus 7; 14 aus 1**

3. Lehrsatz 3.16.14: ¬(p↔q) ⊢ ¬(p→q) ∨ ¬(q→p)
   1 **¬(p→q)**   **Prämisse der Schlußkette**
   2 ¬(¬(p→q) ∨ ¬(q→p))   ?
   3 (p→q) ∧ (q→p)   Lehrsatz 3.11.8; **2; 3 aus 2?**
   4 p→q   **∧ B; 3; 4 aus 2?**
   5 q→p   **∧ B; 3; 5 aus 2?**
   6 **p↔q**   **↔E; 4, 5; 6 aus 2?**
   7 **(p↔q) ∧ ¬(p↔q)**   **∧ E; 1, 6; 7 aus 1, 2?**
   8 ¬¬(¬(p→q) ∨ ¬(q→p))   **¬E; 7 wid aus 1, 2?; 8 aus 1**
   9 **¬(p→q) ∨ ¬(q→p)**   **¬B; 8; 9 aus 1**

Zusatzübungen

Zeigen Sie die Gültigkeit der Lehrsätze.
3.16.15: p↔q ⊢ ¬p↔¬q   3.16.16: ¬p↔¬q ⊢ p↔q
3.16.17: ¬p↔q ⊢ p↔¬q   3.16.18: ¬(p↔q) ⊢ ¬p↔q
3.16.19: p ∧ ¬q ⊢ ¬(p↔q)   3.16.20: ¬p ∧ q ⊢ ¬(p↔q)
3.16.21: ¬(p↔q) ⊢ (p ∧ ¬q) ∨ (¬p ∧ q)

3.17 Gewissenhafter Nachtrag: Gültigkeit und Interpretation

Wir kennen zwei Definitionen des gültigen Schlusses: Es gibt keinen strukturgleichen Schluß mit lauter wahren Prämissen und falscher Konklusion; oder: In jeder Interpretation, in der alle Prämissen des Schlusses wahr sind, ist auch seine Konklusion wahr. Nun haben wir zwei Typen von Schlußregeln: »quantorenlogische«, bei deren Anwendung Quantoren eingeführt oder beseitigt werden, und »aussagenlogische«, bei deren Anwendung wahrheitsfunktionale Verknüpfungen eingeführt oder beseitigt werden. Daß die beiden Definitionen des gültigen Schlusses gleichwertig sind, haben wir in 2.17 für Schlüsse gezeigt, die von quantorenlogischen Regeln Gebrauch machen. Für Schlüsse nach aussagenlogischen Regeln fehlt der Nachweis noch. Dazu müssen wir erst einmal klären, was wir in diesen Fällen unter »Interpretationen« zu verstehen haben.

Unter einer Interpretation eines Prädikates über einem Individuenbereich verstehen wir eine Einteilung der Atomsätze des Prädikates über dem Individuenbereich in wahre und falsche. In einer solchen Interpretation etwa von »Rxy« liegt dann die Wahrheit oder Falschheit jedes Satzes fest, den man aus »Rxy« durch Einsetzen von Konstanten oder durch Voranstellen von Quantoren bilden kann. Darüber hinaus liegt in der Interpretation auch die Wahrheit von Sätzen fest, die man aus »Rxy« bilden kann, indem man außerdem wahrheitsfunktionale Verknüpfungen benutzt; denn entweder stehen die Verknüpfungen zwischen Sätzen, wie in

$\neg \wedge x [\vee y Rxy] \wedge (\wedge x Rxa \rightarrow Rab);$

dann haben diese Sätze ihren Wahrheitswert durch die Interpretation von »Rxy«, und aus ihren Wahrheitswerten ergibt sich der Wahrheitswert des Gesamtsatzes durch die Normierung der wahrheitsfunktionalen Verknüpfungen. Oder die wahrheitsfunktionalen Verknüpfungen stehen zwischen Prädikaten, wie in

$\wedge x (\vee y Rxy \rightarrow Rxa), \wedge x [\vee y (Rxy \rightarrow Ryx)];$

dann erzeugen sie komplexe Prädikate, und die Interpretation von »Rxy« legt den Wahrheitswert des Gesamtsatzes auf folgende Weise fest: Er ist – je nach Quantor – wahr, wenn eine oder alle Einsetzungen von Individuenkonstanten für die Variablen im komplexen Prädikat wahre Sätze ergeben, also zum Beispiel je nachdem, ob

$\vee y Rby \rightarrow Rba, \vee y (Rby \rightarrow Ryb)$

wahr sind oder nicht. Im linken Beispiel steht der Implikationspfeil bereits zwischen Sätzen; für diesen Fall wissen wir schon, daß die Interpretation von »Rxy« den Wahrheitswert festlegt. Im rechten Beispiel hat der Gesamtsatz einen Wahrheitswert, wenn Sätze der Form

$Rba \rightarrow Rab$

einen Wahrheitswert haben; und den haben sie in jeder Interpretation von »Rxy«, da eine solche Interpretation ja Sätze wie »Rba« und »Rab« in wahre und falsche einteilt. Natürlich können in Sätzen mit wahrheitsfunktionalen Verknüpfungen mehrere Prädikate vorkommen – etwa

$\wedge\, x(Fx \rightarrow Gx)$.

Eine Interpretation eines solchen Satzes muß die Atomsätze *aller* Prädikate über dem Individuenbereich in wahre und falsche einteilen.

Auch wenn wir es nicht nur mit Quantoren, sondern auch mit aussagenlogischen Verknüpfungen und mit mehreren Prädikaten zu tun haben, können wir also sagen: Eine Interpretation der Prädikate eines Satzes legt seinen Wahrheitswert fest. Und statt zu sagen: Ein Schluß ist gültig, wenn es keinen strukturgleichen Schluß mit lauter wahren Prämissen und falscher Konklusion gibt, können wir (von der Struktur ausgehend) sagen: Ein Schluß ist gültig, wenn in jeder Interpretation der beteiligten Prädikate, die alle Prämissen wahr macht, auch die Konklusion wahr ist; und er ist ungültig, wenn es eine Interpretation gibt, die die Prämissen wahr und die Konklusion falsch macht.

Können wir zeigen, daß unsere aussagenlogischen Regeln nach dieser Definition korrekt sind, also Schlüsse erlauben, die nach dieser Definition gültig sind? Das geht zunächst für die simplen Regeln, die keine »Nebenrechnungen« voraussetzen, völlig problemlos. Ein Blick auf die Wahrheitstafeln hat bei $\wedge$ E, $\wedge$ B, $\neg$ B, $\vee$ E, $\rightarrow$ B, $\leftrightarrow$ E und $\leftrightarrow$ B genügt, um festzustellen: Wenn die Prämissen wahr sind, ist die Konklusion wahr; und das heißt ja nichts anderes als: Jede Interpretation der in Prämissen und Konklusion beteiligten Prädikate, welche die Prämissen wahr macht, macht die Konklusion wahr.

Wie steht es mit $\neg$ E? Die Anwendung der Regel *setzt voraus*, daß man aus »p« und anderen Prämissen auf »q $\wedge \neg$ q« *schließen kann*. Der Schluß von »p« und den anderen Prämissen auf »q $\wedge \neg$ q« wird also als gültig vorausgesetzt; wegen der Definition des gültigen Schlusses bedeutet das: Jede Interpretation der beteiligten Prädikate, die »p« und die anderen Prämissen wahr macht, *macht* »q« $\wedge \neg$ q« *wahr*. Ganz gleich, wie »q« im einzelnen aussieht: ein Blick auf die Wahrheitstafel hat gelehrt, daß es keine Interpretation geben kann, die »q $\wedge \neg$ q« wahr macht. Es gibt also keine Interpretation, die »p« und die anderen Prämissen zusammen wahr macht (sonst würde sie – das ist die Voraussetzung der Anwendung von $\neg$ E! – »q $\wedge \neg$ q« wahr machen). Wenn es aber keine Interpretation gibt, die »p« und die anderen Prämissen wahr macht, dann macht jede Interpretation, die die anderen Prämissen wahr macht, »p« falsch: und das heißt nichts anderes, als daß man aus den anderen Prämissen auf »$\neg$ p« schließen kann.

Voraussetzung dafür, daß man nach $\vee$ B aus »p $\vee$ q« auf »r« schließen kann, ist die Gültigkeit der Schlüsse von »p« auf »r« und von »q« auf »r«. Es muß also jede Interpretation, die »p« wahr macht, und jede Interpretation, die »q« wahr macht, »r« wahr machen. Eine Interpretation, in der »p ∨ q« wahr ist, kann eine sein, die »p« wahr macht, und macht dann auch »r« wahr, oder eine, die »q« wahr macht, und auch dann macht sie »r« wahr. (Wenn sie weder »p« noch »q« wahr macht, macht sie »p ∨ q« nicht wahr.) Kann man also von »p« wie auch von »q« auf »r« schließen, dann macht jede Interpretation, die »p ∨ q« wahr macht, »r« wahr: ∨ B ist als korrekt erwiesen.

Der Schluß nach → E aus bestimmten Prämissen auf »p → q« setzt voraus, daß man aus den Prämissen mit »p« auf »q« schließen kann: Jede Interpretation, die die Prämissen und »p« wahr macht, macht also »q« wahr. Dann kann keine Interpretation die Prämissen wahr und »p → q« falsch machen; denn um »p → q« falsch zu machen, müßte sie »p« wahr und »q« falsch machen; die Prämissen und »p« wären in dieser Interpretation also wahr, und es ist ja vorausgesetzt, daß dann »q« wahr ist.

Unsere Schlußregeln sind also auch dann korrekt, wenn wir von der folgenden Definition des gültigen Schlusses ausgehen: Gültig ist ein Schluß, wenn es keine Interpretation gibt, die die Prämissen wahr und die Konklusion falsch macht. Ungültig ist er, wenn es eine solche Interpretation gibt. Dabei lassen sich Schlüsse, die keinen Gebrauch von Quantoren machen, besonders einfach testen; statt z. B. über dem Bereich {a, b, c} für »Fx«, »Gx« und »Hx« die Atomsätze zu bilden und sie in wahre und falsche einzuteilen, kümmern wir uns beim Test des folgenden Schlusses gar nicht um die Interpretationen der Prädikate, sondern nur darum, ob diese Interpretationen die Teilsätze wahr oder falsch machen:

$$\wedge x\, Fx \rightarrow (\vee x\, Gx \rightarrow \wedge x\, Hx) \vdash_? (\wedge x\, Fx \rightarrow \vee x\, Gx) \rightarrow \wedge x\, Hx$$

Dieser fragliche Schluß hat die Struktur:

$$p \rightarrow (q \rightarrow r) \vdash_? (p \rightarrow q) \rightarrow r$$

Interpretationen von »Fx«, »Gx« und »Hx«, welche die Konklusion falsch machen, sind zum Beispiel alle, die »∧xFx« und »∧xHx« falsch machen. Denn wenn »∧xFx« falsch ist, ist in der Konklusion »∧xFx → ∨xGx« wahr, also das erste Glied der Implikation, und wenn außerdem »∧xHx« falsch ist, ist das zweite Glied der Implikation falsch, die ganze Implikation also falsch. Außerdem ist dann aber die Prämisse wahr: sie ist ebenfalls eine Implikation, und ihr Vorderglied »∧xFx« ist falsch. Alle Interpretationen von »Fx«, »Gx« und »Hx«, die »∧xFx« und »∧xHx« falsch machen, zeigen also, daß der Schluß ungültig ist. Genauso gut hätten wir das zeigen können, wenn wir uns statt um »∧xFx« usw. nur um »p«, »q« und »r« gekümmert hätten: jede Interpretation, die »p« und »r« falsch macht, zeigt, daß der Schluß ungültig ist. Z. B. ist ungültig jeder Schluß der Struktur:

$$p \rightarrow q,\; q \vdash p$$

Das zeigt jede Interpretation, die »p« falsch und »q« wahr macht; dann sind beide Prämissen wahr, die Konklusion aber falsch. Beim Nachweis der Ungültigkeit von

$$\wedge x[(Fx \wedge Gx) \to Hx)] \vdash_? \wedge x[(Fx \vee Gx) \to Hx]$$

muß man dagegen etwas ins Detail gehen. (Der Schluß würde besagen, daß wenn alle geselligen Finnen Hundehalter sind, dann auch jeder, der Finne oder gesellig ist, also jeder Finne und jeder Gesellige, ein Hundehalter ist.) Damit die Konklusion falsch ist, muß es *einen falschen* Satz der Art

$$(Fa \vee Ga) \to Ha$$

geben; aber *alle* Sätze der Art

$$(Fa \wedge Ga) \to Ha$$

müssen wahr sein, damit die Prämisse wahr ist. Das läßt sich machen, indem wir über {a, b, c} folgendermaßen interpretieren (wahre Sätze kursiv):

Fa *Fb Fc Ga Gb Gc* Ha *Hb Hc*

Die Einsetzungen der Prämisse sind für a, b und c wahr: für a ist das erste Glied falsch, für b und c das erste und das zweite Glied wahr. Die Einsetzungen der Konklusion sind nur für b und c wahr (weil das erste und das zweite Glied wahr sind), nicht aber für a (das erste Glied ist wegen Ga wahr, das zweite Glied ist falsch, so daß die Konklusion falsch ist; sie ist ja ein Allsatz, der auch für a gelten müßte). Es gibt also eine Interpretation, die die Prämisse wahr und die Konklusion falsch macht.

Übungen

Die folgenden Schlüsse sind nicht gültig. Kreuzen Sie die Interpretationen an (wahre Sätze kursiv), die das zeigen, und finden Sie die Fehler in den Beweisversuchen.

1. $\wedge x(Fx \to Gx) \vdash_? \vee x(Fx \wedge Gx)$

Fa	*Fb*	*Fc*	*Ga*	*Gb*	*Gc*	☐
Fa	*Fb*	*Fc*	*Ga*	Gb	Gc	☐
Fa	*Fb*	Fc	Ga	*Gb*	*Gc*	☐
Fa	Fb	Fc	*Ga*	Gb	*Gc*	☐

1 $\wedge x(Fx \to Gx)$	Prämisse der Schlußkette
2 $Fa \to Ga$	$\wedge$ B; 1; 2 aus 1
3 Fa	Prämisse
4 Ga	$\to$ B; 2, 3; 4 aus 1
5 $Fa \wedge Ga$	$\wedge$ E; 3, 4; 5 aus 1
6 $\vee x(Fx \wedge Gx)$	$\vee$ E; 5; 6 aus 1

2. $\neg(p \wedge q) \vdash_? \neg p \wedge \neg q$

p	*q*	☐
p	q	☐
p	*q*	☐
p	q	☐

1 $\neg(p \wedge q)$	Prämisse der Schlußkette
2 p	?
3 q	?
4 $p \wedge q$	$\wedge$ E; 2, 3; 4 aus 2?, 3?
5 $(p \wedge q) \wedge \neg(p \wedge q)$	$\wedge$ E; 1, 4; 5 aus 1, 2?, 3?
6 $\neg p$	$\neg$ E; 5 wid aus 1, 2?, 3?; 6 aus 1
7 $\neg q$	$\neg$ E; 5 wid aus 1, 2?, 3?; 7 aus 1
8 $\neg p \wedge \neg q$	$\wedge$ E; 6, 7; 8 aus 1

3. $\neg p \vee \neg q \vdash_? \neg(p \vee q)$

p	*q*	☐
p	q	☐
p	*q*	☐
p	q	☐

1 $\neg p \vee \neg q$	Prämisse der Schlußkette
2 $\neg p$	Erster Fall von 1
3 $\neg(p \vee q)$	$\vee$ E; 2; 3 aus 2
4 $\neg q$	Zweiter Fall von 1
5 $\neg(p \vee q)$	$\vee$ E; 4; 5 aus 4
6 $\neg(p \vee q)$	$\vee$ B; 1; 3 aus 2, 5 aus 4

Lösungen

Die Fehler in den Beweisversuchen sind durch Fettdruck hervorgehoben.

1. $\wedge x(Fx \to Gx) \vdash_? \vee x(Fx \wedge Gx)$

	Fa	Fb	Fc	Ga	Gb	Gc
	Fa	*Fb*	*Fc*	*Ga*	*Gb*	*Gc*
×	Fa	Fb	Fc	*Ga*	*Gb*	*Gc*
	Fa	*Fb*	Fc	Ga	*Gb*	*Gc*
×	Fa	Fb	Fc	*Ga*	Gb	*Gc*

1    $\wedge x(Fx \to Gx)$ Prämisse der Schlußkette
2    $Fa \to Ga$ $\wedge$ B; 1; 2 aus 1
3   Fa   Prämisse
4   Ga $\to$ B; 2, 3; **4 aus 1, 3**
5    $Fa \wedge Ga$ $\wedge$ E; 3, 4; **5 aus 1, 3**
6    $\vee x(Fx \wedge Gx)$ $\vee$ E; 5; 6 aus 1

2. $\neg(p \wedge q) \vdash_? \neg p \wedge \neg q$

	p	q
×	p	q
×	p	*q*
	p	*q*

1    $\neg(p \wedge q)$ Prämisse der Schlußkette
2   p   ?
3   q   ?
4    $p \wedge q$ $\wedge$ E; 2, 3; 4 aus 2?, 3?
5    $(p \wedge q) \wedge \neg(p \wedge q)$ $\wedge$ E; 1, 4; 5 aus 1, 2?, 3?
6    $\neg p$ $\neg$ E; 5 wid aus 1, 2?, 3?; **6 aus 1, 3?**
7    $\neg q$ $\neg$ E; 5 wid aus 1, 2?, 3?; **7 aus 1, 2?**
8    $\neg p \wedge \neg q$ $\wedge$ E; 6, 7; 8 aus 1

3. $\neg p \vee \neg q \vdash_? \neg(p \vee q)$

	p	q
×	p	q
×	p	*q*
	p	*q*

1    $\neg p \vee \neg q$ Prämisse der Schlußkette
2    $\neg p$ Erster Fall von 1
3    $\neg(p \vee q)$ **$\vee$ E**; 2; 3 aus 2
4    $\neg q$ Zweiter Fall von 1
5    $\neg(p \vee q)$ **$\vee$ E**; 4; 5 aus 4
6    $\neg(p \vee q)$ $\vee$ B; 1; 3 aus 2, 5 aus 4

176

4 Erleichterungen

4.1 Logisch wahre Sätze

Beim Schließen nach unseren Regeln kann etwas Kurioses herauskommen: Sätze, die nicht aus Prämissen erschlossen sind.

```
1  p ∧ ¬p           ?
2  p ∧ ¬p           Lehrsatz 3.8.2; 2 aus 1?
3  ¬(p ∧ ¬p)        ¬E; 2 wid aus 1?; 3 aus ...
```

Bisher hatten wir es nur mit Zusatzprämissen zu tun, die zusammen mit anderen Prämissen zum Widerspruch führten; ihre Negation konnte dann aus den anderen Prämissen erschlossen werden. Hier führt die Zusatzprämisse allein zum Widerspruch; man braucht also keine Prämisse, um auf ihre Negation zu schließen. »Logisch wahr« heißen Sätze, die in allen Interpretationen wahr sind; es gibt keine Interpretation, die sie falsch macht. Wenn man nun keine Prämissen braucht, um auf einen Satz »p« zu schließen, dann darf es keine Interpretation geben, die ihn falsch macht; denn gäbe es eine, dann wäre der Schluß auf »p« nur aus Prämissen gültig, die in dieser Interpretation ebenfalls falsch sind; man würde also eine dieser Prämissen brauchen, um auf »p« zu schließen. Sätze, auf die man ohne Prämissen schließen kann, sind also in jeder Interpretation wahr, also logisch wahr.

Übungen
Ergänzen Sie die Sätze.

1. Ist der Schluß von »q« auf »p« gültig und »p« in einer Interpretation falsch, dann ist in dieser Interpretation auch »q« ....

2. In jeder Interpretation, in der »q« falsch ist, ist »¬q« ..... .

3. Ist der Schluß von »q« auf »p« gültig und »p« in einer Interpretation falsch, dann ist »¬q« in dieser Interpretation ..... .

4. Ist der Schluß von »q« auf »p« gültig und »p« in einer Interpretation falsch, dann ist der Schluß von »¬q« auf »p« nicht ....

5. Ist der Schluß von beliebigen Prämissen auf »p« gültig, dann ist »p« in keiner Interpretation ......, sondern in jeder Interpretation ..... .

6. Logisch wahr heißen Sätze, die .. .. sind.

Zusatzübungen

1. Zeigen Sie, daß man auf die folgenden Sätze ohne Prämissen schließen kann. (Ein Hinweis: Benutzen Sie die Negationen als Zusatzprämissen.)

   $p \vee \neg p$
   $p \rightarrow p$
   $\neg (p \leftrightarrow \neg p)$

2. Stellen Sie für diese Sätze die Wahrheitstafeln auf. Die verschiedenen Zeilen sind die möglichen Interpretationen. In welchen Interpretationen sind die Sätze wahr?

p	$\neg p$	$p \vee \neg p$
w		
f		

p	$p \rightarrow p$
w	
f	

p	$\neg p$	$p \leftrightarrow \neg p$	$\neg (p \leftrightarrow \neg p)$
w			
f			

Analog zu unserer Abkürzung »p ⊢ q« für »Aus p kann man auf q schließen« schreiben wir im folgenden für Lehrsätze, die festhalten, daß auf »q« ohne Prämissen geschlossen werden kann: »⊢ q«. Die Lehrsätze aus diesem Abschnitt lauten also:

4.1.1: ⊢ $\neg (p \wedge \neg p)$ 4.1.2: ⊢ $p \vee \neg p$
4.1.3: ⊢ $p \rightarrow p$ 4.1.4: ⊢ $\neg (p \leftrightarrow \neg p)$

Lösungen

1. Ist der Schluß von »q« auf »p« gültig und »p« in einer Interpretation falsch, dann ist in dieser Interpretation auch »q« **falsch.**

2. In jeder Interpretation, in der »q« falsch ist, ist »¬ q« **wahr.**

3. Ist der Schluß von »q« auf »p« gültig und »p« in einer Interpretation falsch, dann ist »¬ q« in dieser Interpretation **wahr.**

4. Ist der Schluß von »q« auf »p« gültig und »p« in einer Interpretation falsch, dann ist der Schluß von »¬ q« auf »p« nicht **gültig.**

5. Ist der Schluß von beliebigen Prämissen auf »p« gültig, dann ist »p« in keiner Interpretation **falsch,** sondern in jeder Interpretation **wahr.**

6. Logisch wahr heißen Sätze, die **in allen Interpretationen wahr** sind.

4.2 Lehrsätze und logisch wahre Implikationen

Besagt ein Lehrsatz, daß man aus einer Prämisse »p« allein auf die Konklusion »q« schließen kann, dann hat die Schlußkette, die das zeigt, die Struktur:

```
k   p            Prämisse der Schlußkette
⋮
l   q            ....; l aus k
```

(Wenn wir, wie gewohnt, die Prämisse der Schlußkette in die erste Zeile geschrieben haben, ist »k« natürlich »1«.) Auf Zeile m können wir nun die Regel → E anwenden:

```
k   p            Prämisse der Schlußkette
⋮
l   q            ....; l aus k
m   p → q        → E; l aus k; ⊢ m
```

Wir können also schreiben: » ⊢ p → q«. Das heißt: Aus jeder unserer Schlußketten für Lehrsätze (mit einer Prämisse) wird durch eine zusätzliche Anwendung von → E eine Schlußkette, die zeigt, daß eine bestimmte Implikation ohne Prämissen zu erschließen ist. Sie ist also logisch wahr; das zeigt auch die Überlegung: Wenn man aus »p« auf »q« schließen kann, gibt es keine Interpretation, in der »p« wahr und »q« falsch ist, also keine Interpretation, in der »p → q« falsch ist; »p → q« ist dann also logisch wahr.

Übungen

1. Zeigen Sie, daß auch das Umgekehrte gilt: Wenn »p → q« logisch wahr ist, ist der Schluß von »p« auf »q« gültig. Ergänzen Sie dazu den Text:

   Wenn »p → q« .... ist, gibt es ...., in der »p → q« ...... ist; es gibt also keine Interpretation, in der »p« .... und »q« ...... sind; also ist in ....- ...., in der »p« .... ist, auch »q« ....; also ist der Schluß von ... auf ... .

2. Wenn der Lehrsatz X »p, q ⊢ r« gilt, gilt auch der Lehrsatz Y » ⊢ (p ∧ q) → r«, Zeigen Sie das, indem Sie Zeilen und Erläuterungen der Schlußkette ergänzen:

```
1   p ∧ q         Prämisse
2
3
4   r             Lehrsatz X; 2, 3; 4 aus
5
```

Zusatzübungen

1. Zeigen Sie, daß auch die Umkehrung des in Übung 2 Gezeigten gilt: Wenn »(p ∧ q) → r« logisch wahr ist, kann man aus »p« und »q« auf »r« schließen. Ergänzen Sie dazu den Text:

Wenn »(p ∧ q) → r« .... ist, gibt es keine Interpretation, in der »(p ∧ q) → r« ...... ist. »(p ∧ q) → r« ist genau dann falsch, wenn .... ist und ... . ist, d. h. wenn ... und ... . sind und ... . ist. Es gibt also keine Interpretation, in der »p« und »q« .... sind und »r« ...... ist; der Schluß von ... und ... auf ... ist also ....

2. Schreiben Sie die logisch wahren Implikationen hin, die sich aus den angegebenen Lehrsätzen ergeben.

   3.3.1:   p ∧ q ⊢ q ∧ p
   3.3.2:   p, q ⊢ p
   3.8.2:   p ⊢ p
   3.8.10: ¬ (p ∧ q), q ⊢ ¬ p
   3.13.7: p ∨ q, ¬ p ⊢ q
   3.13.9: p ⊢ ¬ ¬ p
   3.15.2: p → q, ¬ q ⊢ ¬ p
   3.15.3: p → q, q → r ⊢ p → r
   3.15.6: p → (q → r) ⊢ q → (p → r)

Lösungen

1.

Wenn »p → q« **logisch wahr** ist, gibt es **keine Interpretation,** in der »p → q« **falsch** ist; es gibt also keine Interpretation, in der »p« **wahr** und »q« **falsch** sind; also ist in **jeder Interpretation,** in der »p« **wahr** ist, auch »q« **wahr**; also ist der Schluß von **»p«** auf **»q« gültig.**

2.

1 p ∧ q	Prämisse	
2 **p**	∧ B; 1; **2 aus 1**	
3 **q**	∧ B; 1; **3 aus 1**	
4 r	Lehrsatz X; 2, 3; **4 aus 1**	
5 **(p ∧ q) → r**	→ E; 4 aus 1; ⊢ **5**	

4.3 Aussagenlogische Wahrheiten aus Wahrheitstafeln

»Aussagenlogisch wahr« heißt ein Satz, wenn man ihn allein auf Grund der Normierung der wahrheitsfunktionalen Verknüpfungen als logisch wahr nachweisen kann; was sich im Bereich der Quantoren abspielt, ist also irrelevant. Ein Beispiel:

(1) $\wedge x Fx \vee \neg \wedge x Fx$

Wir brauchen nur zu wissen, daß »∧xFx« ein beliebiger Satz ist, um zu sehen, daß (1) logisch wahr ist; denn (1) ist wahr, wenn »∧xFx« wahr ist, und wahr, wenn »∧xFx« falsch ist (weil dann »¬∧xFx« wahr ist). Für diese Feststellung genügen die Normierungen von ∨ und ¬. Anders in (2):

(2) $\wedge x Fx \vee \vee x \neg Fx$

Auch (2) ist logisch wahr, aber nicht aussagenlogisch wahr; ohne Kenntnis der Normierung der Quantoren können wir hier nur die Adjunktion zweier Sätze feststellen.

Da die logische Wahrheit aussagenlogisch wahrer Sätze sich bereits aus den in ihnen vorkommenden wahrheitsfunktionalen Verknüpfungen ergibt, läßt sich mit Hilfe der Wahrheitstafel eines Satzes feststellen, ob er aussagenlogisch wahr ist: die letzte Spalte darf nur »w« aufweisen.

Übungen

Stellen Sie mit Hilfe der Wahrheitstafeln fest, ob die Sätze aussagenlogisch wahr sind.

1.

p	q	p∧q	¬(p∧q)	¬p	¬q	¬p∧¬q	¬(p∧q)→(¬p∧¬q)
w	w						
w	f						
f	w						
f	f						

2.

p	q	¬p	¬q	¬p∧¬q	p∧q	¬(p∧q)	(¬p∧¬q)→¬(p∧q)
w	w						
w	f						
f	w						
f	f						

3.

p	q	p→q	p∧(p→q)	(p∧(p→q))→q
w	w			
w	f			
f	w			
f	f			

Zusatzübungen

Enthält ein Satz mehr als zwei verschiedene Teilsätze (also nicht bloß »p« und »q«, sondern z. B. noch »r«), dann werden die Wahrheitstafeln sehr lang. Gelegentlich kann man dieses Testverfahren abkürzen, indem man zeigt, daß sich in keiner Zeile »f« ergeben kann, weil das zu einem Widerspruch führen würde.

$$(p \to (q \to r)) \to (q \to (p \to r))$$

		f?			Kann der Satz falsch sein?
w					Dann wäre das Vorderglied wahr,
		f			das Hinterglied falsch,
	w				also dessen Vorderglied »q« wahr
			f		und Hinterglied »p → r« falsch,
			w	f	also »p« wahr und »r« falsch.

Dann ist das Vorderglied aber falsch; eine Interpretation (= Zeile der Wahrheitstafel), in der der Satz falsch ist, kann es also nicht geben.

Zeigen Sie auf diese Weise die aussagenlogische Wahrheit der Sätze

1. $(p \to q) \to (\neg q \to \neg p)$
2. $((p \wedge q) \to r) \to (p \to (q \to r))$
3. $\neg(\neg p \wedge \neg q) \to (p \vee q)$
4. $(p \wedge q) \to \neg(\neg p \vee \neg q)$

Lösungen

1.

p	q	$p \wedge q$	$\neg(p \wedge q)$	$\neg p$	$\neg q$	$\neg p \wedge \neg q$	$\neg(p \wedge q) \to (\neg p \wedge \neg q)$
w	w	w	f	f	f	f	w
w	f	f	w	f	w	f	f
f	w	f	w	w	f	f	f
f	f	f	w	w	w	w	w

2.

p	q	$\neg p$	$\neg q$	$\neg p \wedge \neg q$	$p \wedge q$	$\neg(p \wedge q)$	$(\neg p \wedge \neg q) \to \neg(p \wedge q)$
w	w	f	f	f	w	f	w
w	f	f	w	f	f	w	w
f	w	w	f	f	f	w	w
f	f	w	w	w	f	w	w

3.

p	q	$p \to q$	$p \wedge (p \to q)$	$(p \wedge (p \to q)) \to q$
w	w	w	w	w
w	f	f	f	w
f	w	w	f	w
f	f	w	f	w

4.4 Logisch wahre Sätze als kostenlose Prämissen

Wenn ein Schluß aus Prämissen, unter denen sich ein logisch wahrer Satz befindet, auf eine Konklusion gültig ist, dann bleibt er gültig, wenn man die logisch wahre Prämisse wegläßt. In Kurzfassung:

Wenn p, q ⊢ r und ⊢ p, dann q ⊢ r.

Warum ist das so? Wenn man aus »p« und »q« auf »r« schließen kann, dann gibt es keine Interpretation, in der »p« und »q« wahr sind und »r« falsch ist. Kann dann der Schluß von »q« allein auf »r« ungültig sein? Dazu müßte es eine Interpretation geben, in der »q« wahr und »r« falsch wären; da aber »p« logisch wahr, also in allen Interpretationen wahr ist, wäre auch »p« in dieser Interpretation wahr; es wären also »p« und »q« wahr und »r« falsch und der Schluß von »p« und »q« auf »r« mithin nicht gültig.

Auf Grund dieser Feststellung können wir, wenn es einen Schluß erleichtert, logisch wahre Sätze in einer Schlußkette als Prämissen behandeln, ohne sie in den Erläuterungen zu der gewonnenen Zeile zu erwähnen. Der Beweis für Lehrsatz 3.16.11 wird dadurch zum Beispiel wesentlich übersichtlicher:

1	p↔q	Prämisse der Schlußkette
2	p ∨ ¬p	⊢ 2
3	p	Erster Fall von 2
4	q	Lehrsatz 3.16.2; 1, 3; 4 aus 1, 3
5	p ∧ q	∧ E; 3, 4; 5 aus 1, 3
6	(p ∧ q) ∨ (¬p ∧ ¬q)	∨ E; 5; 6 aus 1, 3
7	¬p	Zweiter Fall von 2
8	¬q	Lehrsatz 3.16.3; 1, 7; 8 aus 1, 7
9	¬p ∧ ¬q	∧ E; 7, 8; 9 aus 1, 7
10	(p ∧ q) ∨ (¬p ∧ ¬q)	∨ E; 9; 10 aus 1, 7
11	(p ∧ q) ∨ (¬p ∧ ¬q)	∨ B; 2; 6 aus 1, 3; 10 aus 1, 7; 11 aus 1 (*nicht* auch aus 2, denn ⊢ 2!)

Die beseitigte Adjunktion in Zeile 2 braucht nicht als Prämisse genannt zu werden, aus der 11 erschlossen ist, weil sie logisch wahr ist und daher alles, was aus 1 und 2 zusammen erschlossen werden kann, auch aus 1 allein erschlossen werden kann.

Zusatzübung

Zeigen Sie ohne Benutzung von Lehrsätzen durch Benutzung von »p ∨ ¬p« als Zusatzprämisse in je 8 Zeilen die Gültigkeit der Lehrsätze 3.15.36 und 3.15.43.

4.5 Allschließungen logisch gültiger Prädikate

»Logisch gültig« heißt ein Prädikat, wenn es durch Ersetzung seiner verschiedenen freien Variablen durch verschiedene, noch nicht in ihm vorkommende Individuennamen in einen logisch wahren Satz übergeht. Logisch gültig ist das Prädikat
   Fxy ∨ ¬ Fxy;
denn es geht in den logisch wahren Satz
   Fab ∨ ¬ Fab
über, indem man »a« für »x« und »b« für »y« einsetzt. Nicht logisch gültig ist dagegen
   Fxy ∨ ¬ Fab;
denn in einen logisch wahren Satz wie oben geht es nur über, wenn man für »x« und »y« die bereits in ihm vorkommenden Individuennamen »a« und »b« einsetzt. Nicht logisch gültig ist auch
   Fxy ∨ ¬ Fyx;
denn einen logisch wahren Satz kann man durch Einsetzen von Individuennamen daraus nur bilden, indem man für »x« und »y« denselben Individuennamen einsetzt:
   Faa ∨ ¬ Faa.
Dieser Satz ist zwar aus dem Prädikat korrekt gebildet, und er ist auch logisch wahr; aber da er aus dem Prädikat durch Einsetzen gleicher Individuennamen für verschiedene Individuenvariable entstanden ist und man anders auch keinen logisch wahren Satz aus dem Prädikat herstellen kann, ist dieses nicht logisch gültig. (Logisch gültig wäre »Fxx ∨ ¬ Fxx«.)

Unter einer »Allschließung« eines Prädikates versteht man einen Satz, der aus dem Prädikat dadurch entsteht, daß man für jede freie Variable einen Allquantor davorsetzt:

   Fx   ∧xFx
   Fxy   ∧x[∧yFxy]; ∧y[∧xFxy]
   Fx ∨ Gy   ∧x[∧y(Fx ∨ Gy)]; ∧y[∧x(Fx ∨ Gy)]

Wenn das Prädikat schon Quantoren enthält, muß man darauf achten, daß kein solcher Quantor in den Bereich eines Quantors mit derselben Variablen gerät; falsch wäre:
   Fxy ∧ ∨yGy   ∧x[∧y(Fxy ∧ ∨yGy)]
Man wechselt dann eine der beiden Variablen:
   Fxz ∧ ∨yGy   ∧x[∧z(Fxz ∧ ∨yGy)], oder:
   Fxy ∧ ∨zGz   ∧x[∧y(Fxy ∧ ∨zGz)]

Allschließungen logisch gültiger Prädikate sind logisch wahr. An unserem Beispiel: »Fxy ∨ ¬ Fxy« ist logisch gültig: »Fab ∨ ¬ Fab« kann also als »kostenlose Prämisse« dienen:

   1 Fab ∨ ¬ Fab   ⊢ 1
   2 ∧x(Fxb ∨ ¬ Fxb)   a(b)   ∧ E; 1; ⊢ 2
   3 ∧y[∧x(Fxy ∨ ¬ Fxy)]   b   ∧ E; 2; ⊢ 3

»a« und »b« dürfen markiert werden, obgleich sie in der ersten Zeile der Schlußkette vorkommen, weil die Zeile als logisch wahrer Satz keine spezielle Annahme über a und b ausdrückt, sondern für alle Individuen zutrifft. Deshalb ist unsere zweite Vorsichtsmaßnahme für den Umgang mit ∨ B und ∧ E aus 2.15 (»Kein in der Schlußkette markierter Individuenname darf in einer Prämisse stehen.«) auf »kostenlose Prämissen« nicht anzuwenden. Wir haben in unserer Schlußkette deshalb Zeile 1 auch nicht als Prämisse gekennzeichnet, sondern » ⊢ 1« notiert.

Übungen

1. Kreuzen Sie die korrekt gebildeten Allschließungen der angegebenen Prädikate an.
   a. Fxy ∨ Gxy   ∧x[∧yFxy] ∨ ∧x[∧yGxy]
                    ∧x(Fxy ∨ Gxy)
                    ∧x[∧y(Fxy ∨ Gxy)]

   b. ∨zFxyz ∧ ∧xGxy   ∧x[∧y(∨zFxyz ∧ ∧xGxy)]
                      ∧x[∧y(∨zFxyz ∧ ∧zGzy)]
                      ∧u[∧y(∨zFuyz ∧ ∧xGxy)]

2. Kreuzen Sie von den angegebenen Prädikaten die logisch gültigen an.
   ¬ (Fx ∧ ¬ Fx)
   ¬ (Fx ∧ ¬ Fy)
   ∧xFxya → ∧xFxay
   ∨xFxyb → ∨xFxyb
   Fxy → Fxy
   ¬ (∨yFxy ↔ ¬ ∨yFxy)

3. Geben Sie die Nummern der Lehrsätze an, aus denen sich auf Grund des Zusammenhangs von »p ⊢ q« und » ⊢ p → q« ergibt, daß die folgenden Allschließungen logisch gültiger Prädikate logisch wahre Sätze sind:
   ∧x(((Fx ∨ Gx) ∧ ¬ Fx) → Gx)
   ∧x(¬ (Fx ∧ ∨yGy) → (¬ Fx ∨ ¬ ∨yGy))
   ∧x[∧y(∨zFxyz → ¬ ¬ ∨zFxyz)]
   ∧x((Fx ∨ Gx) → (Gx ∨ Fx))
   ∧y(((∨xFxy ∧ Gy) ∨ (∨xFxy ∧ Hy)) → (∨xFxy ∧ (Gy ∨ Hy)))
   ∧x((Fx ∨ (Gx ∨ Hx)) → ((Fx ∨ Gx) ∨ Hx))
   ∧x((∨zFxz ∧ (Gx ∧ ∨yHxy)) → ((∨zFxz ∧ Gx) ∧ ∨yHxy))
   ∧y((∧xFxy ∧ ∧xGxy) → (∧xFxy ↔ ∧xGxy))
   ∧x[∧y(¬ Fxy → (Fxy → Hxy))]

Zusatzübungen

1. Woran scheitert der Versuch, aus der logischen Wahrheit von
»Faa ∨ ¬ Faa« die logische Wahrheit der Allschließung von
»Fxy ∨ ¬ Fyx« zu beweisen und aus der logischen Wahrheit
von »Fab ∨ ¬ Fab« die logische Wahrheit der Allschließung von
»Fxy ∨ ¬ Fab« zu beweisen? (Denken Sie an die Bestimmungen
fürs Markieren!)
2. Zeigen Sie durch Schlußketten, daß die Allschließungen von
»∧x Fxy → ¬ ∨x ¬ Fxy« und von »¬ ∨y(Fxy ↔ ¬ Fxy)« logisch
wahr sind.

Lösungen

1.
a.

	Fxy ∨ Gxy	∧x[∧y Fxy] ∨ ∧x[∧y Gxy]
		∧x(Fxy ∨ Gxy)
✗		∧x[∧y(Fxy ∨ Gxy)]

b.

	∨z Fxyz ∧ ∧x Gxy	∧x[∧y(∨z Fxyz ∧ ∧x Gxy)]
✗	In der ersten Lösung gerät »∧x«	∧x[∧y(∨z Fxyz ∧ ∧z Gzy)]
✗	in den Bereich von »∧x«. Die	∧u[∧y(∨z Fuyz ∧ ∧x Gxy)]

zweite Lösung wählt »∧z Gzy« für »∧x Gxy«, die dritte »u« für
das freie »x« und für die Allschließung entsprechend »∧u«.

2.

✗	¬ (Fx ∧ ¬ Fx)	Aus dem zweiten Prädikat
	¬ (Fx ∧ ¬ Fy)	entsteht ein logisch wahrer
	∧x Fxya → ∧x Fxay	Satz durch Einsetzen nur von
✗	∨x Fxyb → ∨x Fxyb	gleichen Individuennamen,
✗	Fxy → Fxy	aus dem dritten nur durch
✗	¬ (∨y Fxy ↔ ¬ ∨y Fxy)	Einsetzen von »a«.

3.

∧x(((Fx ∨ Gx) ∧ ¬ Fx) → Gx)	3.13.7
∧x(¬ (Fx ∨ ∨y Gy) → (¬ Fx ∨ ¬ ∨y Gy))	3.11.11
∧x[∧y(∨z Fxyz → ¬ ¬ ∨z Fxyz)]	3.13.9
∧x((Fx ∨ Gx) → (Gx ∨ Fx))	3.12.1
∧y(((∨x Fxy ∧ Gy) ∨ (∨x Fxy ∧ Hy)) → (∨x Fxy ∧ (Gy ∨ Hy)))	3.11.2
∧x((Fx ∨ (Gx ∨ Hx)) → ((Fx ∨ Gx) ∨ Hx))	3.12.4
∧x((∨z Fxz ∧ (Gx ∧ ∨y Hxy)) → ((∨z Fxz ∧ Gx) ∧ ∨y Hxy))	3.13.1
∧y((∧x Fxy ∧ ∧x Gxy) → (∧x Fxy ↔ ∧x Gxy))	3.16.9
∧x[∧y(¬ Fxy → (Fxy → Hxy))]	3.15.45

4.6 Logische Äquivalenz

Zwei Sätze heißen logisch äquivalent, wenn ihre Äquivalenz logisch wahr ist. Logisch äquivalent sind z. B. »p ∧ q« und »q ∧ p«. Denn »(p ∧ q) ↔ (q ∧ p)« ist logisch wahr; das zeigt die Wahrheitstafel:

p	q	p ∧ q	q ∧ p	(p ∧ q) ↔ (q ∧ p)
w	w	w	w	w
w	f	f	f	w
f	w	f	f	w
f	f	f	f	w

Man kann das aber auch mit Hilfe von Lehrsatz 3.3.1 »p ∧ q ⊢ q ∧ p« zeigen. Er besagt, daß man von einer Konjunktion auf die Konjunktion mit vertauschten Gliedern schließen kann:

1 (p ∧ q) → (q ∧ p)   ⊢ 1
2 (q ∧ p) → (p ∧ q)   ⊢ 2
3 (p ∧ q) ↔ (q ∧ p)   ↔E; 1, 2; ⊢ 3

Dieses Verfahren ist besonders wichtig für Sätze, deren Äquivalenz sich nicht durch die Wahrheitstafeln als logisch wahr erweisen läßt, weil dafür die Quantoren eine Rolle spielen:

1 ∧xFx → ¬ ∨x ¬ Fx   ⊢ 1
2 ¬ ∨x ¬ Fx → ∧xFx   ⊢ 2
3 ∧xFx ↔ ¬ ∨x ¬ Fx   ↔E; 1, 2; ⊢ 3

(1 und 2 ergeben sich aus den Lehrsätzen 3.8.3 und 3.8.4). Von logischer Äquivalenz spricht man auch bei Prädikaten. Zwei Prädikate heißen logisch äquivalent, wenn die Allschließung ihrer Äquivalenz logisch wahr ist. Logisch äquivalent sind z. B. »Fx → Gx« und »¬ Gx → ¬ Fx«; ihre Äquivalenz ist »(Fx → Gx) ↔ (¬ Gx → ¬ Fx)«, und die logische Wahrheit der Allschließung dieses Prädikates folgt daraus, daß es logisch gültig ist (wie sich aus den Lehrsätzen 3.15.19 und 3.15.20 oder aus der Wahrheitstafel ergibt).

Zusatzübung

Zeigen Sie, daß die folgenden Äquivalenzen logische Äquivalenzen, die Teilsätze (Teilprädikate) also logisch äquivalent sind. Benutzen Sie die Wahrheitstafeln oder die aus früheren Lehrsätzen folgenden logisch wahren Implikationen.

1. ¬ (¬ Fx ∨ ¬ Gx) ↔ (Fx ∧ Gx)
2. ¬ (¬ p ∧ ¬ q) ↔ (p ∨ q)
3. (Fx → Gx) ↔ ¬ (Fx ∧ ¬ Gx)
4. ∧x(Fx ∧ Gx) ↔ (∧xFx ∧ ∧xGx)
5. (∨xFx → Gy) ↔ (¬ ∨xFx ∨ Gy)

4.7 Austauschbarkeit logisch äquivalenter Schlußzeilen

In gültigen Schlüssen (wie in allen analytischen Schlüssen) expliziert die Konklusion etwas, das in der Prämisse schon gesagt ist. Wenn »p ⊢ q« gilt, dann sagt also jeder, der »p« sagt, damit (implizit) auch »q«. Gilt nun zusätzlich auch »q ⊢ p«, dann sagt man mit »p« genau dasselbe wie mit »q«. Denn nichts, was man mit »p« sagt, läßt man mit »q« ungesagt – wer »q« sagt, sagt ja damit »p« und mithin alles, was man mit »p« sagt; und nichts, was man mit »q« sagt, läßt man mit »p« ungesagt – wer »p« sagt, sagt ja damit »q« und mithin alles, was man mit »q« sagt. Sind nun »p« und »q« logisch äquivalent, kann man aus »p« auf »q« schließen und umgekehrt. (Um das zu sehen, braucht man die logisch wahre Äquivalenz bloß als kostenlose Prämisse einzuführen.) Es gilt also: *Logisch äquivalente Sätze haben denselben Behauptungsinhalt*. Es dürfte deshalb keine Rolle spielen, welcher von zwei logisch äquivalenten Sätzen in einer bestimmten Zeile einer Schlußkette steht. Kann man das nachweisen? Man kann. Zweierlei ist zu zeigen:

1. Wenn »p« und »q« logisch äquivalent sind und man auf »p« aus Prämissen »...r...« schließen kann, kann man aus »...r...« auch auf »q« schließen. In Kurzfassung:
Wenn ⊢ p ↔ q und ...r... ⊢ p, dann ...r... ⊢ q.

Das zeigen wir der Einfachheit halber mit nur einer Prämisse »r«:

```
j   r           Prämisse
.   .
.   .
.   .
.   .
k   p           ... ; k aus j
l   p ↔ q       ⊢ l
m   p → q       ↔B; l; ⊢ m
n   q           →B; k, m; n aus j
```

»k aus j« und »⊢ l« sind unsere Voraussetzungen (»r ⊢ p« und »⊢ p ↔ q«); »n aus j« wollten wir herausbringen (»r ⊢ q«). Wir haben also gezeigt, daß logisch äquivalente Sätze als Konklusionen austauschbar sind. Außerdem ist zu zeigen: Logisch äquivalente Sätze sind als Prämissen austauschbar:

2. Wenn »p« und »q« logisch äquivalent sind und man von »p« und »...s...« auf »r« schließen kann, kann man von »q« und »...s...« auf »r« schließen. In Kurzfassung:
Wenn ⊢ p ↔ q und p, ...s... ⊢ r, dann q, ...s... ⊢ r.

Auch hier gehen wir der Einfachheit halber von nur einer Prämisse »s« aus:

```
f   p        Prämisse
g   s        Prämisse
.   .
.   .
.   .
h   r        ... ; h aus f, g
i   p → r    →E; h aus f, g; i aus g
j   p ↔ q    ⊢ j
k   q → p    ↔B; j; ⊢ k
l   q → r    Lehrsatz 3.15.3; i, k; l aus g
m   q        Prämisse
n   r        →B; l, m; n aus g, m
```

»h aus f, g« und » ⊢ j« sind unsere Voraussetzungen; »n aus g, m« haben wir, wie gewünscht, daraus gezeigt.

Es macht also nichts aus, welchen von zwei logisch äquivalenten Sätzen wir als Prämisse oder Konklusion in einer Schlußkette benutzen.

Übungen

1. Zeigen Sie die Austauschbarkeit logisch äquivalenter Konklusionen durch Ergänzen des Textes:

Wenn »p« mit »q« logisch äquivalent ist, dann gibt es keine Interpretation, in der »p« und »q« unterschiedliche .... haben. Wäre nun der Schluß aus bestimmten Prämissen auf »p« gültig, auf »q« aber nicht gültig, dann gäbe es eine Interpretation, die die Prämissen .... machte und die ... falsch machte, die aber ... wahr machte. In dieser Interpretation hätten »p« und »q« also .... Wenn »p« und »q« logisch äquivalent sind, ist also jeder gültige Schluß auf »p« auch ein .... auf ... .

2. Zeigen Sie die Austauschbarkeit logisch äquivalenter Prämissen durch Ergänzen des Textes:

Wenn der Schluß aus bestimmten Prämissen und »p« auf eine Konklusion gültig ist, macht jede Interpretation, die ... und die übrigen .... macht, die Konklusion wahr. Wenn »p« mit »q« logisch äquivalent ist, haben beide in ..... Interpretation denselben .... ; jede Interpretation, die »q« wahr macht, macht also auch ... . Also macht jede Interpretation, die »q« und die übrigen Prämissen wahr macht, auch ... und die übrigen Prämissen .... und daher die .... wahr. Der Schluß aus ... und den übrigen .... auf die .... ist also ebenfalls ....

Zusatzübung

Aus welchen Lehrsätzen ergeben sich, zusammen mit dem Zusammenhang von »p ⊢ q« und » ⊢ p → q«, die logische Wahrheit der folgenden Äquivalenzen?

$\wedge x(Fx \wedge Gx) \leftrightarrow (\wedge x Fx \wedge \wedge x Gx)$
$\vee x(Fx \vee Gx) \leftrightarrow (\vee x Fx \vee \vee x Gx)$
$(p \wedge (q \wedge r)) \leftrightarrow ((p \wedge q) \wedge r)$
$(p \vee (q \vee r)) \leftrightarrow ((p \vee q) \vee r)$
$(p \wedge (q \vee r)) \leftrightarrow ((p \wedge q) \vee (p \wedge r))$
$(p \vee (q \wedge r)) \leftrightarrow ((p \vee q) \wedge (p \vee r))$
$\neg (p \vee q) \leftrightarrow (\neg p \wedge \neg q)$
$\neg (p \wedge q) \leftrightarrow (\neg p \vee \neg q)$
$(\neg p \vee q) \leftrightarrow \neg (p \wedge \neg q)$
$(\wedge x(Fx \to Gx) \wedge \wedge x(Hx \to Gx)) \leftrightarrow \wedge x((Fx \vee Hx) \to Gx)$
$\wedge x(Fx \to Gx) \leftrightarrow \wedge x(\neg Gx \to \neg Fx)$
$(p \leftrightarrow \neg q) \leftrightarrow \neg (p \leftrightarrow q)$

Lösungen

1.

Wenn »p« mit »q« logisch äquivalent ist, dann gibt es keine Interpretation, in der »p« und »q« unterschiedliche **Wahrheitswerte** haben. Wäre nun der Schluß aus bestimmten Prämissen auf »p« gültig, auf »q« aber nicht gültig, dann gäbe es eine Interpretation, die die Prämissen **wahr** machte und die »q« falsch machte, die aber »p« wahr machte. In dieser Interpretation hätten »p« und »q« also **unterschiedliche Wahrheitswerte.** Wenn »p« und »q« logisch äquivalent sind, ist also jeder gültige Schluß auf »p« auch ein **gültiger Schluß** auf »q«.

2.

Wenn der Schluß aus bestimmten Prämissen und »p« auf eine Konklusion gültig ist, macht jede Interpretation, die »**p**« und die übrigen **Prämissen wahr** macht, die Konklusion wahr. Wenn »p« mit »q« logisch äquivalent ist, haben beide in **jeder** Interpretation denselben **Wahrheitswert**; jede Interpretation, die »q« wahr macht, macht also auch »**p**« **wahr.** Also macht jede Interpretation, die »q« und die übrigen Prämissen wahr macht, auch »**p**« und die übrigen Prämissen **wahr** und daher die **Konklusion** wahr. Der Schluß aus »q« und den übrigen **Prämissen** auf die **Konklusion** ist also ebenfalls **gültig.**

4.8 Austauschbarkeit logisch äquivalenter Teilformeln

Logisch äquivalente Teile von Sätzen darf man austauschen. Zwei Beispiele:

(1) ⊢ (p → q) ↔ ¬ (p ∧ ¬ q); daher:
⊢ ((**p → q**) ∧ r) ↔ (**¬ (p ∧ ¬ q)** ∧ r)

(2) ⊢ ∧x(Fx ↔ ¬ ¬ Fx); daher:
⊢ ¬ ∨x ¬ **Fx** ↔ ¬ ∨x ¬ **¬ ¬ Fx**

Also: Unterscheiden zwei Sätze sich nur dadurch, daß der eine da, wo der andere eine bestimmte Teilformel enthält, eine damit logisch äquivalente Teilformel enthält, dann sind die beiden Sätze logisch äquivalent. (»Formeln« sind Sätze und Prädikate.)

Das ist nicht viel anders, als wenn ein Architekt sagte: »Unterscheiden sich zwei Häuser nur dadurch, daß das eine da, wo das andere ein in bestimmter Weise nutzbares Raumelement enthält, ein genau so nutzbares Raumelement enthält. dann sind die beiden Häuser in gleicher Weise nutzbar.« (»Raumelemente« sind Zimmer und Wohnungen.)

Der einfachste Weg, den unser Architekt zum Beweis seiner kühnen Behauptung beschreiten könnte, sähe so aus: Er geht von zwei in gleicher Weise nutzbaren Raumelementen aus – z. B. zwei bloß unterschiedlich gebauten Klos – und zeigt: Wenn man genau gleiche Raumelemente in genau derselben Anordnung drumherum baut, dann entstehen zwei in gleicher Weise nutzbare Raumelemente. Baut man daran auf dieselbe Weise an, entstehen dann wieder zwei in gleicher Weise nutzbare Raumelemente; und so weiter bis zu zwei fertigen Häusern, die in gleicher Weise nutzbar sind. Und in genau dieser Weise gehen wir vor. Wir zeigen: Wenn man an zwei logisch äquivalente Formeln gleiche Formeln in derselben Weise anbaut, dann entstehen logisch äquivalente Formeln; kommt man schließlich bei fertigen Sätzen an, dann sind diese also logisch äquivalent:

```
        Fx              ¬ ¬ Fx
      ¬ Fx            ¬ ¬ ¬ Fx
    ∨x ¬ Fx         ∨x ¬ ¬ ¬ Fx
  ¬ ∨x ¬ Fx       ¬ ∨x ¬ ¬ ¬ Fx
```

Allerdings sind wir gegenüber unserem Architekten in einer beneidenswert glücklichen Lage. An ein Raumelement kann man vorne, hinten, links, rechts, oben oder unten etwas anbauen – an eine Formel nur links oder rechts. Und an ein Raumelement kann man anbauen: Badezimmer, Heizungskeller, Korridore, Garagen, Trockenspeicher, Kuhställe, Treppenhäuser, Hobbyräume, Kinderzimmer, Schlafzimmer und weiß Gott was sonst noch – an eine Formel kann man anbauen: ein Konjunktionsglied, ein Adjunktionsglied, ein Implikationsglied, ein Äquivalenzglied, alle links oder rechts, sowie, einfachster Weise nur links, ein Negationszeichen, einen Allquantor oder einen Existenzquantor.

Wir müssen also nur zeigen: Wenn man an zwei logisch äquivalente Formeln links oder rechts ein und dasselbe Konjunktionsglied, Adjunktionsglied, Implikationsglied oder Äquivalenzglied anbaut oder links neben die Formeln ein Negationszeichen, denselben passenden Allquantor oder denselben passenden Existenzquantor schreibt, dann entstehen wieder zwei logisch äquivalente Formeln. Wenn dieser Nachweis gelingt, dann können wir beliebig komplexe Sätze, die sich nur an einer Stelle unterscheiden, und zwar dadurch, daß der eine dort eine Teilformel enthält und der andere eine damit logisch äquivalente Teilformel, nachträglich aufbauen: von den beiden logisch äquivalenten Keimzellen ausgehend und durch identische Konstruktionsschritte immer wieder zu logisch äquivalenten, größeren Formeln kommend, bis wir schließlich beide Sätze aufgebaut und damit als logisch äquivalent nachgewiesen haben.

Miteinander logisch äquivalent sind im allgemeinen nur zwei Sätze oder zwei Prädikate. Es kann auch vorkommen, daß ein Satz mit einem Prädikat logisch äquivalent ist; das gilt z. B. für »p → p« und »Fx → Fx«, da die Allschließung der Äquivalenz dieser beiden Formeln logisch wahr ist. Die Berücksichtigung dieser Sonderfälle würde unseren Nachweis nicht schwieriger machen, wohl aber komplizierter oder undurchsichtiger; wir lassen sie deshalb im Folgenden außer Betracht. Den angestrebten Nachweis werden wir nur für den Fall führen, daß die beiden logisch äquivalenten Teilformeln selbst Prädikate, nicht aber Sätze sind. So wie wir den Nachweis aufbauen, wird der entsprechende Nachweis für logisch äquivalente Teilformeln, die Sätze sind, als Teil darin enthalten sein. Schließlich werden wir bei logisch äquivalenten Prädikaten davon ausgehen, daß sie genau dieselben Variablen frei enthalten. Es gibt Sonderfälle, für welche die Allschließung der Äquivalenz zweier Prädikate auch dann gilt, wenn nicht jeweils eine der freien Variablen im einen Prädikat mit einer der freien Variablen im anderen Prädikat identisch ist. Auch für diese Sonderfälle würde unser folgender Nachweis sich führen lassen; auch hier gilt, daß er dadurch entweder komplizierter oder undurchsichtiger, aber nicht schwieriger würde.

Wie viele freie Variable in den beiden logisch äquivalenten Prädikaten vorkommen, soll für uns im folgenden keine Rolle spielen; damit wir hinreichend viele von ihnen hinschreiben können, werden wir sie indizieren: »x_1«, »x_2«, ..., »x_n«, »y_1«, »y_2«, ..., »y_m«. Um lange Reihen von Allquantoren abzukürzen, schreiben wir statt »∧x[∧y[∧z« einfach »∧xyz« und so weiter. Um anzudeuten, daß in einer solchen Reihe ein Allquantor mit einer bestimmten Variablen »x_i« *nicht* vorkommt, schreiben wir: »∧x_1 .. $\not x_i$ .. x_n«. Der Ausdruck »p o q« soll für eine beliebige wahrheitsfunktionale Verknüpfung von »p« und »q« (oder an ihrer Stelle von zwei Prädikaten) stehen. »o« steht also wahlweise für »∧«, »∨«, »→« oder »↔«.

Wenn das erste »Anbauelement« neben den beiden logisch äquivalenten Prädikaten weder das Negationszeichen noch ein Quantor ist, dann kann mit Hilfe einer wahrheitsfunktionalen Verknüpfung ein Satz oder ein Prädikat angebaut werden. Wir beschränken unseren Nachweis auf den komplizierteren Fall, daß ein Prädikat angebaut wird; der Nachweis für den Fall, daß ein Satz angebaut wird, wird in unserem Nachweis als Teil enthalten sein.

Wir haben nun das Folgende zu zeigen: Sind »$Fx_1 \ldots x_n$« und »$Gx_1 \ldots x_n$« logisch äquivalent und baut man mit Hilfe ein und derselben wahrheitsfunktionalen Verknüpfung links oder rechts an beide Prädikate ein und dasselbe Prädikat »$Hy_1 \ldots y_m$« an oder baut man links an beide Prädikate das Negationszeichen oder ein und denselben Existenz- oder Allquantor an, dann sind die resultierenden, vergrößerten Formeln ebenfalls logisch äquivalent. In Kurzfassung:

Wenn $\vdash \wedge x_1 \ldots x_n(Fx_1 \ldots x_n \leftrightarrow Gx_1 \ldots x_n)$, dann:

1. $\vdash \wedge x_1 \ldots x_n y_1 \ldots y_m((Fx_1 \ldots x_n \circ Hy_1 \ldots y_m) \leftrightarrow (Gx_1 \ldots x_n \circ Hy_1 \ldots y_m))$
2. $\vdash \wedge x_1 \ldots x_n y_1 \ldots y_m((Hy_1 \ldots y_m \circ Fx_1 \ldots x_n) \leftrightarrow (Hy_1 \ldots y_m \circ Gx_1 \ldots x_n))$
3. $\vdash \wedge x_1 \ldots x_n(\neg Fx_1 \ldots x_n \leftrightarrow \neg Gx_1 \ldots x_n)$
4. $\vdash \wedge x_1 \ldots \not{x}_i \ldots x_n(\vee x_i Fx_1 \ldots x_i \ldots x_n \leftrightarrow \vee x_i Gx_1 \ldots x_i \ldots x_n)$
5. $\vdash \wedge x_1 \ldots \not{x}_i \ldots x_n(\wedge x_i Fx_1 \ldots x_i \ldots x_n \leftrightarrow \wedge x_i Gx_1 \ldots x_i \ldots x_n)$

In den Zeilen 4. und 5. greift der links angebaute Existenz- bzw. Allquantor eine der in »$Fx_1 \ldots x_n$« und »$Gx_1 \ldots x_n$« enthaltenen freien Variablen heraus. Diese Variable »x_i« ist im vergrößerten Ausdruck also nicht mehr frei; die Äquivalenz der beiden vergrößerten Formeln wird nach wie vor durch die Allschließung bezüglich der freien Variablen ausgedrückt; hier fehlt dann also der Allquantor für »x_i«.

Zunächst der Nachweis für 1. und 2.: Aus der Voraussetzung

(1) $\vdash \wedge x_1 \ldots x_n(Fx_1 \ldots x_n \leftrightarrow Gx_1 \ldots x_n)$

schließen wir durch n-malige Anwendung von $\wedge B$:

(2) $\vdash Fa_1 \ldots a_n \leftrightarrow Ga_1 \ldots a_n$

(»a_1«, …, »a_n« sind verschiedene Individuennamen.) Dann ist auch die folgende Zeile logisch wahr:

(3) $(Fa_1 \ldots a_n \circ Hb_1 \ldots b_m) \leftrightarrow (Ga_1 \ldots a_n \circ Hb_1 \ldots b_m)$

Denn ganz gleich, für welche Verknüpfung »o« im Einzelfall stehen mag, ist diese doch wahrheitsfunktional. Die Wahrheitswerte beider Äquivalenzglieder liegen also durch die Wahrheitswerte von »$Fa_1 \ldots a_n$«, »$Ga_1 \ldots a_n$« und »$Hb_1 \ldots b_m$« fest. Da in jeder Interpretation »$Hb_1 \ldots b_m$« denselben Wahrheitswert hat wie es selbst, könnte ein unterschiedlicher Wahrheitswert der beiden Äquivalenzglieder nur aus unterschiedlichen Wahrheitswerten von »$Fa_1 \ldots a_n$«

und »$Ga_1\ldots a_n$« resultieren; das ist jedoch durch ihre logisch Äquivalenz ausgeschlossen. – Da (3) logisch wahr ist, stellt die Zeile keine besondere Annahme über die betroffenen Individuen dar; n+m-malige Anwendung von $\wedge$ E ergibt Behauptung 1.

Ob mit »$\circ$« links oder rechts angebaut wird, hat in der Argumentation keine Rolle gespielt; auch 2. ist also gezeigt. 3. ist wesentlich trivialer zu zeigen. Wir zeigen noch 4. (und lassen 5. für die Übungen):

1	$\vee x_i Fa_1\ldots x_i\ldots a_n$	Prämisse
2	$Fa_1\ldots a^*\ldots a_n$ $\quad$ $a^*(a_1\ldots a_n)$	$\vee$ B; 1; 2 aus 1
3	$Fa_1\ldots a^*\ldots a_n$ $\leftrightarrow Ga_1\ldots a^*\ldots a_n$	$\vdash$ 3 (aus der Vorauss.)
4	$Ga_1\ldots a^*\ldots a_n$	Lehrsatz 3.16.2; 2, 3; 4 aus 1
5	$\vee x_i Ga_1\ldots x_i\ldots a_n$	$\vee$ E; 4; 5 aus 1
6	$\vee x_i Fa_1\ldots x_i\ldots a_n$ $\to \vee x_i Ga_1\ldots x_i\ldots a_n$	$\to$ E; 5 aus 1; $\vdash$ 6

Die umgekehrte Implikation läßt sich völlig analog als logisch wahr nachweisen; man erhält also als logisch wahr:

$$\vee x_i Fa_1\ldots x_i\ldots a_n \leftrightarrow \vee x_i Ga_1\ldots x_i\ldots a_n$$

Da die Zeile für beliebige Individuen als logisch wahr nachweisbar ist, kann (n—1)mal $\wedge$ E angewandt werden; das ergibt die nachzuweisende Behauptung 4.

Die logische Äquivalenz von Sätzen, die sich nur durch logisch äquivalente Teilformeln unterscheiden, hat wegen des Ergebnisses von 4.7 ihre Austauschbarkeit in Schlußketten zur Folge!

Übungen

1. Zeigen Sie, daß aus zwei logisch äquivalenten Prädikaten »$Fx_1\ldots x_n$« und »$Gx_1\ldots x_n$« durch Voranstellen ein und desselben Allquantors »$\wedge x_i$« vor beide Prädikate wieder zwei logisch äquivalente Formeln werden.

   a. Daß die beiden ursprünglichen Prädikate logisch äquivalent sind, bedeutet, daß der folgende Satz logisch wahr ist:

   b. Daß durch Voranstellen des Allquantors »$\wedge x_i$« vor beide Prädikate wieder zwei logisch äquivalente Formeln entstehen, heißt, daß der folgende Satz logisch wahr ist:

   $\wedge x_1 \ldots \mathbf{x}_i \ldots x_n ($

   c. Ergänzen Sie fehlende Zeilen und Erläuterungen in der folgenden Skizze der Schlußkette:

1			
			⊢ 1
2	$\wedge x_i Fa_1\ldots x_i\ldots a_n$		Prämisse
3			
4	$Fa_1\ldots a_i\ldots a_n$		
	$\leftrightarrow Ga_1\ldots a_i\ldots a_n$		n-mal $\wedge$ B; 1;
5			Lehrsatz
6	$\wedge x_i Ga_1\ldots x_i\ldots a_n$	$a_i($ $)$	$\wedge$ E; 5; 6 aus
7			
8			Prämisse
9	$Ga_1\ldots b_i\ldots a_n$		
10	$Fa_1\ldots b_i\ldots a_n$		
	$\leftrightarrow Ga_1\ldots b_i\ldots a_n$		
11			
12		$b_i($ $)$	$\wedge$ E; 11; 12 aus
13			
14			$\leftrightarrow$ E; 7, 13;
15			(n—1)mal $\wedge$ E; 14;

Lösungen

1.

a. Daß die beiden ursprünglichen Prädikate logisch äquivalent sind, bedeutet, daß der folgende Satz logisch wahr ist:

$\bigwedge x_1 \ldots x_n (Fx_1 \ldots x_n \leftrightarrow Gx_1 \ldots x\ )$

b. Daß durch Voranstellen des Allquantors »$\bigwedge x_i$« vor beide Prädikate wieder zwei logisch äquivalente Formeln entstehen, heißt, daß der folgende Satz logisch wahr ist:

$\bigwedge x_1 \ldots \cancel{x_i} \ldots x_n (\bigwedge x\ Fx_1 \ldots x_i \ldots x_n \leftrightarrow \bigwedge x_i\ Gx_1 \ldots x_i \ldots x_n)$

c.

1	$\bigwedge x_1 \ldots x_n (Fx_1 \ldots x_n \leftrightarrow Gx_1 \ldots x_n)$	⊢ 1
2	$\bigwedge x_i Fa_1 \ldots x_i \ldots a_n$	Prämisse
3	$Fa_1 \ldots a_i \ldots a_n$	$\bigwedge$B; 2; 3 aus 2
4	$Fa_1 \ldots a_i \ldots a_n \leftrightarrow Ga_1 \ldots a_i \ldots a_n$	n-mal $\bigwedge$ B; 1; ⊢ 4
5	$Ga_1 \ldots a_i \ldots a_n$	Lehrsatz **3.16.2**; 3, 4; 5 aus 2
6	$\bigwedge x_i Ga_1 \ldots x_i \ldots a_n$ $a_i(a_1 \ldots a_n)$	$\bigwedge$ E; 5; 6 aus 2
7	$\bigwedge x_i Fa_1 \ldots x_i \ldots a_n \rightarrow \bigwedge x_i Ga_1 \ldots x_i \ldots a_n$	$\rightarrow$E; 6 aus 2; ⊢ 7
8	$\bigwedge x_i Ga_1 \ldots x_i \ldots a_n$	Prämisse
9	$Ga_1 \ldots b_i \ldots a_n$	$\bigwedge$B; 8; 9 aus 8
10	$Fa_1 \ldots b_i \ldots a_n \leftrightarrow Ga_1 \ldots b_i \ldots a_n$	n-mal $\bigwedge$B; 1; ⊢ 10
11	$Fa_1 \ldots b_i \ldots a_n$	Lehrsätze **3.16.1, 3.16.2**; 9, 10; 11 aus 8
12	$\bigwedge x_i Fa_1 \ldots x_i \ldots a_n$ $b_i(a_1 \ldots a_n)$	$\bigwedge$ E; 11; 12 aus 8
13	$\bigwedge x_i Ga_1 \ldots x_i \ldots a_n \rightarrow \bigwedge x_i Fa_1 \ldots x_i \ldots a_n$	$\rightarrow$E; 12 aus 8; ⊢ 13
14	$\bigwedge x_i Fa_1 \ldots x_i \ldots a_n \leftrightarrow \bigwedge x_i Ga_1 \ldots x_i \ldots a_n$	$\leftrightarrow$E; 7, 13; ⊢ 14
15	$\bigwedge x_1 \ldots \cancel{x_i} \ldots x_n (\bigwedge x_i Fx_1 \ldots x_i \ldots x_n \leftrightarrow \bigwedge x_i Gx\ \ldots x_i \ldots x_n)$	(n−1)mal $\bigwedge$ E; 14; ⊢ 15

Übungen

   d. »b_i« muß ein anderer Individuenname sein als »a_i«, damit in Zeile 12 Regel $\wedge$ E angewandt werden kann; denn sonst würde »a_i« ....

   e. Die »$a_1 \ldots a_i \ldots a_n$« müssen lauter verschiedene Individuennamen sein, damit bei den All-Einführungen wieder die ursprüngliche Anzahl von durch einen Allquantor gebundenen .... entsteht.

   f. Wenn in »$Fx_1 \ldots x_n$« und »$Gx_1 \ldots x_n$« überhaupt nur »x_i« frei vorkommt, dann entfällt Zeile ...

2. Sätze, die sich nur durch .... Teilformeln unterscheiden, sind logisch äquivalent, weil man sie von diesen ....-.... aus in gleichen Schritten .... kann und dieser Aufbau in jedem Schritt die .... bewahrt.

d. »b_i« muß ein anderer Individuenname sein als »a_i«, damit in Zeile 12 Regel ∧ E angewandt werden kann; denn sonst würde »a_i« **zweimal markiert.**

e. Die »$a_1 \ldots a_i \ldots a_n$« müssen lauter verschiedene Individuennamen sein, damit bei den All-Einführungen wieder die ursprüngliche Anzahl von durch einen Allquantor gebundenen **Variablen** entsteht.

f. Wenn in »$Fx_1 \ldots x_n$« und »$Gx_1 \ldots x_n$« überhaupt nur »x_i« frei vorkommt, dann entfällt Zeile **15.**

2. Sätze, die sich nur durch **logisch äquivalente** Teilformeln unterscheiden, sind logisch äquivalent, weil man sie von diesen **Teilformeln** aus in gleichen Schritten **aufbauen** kann und dieser Aufbau in jedem Schritt die **logische Äquivalenz** bewahrt.

4.9 Quantoren schieben

Die Funktion eines gültigen Schlusses ist, in der Konklusion den Gehalt der Prämisse(n) teilweise oder ganz zu explizieren. Sätze, die formal hingeschrieben werden, sollten daher durchsichtig machen, was sie bedeuten. Das ist besonders wichtig, wo mehr als ein Quantor im Spiel ist. Vergleichen wir zwei formale Schreibweisen des Satzes:

(1) Wer Nichten hat, hat Geschwister.

Mit »Nxy« für »x ist Nichte von y« und »Gxy« für »x ist Geschwister von y«:

(2) $\wedge x (\vee y Nyx \rightarrow \vee y Gyx)$

In Worten: »Für jedes x gilt, daß wenn jemand Nichte von x ist, dann auch jemand Geschwister von x ist.« – Schreibweise (2) ist durchsichtig. Sehr undurchsichtig ist Schreibweise (3):

(3) $\wedge x [\vee y [\wedge z (Nzx \rightarrow Gyx)]]$

Wie wir sehen werden, besagt (2) genau dasselbe wie (3); aber versuchen wir, (3) zu lesen: »Für jedes x gibt es y, so daß für alle z gilt, daß wenn z Nichte von x ist, dann auch y Geschwister von x ist.« Ein undurchsichtiges Gestotter.

Der auffällige Unterschied zwischen (2) und (3) ist, daß die Bereiche des zweiten und dritten Quantors in (2) viel kleiner sind als in (3). Der zweite Quantor in (2), »$\vee y$«, hat als Bereich »Nyx«; in (3) hat der zweite Quantor, »$\vee y$«, als Bereich »$\wedge z (Nzx \rightarrow Gyx)$«. In (2) hat der dritte Quantor, »$\vee y$«, als Bereich »Gyx«; der dritte Quantor in (3), »$\wedge z$«, hat als Bereich »$(Nzx \rightarrow Gyx)$«.

Nun kann man nicht generell vermeiden, daß Quantoren ziemlich komplexe Prädikate als Bereiche haben. In (2) wie in (3) muß »$\wedge x$« den ganzen Rest als Bereich haben, damit der Satz ausdrückt, was er soll. Denn in beiden Teilprädikaten kommt ja die durch »$\wedge x$« zu bindende Variable »x« vor. Mit den beiden anderen Quantoren in (3) ist das anders; sie haben in ihrem Bereich auch Teilprädikate, in denen ihre Variable gar nicht vorkommt. In (2) dagegen haben der erste Quantor »$\vee y$« und der zweite Quantor »$\vee y$« nur Teilprädikate in ihrem Bereich, in denen ihre Variable vorkommt. Daher kommt die größere Durchsichtigkeit von (2).

Es gibt nun Regeln, die erlauben, Quantoren bis unmittelbar an diejenigen Teilprädikate zu schieben, mit denen sie wirklich zu tun haben; dazu wird die logische Äquivalenz von Prädikaten nachgewiesen. Wir halten das in Lehrsätzen fest:

Logisch äquivalent sind die Prädikate:
Lehrsatz 4.9.1: »$\wedge x (Fxy \wedge Gz)$« mit »$\wedge x Fxy \wedge Gz$«;
Lehrsatz 4.9.2: »$\vee x (Fxy \wedge Gz)$« mit »$\vee x Fxy \wedge Gz$«;
Lehrsatz 4.9.3: »$\wedge x (Fxy \vee Gz)$« mit »$\wedge x Fxy \vee Gz$«;

Lehrsatz 4.9.4: »∨x(Fxy ∨ Gz)« mit »∨xFxy ∨ Gz«;
Lehrsatz 4.9.5: »∧x(Fxy → Gz)« mit »∨xFxy → Gz«;
Lehrsatz 4.9.6: »∧x(Gz → Fxy)« mit »Gz → ∧xFxy«;
Lehrsatz 4.9.7: »∨x(Fxy → Gz)« mit »∧xFxy → Gz«;
Lehrsatz 4.9.8: »∨x(Gz → Fxy)« mit »Gz → ∨xFxy«.

Wie viele Variable außer »x« in »Fxy« frei vorkommen, ist gleichgültig (genauer wäre also: »Fxy$_1$...y$_n$«); »x« kann auch die einzige sein. Wie viele Variable in »Gz« frei vorkommen, ist ebenfalls gleichgültig (genauer wäre also: »Gz$_1$...z$_m$«); nur darf »x« nicht dabei sein. »Gz« kann auch ein Satz sein (so daß gar keine Variable frei darin vorkommt). Falls es keine freien »y« in »Fxy« oder keine freien »z« in »Gz« gibt (oder sogar beides nicht), sind die Nachweise der Äquivalenzen besonders einfach.

Wegen der logischen Äquivalenz von »p ∧ q« mit »q ∧ p« sowie von »p ∨ q« mit »q ∨ p« gelten 4.9.1 bis 4.9.4 auch bei vertauschter Reihenfolge der Teilprädikate in den logisch äquivalenten Prädikaten. »p → q« ist mit »q → p« nicht logisch äquivalent; und prompt macht es, wie 4.9.5 bis 4.9.8 zeigen, etwas aus, ob das betroffene Teilprädikat vor oder hinter dem Pfeil steht: Steht es vor dem Pfeil, so wird der Quantor bei der Verschiebung umgedreht; steht es hinter dem Pfeil, so bleibt der Quantor bei der Verschiebung erhalten.

Wie sind die Lehrsätze als gültig nachzuweisen? Man muß zeigen, daß jeweils die Allschließung der Äquivalenz der Prädikate logisch wahr ist. Einigermaßen kompliziert ist das nur für 4.9.7; deshalb machen wir es an diesem Beispiel vor. Es ist also die logische Wahrheit des Satzes (4) nachzuweisen:

(4) ∧y[∧z[∨x(Fxy → Gz) ↔ (∧xFxy → Gz)]

Dabei stehen am Anfang so viele Allquantoren, wie »Fxy« und »Gz« freie Variable – abgesehen von »x« – enthalten; und »x« kommt in »Gz« nicht vor.

Da es sich um einen Allsatz handelt, genügt es, die logische Wahrheit des Satzes (5) nachzuweisen:

(5) ∨x(Fxb → Gc) ↔ (∧xFxb → Gc)

Dabei sind so viele verschiedene Individuennamen eingesetzt, wie es, abgesehen von »x«, verschiedene freie Variable in »Fxy« und »Gz« gab. Wenn (5) logisch wahr ist, dann stellt er keine besondere Annahme über die betroffenen Individuen dar; für sie alle kann ∧ E angewandt werden, und unsere erwünschte Allschließung (4) kommt als logisch wahr heraus.

Satz (5) ist eine Äquivalenz; wir zeigen, daß die beiden darin steckenden Implikationen logisch wahr sind.

Erster Teil des Nachweises:
1 ∨x(Fxb → Gc)   Prämisse
2 Fa*b → Gc   a*(b,c)   ∨ B; 1; 2 aus 1

3 ∧xFxb	Prämisse
4 Fa*b	∧B; 3; 4 aus 3
5 Gc	→B; 2,4; 5 aus 1, 3
6 ∧xFxb → Gc	→E; 5 aus 1, 3; 6 aus 1
7 Vx(Fxb → Gc)→(∧xFxb → Gc)	→E; 6 aus 1; ⊢ 7

Zweiter Teil des Nachweises:

1 ∧xFxb → Gc		Prämisse
2 ¬ ∧xFxb ∨ Gc		Lehrsatz 3.15.36; 1; 2 aus 1
3 ¬ ∧xFxb		Erster Fall von 2
4 Vx¬ Fxb		Lehrsatz 3.9.1; 3; 4 aus 3
5 ¬ Fa*b	a*(b)	VB; 4; 5 aus 3
6 Fa*b → Gc		Lehrsatz 3.15.45; 5; 6 aus 3
7 Gc		Zweiter Fall von 2
8 Fa*b → Gc		Lehrsatz 3.15.46; 7; 8 aus 7
9 Fa*b → Gc		∨B; 2; 6 aus 3, 8 aus 7; 9 aus 1
10 Vx(Fxb → Gc)		VE; 9; 10 aus 1
11 (∧xFxb → Gc) → Vx(Fxb → Gc)		→E; 10 aus 1; ⊢ 11

Da beide Implikationen logisch wahr sind, ist Satz (5) durch ↔E aus ihnen als logisch wahrer Satz zu gewinnen; die notwendigen All-Einführungen ergeben (4) und damit Lehrsatz 4.9.7.

Durch Anwendung unserer Lehrsätze können wir schrittweise zeigen, daß (3) mit (2) logisch äquivalent ist:

(3)   ∧x [Vy [**∧z(Nzx → Gyx)**]]

Wir fangen mit dem innersten Quantor, »∧z«, an. Nach Lehrsatz 4.9.5 sind logisch äquivalent:

»**∧z**(Nzx → Gyx)« und »**Vz Nzx → Gyx**«

Aus (3) wird dann durch Austausch der Teilformel gegen eine logisch äquivalente:

(3′)   ∧x [V y (**VzNzx → Gyx**)]

Wir machen mit »Vy« weiter:

(3′)   ∧x [**Vy(VzNzx → Gyx)**]

Wegen Lehrsatz 4.9.8 sind logisch äquivalent:

»**Vy** (VzNzx → Gyx)« und » VzNzx →**Vy**Gyx«

Aus (3′) wird dann durch Austausch der Teilformel gegen eine logisch äquivalente:

(3″)   ∧x (**VzNzx → VyGyx**)

Und wenn wir uns überlegen, daß »VzNzx« dasselbe bedeutet wie »VyNyx«, dann erweist sich (3″) als identisch mit (2).

Zusatzübungen

1. Weisen Sie die Lehrsätze 4.9.1, 4.9.2, 4.9.4, 4.9.5, 4.9.6 und 4.9.8 nach.

2. Die Lehrsätze 4.9.1 bis 4.9.8 sagen nichts über das Hineinschieben eines Quantors in eine Äquivalenz und über das Herausschieben eines Quantors aus einer Äquivalenz. Das Herausschieben ist für theoretische Zwecke von Bedeutung; aus »$\wedge$x Fxy ↔ Gz« kann man den Allquantor herausschieben, indem man die Äquivalenz in eine Konjunktion von zwei Implikationen umformt, aus »$\vee$x Fxy ↔ Gz«, indem man sie in eine Adjunktion von zwei Konjunktionen umformt; vor die Konjunktion kann man den Allquantor, vor die Adjunktion den Existenzquantor ziehen. Für praktische Zwecke interessiert das Hineinschieben:

Logisch äquivalent sind die Prädikate:
Lehrsatz 4.9.9:
»$\wedge$x(Fxy ↔ Gz)« mit »($\wedge$x Fxy $\wedge$ Gz) $\vee$ ($\wedge$x $\neg$ Fxy $\wedge$ $\neg$ Gz)«
Lehrsatz 4.9.10:
»$\vee$x(Fxy ↔ Gz)« mit »($\vee$x Fxy $\wedge$ Gz) $\vee$ ($\vee$x $\neg$ Fxy $\wedge$ $\neg$ Gz)«

a. Weisen Sie die Gültigkeit von Lehrsatz 4.9.9 (unter Einsetzung von Konstanten für »y« und »z«) nach. Zeigen Sie zunächst die logische Wahrheit der Implikation »$\wedge$x(Fxb ↔ Gc) → (($\wedge$x Fxb $\wedge$ Gc) $\vee$ ($\wedge$x $\neg$ Fxb $\wedge$ $\neg$ Gc))«, indem Sie von »Gc $\vee$ $\neg$ Gc« als kostenloser Zusatzprämisse Gebrauch machen und aus dem Vorderglied der Implikation im ersten Fall »Fa_1b $\wedge$ Gc«, im zweiten Fall »Fa_2b $\wedge$ $\neg$ Gc« schließen, um in beiden Fällen je eines der Adjunktionsglieder des Implikationshintergliedes zu gewinnen. Zeigen Sie anschließend die umgekehrte Implikation unter Verwendung von Lehrsatz 3.. und zweimaliger Anwendung von Lehrsatz 4.9.1.

b. Weisen Sie die Gültigkeit von Lehrsatz 4.9.10 unter Verwendung logischer Äquivalenzen nach, die sich aus den Lehrsätzen 3.16.9, 3.16.10 und 3.15.24 einerseits mit 3.16.11 anderseits, 3.11.3 mit 3.11.6, sowie 4.9.2 (zweimal anzuwenden) ergeben.

c. Warum kann der Nachweis für 4.9.9 nicht genauso kurz wie der für 4.9.10 geführt werden?

Übungen

1. Ergänzen Sie fehlende Zeilen und formale Erläuterungen im Nachweis für 4.9.3. (Es ist wieder die logische Wahrheit der Äquivalenz mit Individuennamen statt freien Variablen – abgesehen von »x« – nachzuweisen, und zwar nacheinander die beiden Implikationen.)

Erster Teil des Nachweises:
1 ∧x(Fxb ∨ Gc)   Prämisse
2
3 Fab
4
5 ∧x Fxb ∨ Gc
6 Gc
7
8   ∨ B; 2;
9 ∧x(Fxb ∨ Gc) → (∧xFxb ∨ Gc)

Zweiter Teil des Nachweises:
1 ∧x Fxb ∨ Gc
2
3 Fab
4
5
6
7 Fab ∨ Gc   ∨ B; 1;
8
9 (∧xFxb ∨ Gc) → ∧x(Fxb ∨ Gc)

2. Welche von den Lehrsätzen 4.9.1 bis 4.9.8 werden in den folgenden Schritten angewandt? Welche außerdem?

a. ∨x(∨y Fxy ∧ ¬ ∨z Gxz)
   ∨x(∨y Fxy ∧ ∧z¬ Gxz)   Lehrsätze 3.. und 3..
   ∨x[∧z(∨y Fxy ∧ ¬ Gxz)]
   ∨x[∧z[∨y(Fxy ∧ ¬ Gxz)]]

b. ∨x(¬ ∧y Fxy ∧ ∨z Gxz)
   ∨x(∨y¬ Fxy ∧ ∨z Gxz)   Lehrsätze 3.. und 3..
   ∨x[∨y(¬ Fxy ∧ ∨z Gxz)]
   ∨x[∨y[∨z(¬ Fxy ∧ Gxz)]]

c. ∧x[∨y[∨z[∨u((Fxy ∨ Gxz) → Hxu)]]]
   ∧x[∨y[∨z((Fxy ∨ Gxz) → ∨u Hxu)]]
   ∧x[∨y (∧z(Fxy ∨ Gxz) → ∨u Hxu)]
   ∧x[∨y((Fxy ∨ ∧z Gxz) → ∨u Hxu)]
   ∧x(∧y(Fxy ∨ ∧z Gxz) → ∨u Hxu)
   ∧x((∧y Fxy ∨ ∧z Gxz) → ∨u Hxu)

Lösungen

1.

Erster Teil des Nachweises:
1	∧x(Fxb ∨ Gc)	**Prämisse**
2	**Fab ∨ Gc**	**∧B; 1; 2 aus 1**
3	Fab	**Erster Fall von 2**
4	**∧xFxb**	a(b) **∧E; 3; 4 aus 3**
5	∧xFxb ∨ Gc	∨ E; 4; 5 aus 3
6	Gc	**Zweiter Fall von 2**
7	**∧ xFxb ∨ Gc**	∨ E; 6; 7 aus 6
8	**∧ xFxb ∨ Gc**	∨ B; 2; **5 aus 3, 7 aus 6; 8 aus 1**
9	∧x(Fxb ∨ Gc)→(∧xFxb ∨ Gc)	→E; 8 aus 1; ⊢ 9

Zweiter Teil des Nachweises:
1	∧xFxb ∨ Gc	**Prämisse**
2	**∧ xFxb**	**Erster Fall von 1**
3	Fab	**∧B; 2; 3 aus 2**
4	**Fab ∨ Gc**	∨ E; 3; 4 aus 2
5	**Gc**	**Zweiter Fall von 1**
6	**Fab ∨ Gc**	∨ E; 5; 6 aus 5
7	Fab ∨ Gc	∨ B; 1; **4 aus 2, 6 aus 5; 7 aus 1**
8	**∧x(Fxb ∨ Gc)**	a(b) **∧E; 7; 8 aus 1**
9	(∧xFxb ∨ Gc)→ ∧x(Fxb ∨ Gc)	→E; 8 aus 1; ⊢ 9

2. Logisch äquivalente Teilformeln:

a.
 3.8.8 und 3.8.13: ¬ ∨zGxz; ∧z¬ Gxz
 4.9.1   : ... ∧ ∧z¬ Gxz; ∧z(... ∧ ¬ Gxz)
 4.9.2   : ∨yFxy ∧ ...; ∨y(Fxy ∧ ...)

b.
 3.8.14 und 3.9.1: ¬ ∧yFxy; ∨y¬ Fxy
 4.9.2   : ∨y¬ Fxy ∧ ...; ∨y(¬ Fxy ∧ ...)
 4.9.2   : ... ∧ ∨zGxz; ∨z(... ∧ Gxz)

c.
 4.9.8   : ∨u(...→Hxu); ... → ∨uHxu
 4.9.7   : ∨z((Fxy ∨ Gxz)→ ...); ∧z(Fxy ∨ Gxz)→ ...
 4.9.3   : ∧z(... ∨ Gxz); ... ∨ ∧zGxz
 4.9.7   : ∨y((Fxy ∨ ∧zGxz)→...); ∧y(Fxy ∨ ∧zGxz)→ ...
 4.9.3   : ∧y(Fxy ∨ ...); ∧yFxy ∨ ...

Moderne Theoretiker

**Herausgegeben von Frank Kermode
Deutsche Erstausgaben**

A. Alvarez:
Samuel Beckett
1008

Alfred Jules Ayer:
Bertrand Russell
935

David Caute:
Frantz Fanon
719

John Gross:
James Joyce
854

Edmund Leach:
Claude Lévi-Strauss
747

George Lichtheim:
Georg Lukács
748

John Lyons:
Noam Chomsky
770

Alasdair MacIntyre:
Herbert Marcuse
764

Jonathan Miller:
Marshall McLuhan
825

David Pears:
Ludwig Wittgenstein
780

Charles Rycroft:
Wilhelm Reich
847

Andrew Sinclair:
Che Guevara
718

Anthony Storr:
C. G. Jung
988

Richard Wollheim:
Sigmund Freud
803

George Woodcock:
Mahatma Gandhi
1049

 **Lexika**

dtv-Lexikon
Ein Konversations-
lexikon in 20 Bänden
mit insgesamt über
100 000 Stichwörtern
von A–Z, 5600 Abbil-
dungen und 32 Farb-
tafeln
Komplett in Kassette
5981 / DM 120,–

dtv-Lexikon der Antike

I. Philosophie, Literatur,
Wissenschaft
4 Bände
3071–3074

II. Religion, Mythologie
2 Bände
3075, 3076

III. Kunst
2 Bände
3077, 3078

IV. Geschichte
3 Bände
3079–3081

V. Kulturgeschichte
2 Bände
3082, 3083

**dtv-Lexikon
politischer Symbole**
Von A. Rabbow
3084

**dtv-Lexikon
Die Bibel und ihre Welt**
Eine Enzyklopädie
Hrsg. von G. Cornfeld
und G. J. Botterweck
6 Bände
3092–3097

**dtv-Lexikon
der Goethe-Zitate**
Hrsg. von R. Dobel
2 Bände
3089, 3090

**dtv-Lexikon
zur Geschichte und
Politik im
20. Jahrhundert**
Hrsg. von C. Stern,
T. Vogelsang, E. Klöss
und A. Graff
3 Bände
3126–3128

dtv-Lexikon der Physik
Hrsg. von H. Franke
10 Bände
3041–3050

**dtv-Lexikon
der Raumfahrt und
Raketentechnik**
Von H. Mielke
3098

Die Alternative der Anspruchsvollen

»Westermanns Monatshefte« sind für Menschen bestimmt, die Gedrucktes nicht kritiklos konsumieren, die mehr als nur Lesestoff von einer Zeitschrift erwarten.

Wenn Sie gleichfalls Leseerlebnisse besonderer Art bevorzugen ... Kostbarkeiten alter und zeitgenössischer Kunst kennenlernen möchten ... fremde Länder und Kulturen entdecken wollen ... Erzählungen von literarischem Rang schätzen ... sollten Sie die ebenso modernen wie traditionsreichen »Westermanns Monatshefte« regelmäßig lesen.

Keine andere Publikumszeitschrift berichtet so umfassend und anregend über das kulturelle Geschehen der Zeit.

Westermanns Monatshefte

Abonnieren Sie bei Ihrem Buchhändler
oder schreiben Sie an den Westermann Verlag,
D–3300 Braunschweig, Postfach 33 20